Steve Biddulph

Das Geheimnis glücklicher Kinder

Weitere Geheimnisse glücklicher Kinder

Steve Biddulph

Das Geheimnis glücklicher Kinder

Illustrationen von Allan Storman

BEUST VERLAG

Gewidmet meiner Frau Shaaron, die meinte, sie müsse dieses Mal Vorrang haben!
Von unschätzbarem Wert war die Hilfe, die wir von unseren Lehrern Ken und Elisabeth Mello erhielten.

Kids WORLD

Ungekürzte Sonderausgabe

Titel der englischen Originalausgabe: *The Secret of Happy Children*

Zuerst erschienen in Sydney, Australien, bei Bay Books
Deutsche Ausgabe erschienen mit Genehmigung von Bay Books, einem Imprint von HarperCollins (Australia) Pty Limited

Illustrationen: Allan Storman
Übersetzung aus dem Englischen: Heino Nimritz für GAIA Text, München
Layoutdesign, Satz und Produktion: GAIA Text, München
Umschlagdesign: Markus Härle für Gaia Text, München
Druck: Offizin Andersen Nexö, Leipzig

ISBN 3-89530-898-6

Printed in Germany

Inhalt

Über den Autor

Steve Biddulph ist ausgebildeter Psychologe und Familientherapeut. Zu seinen Lehrern zählen die wichtigsten Pioniere der Erziehungsberatung in Australien und in den

USA. Auf dieser Grundlage und unter Einbeziehung neuester Erkenntnisse der Kinderpsychologie hat er seinen eigenen, von Humor und Anteilnahme geprägten frischen Beratungsstil entwickelt. Steve Biddulph ist Autor mehrerer Bücher. Auf deutsch erschien bisher *Männer auf der Suche,* das die neue Rolle behandelt, die Männer künftig in Erziehung, Familie und Gesellschaft spielen können, *Jungen! Wie sie glücklich heranwachsen* sowie *Weitere Geheimnisse glücklicher Kinder;* der Ergänzungsband zu diesem Buch.
Steve Biddulph lebt mit seiner Frau Sharon und seinen beiden Kindern am Pazifischen Ozean im Norden des australischen Bundesstaats New South Wales.

Eine persönliche Anmerkung

Als ich *Das Geheimnis glücklicher Kinder* schrieb, habe ich mir nie träumen lassen, daß dieses Buch ein solcher Erfolg werden würde. Fünfzehn Jahre nach dem Verfassen der ersten Schreibmaschinenseiten haben es mehr als fünf Millionen Menschen in zehn Ländern gelesen. Heute verbringe ich die meiste Zeit damit, Vorträge vor Menschen zu halten, die entweder das Buch bereits gelesen haben, davon gehört haben oder einfach kommen, weil es am fraglichen Abend nichts Besseres in Fernsehen gibt!

Damals war ich als Familientherapeut noch ziemlich unerfahren, aber bewegt von dem Herzenswunsch, Vätern und Müttern das Auskommen mit ihren Sprößlingen etwas zu erleichtern – und den Kindern die Nöte und Ängste zu ersparen, unter denen meine Generation häufig noch zu leiden hatte.

In der ersten Ausgabe warnte ich die Leser auf der ersten Seite, daß ich selbst keine Kinder, vielmehr „Wombats" habe (für meine deutschen Leser: Dieses gutmütige australische Nachttier sieht aus wie eine Mischung aus einem Hausschwein und einem Goldhamster), die obendrein schlecht erzogen seien. Ich erwähnte das nicht nur, weil es den Tatsachen entsprach, sondern auch, weil ich meinen Lesern zeigen wollte, daß meine Erziehungsmethoden nicht immer erfolgreich sind, letztendlich das Individuelle entscheidend ist und man sich nie blind auf den Rat sogenannter Experten verlassen sollte. Wenn Sie Ihr Herz sprechen lassen, werden Sie immer herausfinden, wie Sie Ihre Kinder am besten erziehen. Bücher, Experten, Freunde und Kurse sind lediglich hilfreich, wenn Sie den Weg zum eigenen Herzen weisen.

Heute habe ich Kinder und Wombats. Und es versetzt mir noch immer einen Stich in die Brust, wenn ich eine junge Mutter mit einem Baby oder einen jungen Vater mit seinen Kindern im Supermarkt sehe – weil ich weiß, daß sie, wie wir alle, versuchen, es richtig zu machen. Auch sie möchten ihren Kindern den bestmöglichen Start ins Leben geben und haben es dabei doch so schwer.

Daß nunmehr die mehrfach überarbeitete Neuauflage meines Buches auf deutsch in der bereits 14. Auflage erscheint, macht mich richtig stolz. Tausende von Eltern auf der ganzen Welt haben mir persönlich versichert, daß sie meine Anregungen hilfreich fanden und tatsächlich umsetzen konnten. Viele ihrer Erfahrungen sind der Neuauflage des Buches zugute gekommen.

Wir alle brauchen Zuspruch und Unterstützung, um unsere Aufgabe als Mütter, Väter, Eltern zu erfüllen und glückliche, gesunde und liebevolle Kinder aufzuziehen.

Mit diesem Buch möchte ich Ihnen Mut machen und Ihnen meine herzliche Anteilnahme mit auf den Weg geben.

Warum sind so viele Erwachsene unglücklich?

Denken Sie an all die Menschen in Ihrem Bekanntenkreis, denen es an Selbstbewußtsein fehlt, die sich nie entscheiden können, die sich ständig über Kleinigkeiten aufregen, die immer angespannt scheinen, denen es schwer fällt, Freunde zu finden; oder denken Sie an die aggressiven Menschen, die andere herabsetzen und denen die Bedürfnisse ihrer Mitmenschen gleichgültig sind. Und an all jene, die sich gerade noch bis zum nächsten Schluck oder zur nächsten Pille über Wasser halten.

Vor allem in den reichsten Ländern der Welt hat das Unglücklichsein epidemische Ausmaße angenommen: Eine nicht unerhebliche Zahl von Erwachsenen wird irgendwann psychiatrischer Behandlung bedürfen, jede dritte Ehe endet mit Scheidung, einer von vier Erwachsenen ist von Beruhigungsmitteln abhängig.

Arbeitslosigkeit und wirtschaftliche Probleme machen das Leben nicht eben leichter, aber Unglückliche gibt es in allen Einkommensschichten. Eher ist es so, daß kein Geld der Welt im Stande scheint, das Problem zu lösen.

Andererseits gibt es Menschen, die zu unserer Verwunderung auch angesichts schwierigster Umstände fröhlich und optimistisch bleiben. Wie kommt es, daß in einigen Mut und Freude unverdrossen weiterblühen?

Die Antwort: Viele Menschen sind zum Unglücklichsein programmiert worden. Man hat ihnen als Kinder – unabsichtlich – beigebracht, unglücklich zu sein. Und sie leben die Rolle der Unglücklichen bis an ihr Lebensende weiter. In diesem Buch soll gezeigt werden, wie schnell man Kindern einimpfen kann, sich selbst nicht zu mögen, und wie man ihnen damit ein Leben lang Probleme auflädt.

In diesem Buch geht es deshalb allein darum, wie man negative Programmierungen vermeidet – und wie man Kinder zu glücklichen Kindern macht.

Die Psyche prägen

Sie hypnotisieren Ihre Kinder ohnehin jeden Tag. Warum dann nicht bewußt das Richtige vermitteln?

Es ist 9 Uhr abends, und ich sitze in meinem Büro mit einer in Tränen aufgelösten Fünfzehnjährigen. Ihr modisches Outfit, für weit Ältere gedacht, läßt sie noch hilfloser und kindlicher erscheinen. Wir sprechen über ihre Schwangerschaft und darüber, was sie jetzt tun will.

Jedem, der mit Teenagern arbeitet, ist diese Situation wohlbekannt. Doch das heißt nicht, daß hier Routine wohlfeile Ratschläge und schnelle Lösungen zuläßt. Denn für die junge Frau, die vor mir sitzt, ist dies der schlimmste Tag ihres Lebens, und sie braucht all meine Unterstützung und all die Zeit und Konzentration, über die ich verfügen kann. Am wichtigsten aber ist, ihr zu helfen, eine eigene Entscheidung zu treffen.

Ich frage sie, wie wohl ihre Eltern reagieren werden, und als Antwort platzt aus ihr heraus:

> „Na, die werden sagen, daß sie es mir schon immer prophezeit haben; sie haben mir schon immer gesagt, daß ich zu rein gar nichts tauge.“

Auf der Heimfahrt geht mir dieser Satz nicht aus dem Kopf: „sie haben mir schon immer gesagt, daß ich zu rein gar nichts tauge“ – wie oft habe ich Eltern auf diese Art und Weise und ähnlich mit ihren Kindern sprechen hören:

> „Bei dir ist Hopfen und Malz verloren!“
>
> „Du bist vielleicht eine Nervensäge“
>
> „Das wirst du noch bereuen“
>
> „Du bist genauso böse wie dein Onkel Erwin“
> (der im Gefängnis sitzt)
>
> „Du bist genauso wie deine Tante Erika“
> (die gerne ein Glas zuviel trinkt)
>
> „Bist du verrückt geworden oder was?“

Mit diesen Sätzen werden viele Kinder quasi programmiert. Unabsichtlich werden sie von gestreßten Eltern dem Nachwuchs verabreicht wie ein Fluch, der von Generation zu

Generation weitergegeben wird. Sie haben die Wirkung einer sich selbst erfüllenden Prophezeiung – je öfter sie wiederholt wird, desto eher tritt sie auch ein. Kinder sind hochbegabte, exakte Beobachter und auf seltsame Weise kooperativ – normalerweise erfüllen sie die Erwartungen, die wir in sie setzen!

Die eben genannten, zugegebenermaßen extremen, Aussprüche sind unzweifelhaft schädlich. Die meisten der negativen Programmierungen sind jedoch nicht sofort als solche zu erkennen. Spielen Kinder auf einem Baugrundstück, klettern sie auf einen Baum, so hört man schon den ängstlichen Ruf der Mutter am Zaun: „Du wirst runterfallen! Paß auf, du rutschst gleich aus!"

Am Ende eines halbherzig geführten Streits mit der Mutter, die daraufhin wutentbrannt die Tür zuknallt und auf die Straße läuft, verkündet der leicht angetrunkene Vater: „Da siehst du es mein Sohn, trau keiner Frau über den Weg. Am Ende machen sie dich fertig." Der Siebenjährige schaut feierlich zum Vater auf und nickt: ja, Papi.

Und in Millionen von Wohnzimmern und Küchen fallen Sätze wie:

„Mein Gott, bist du faul!"
„Du bist so egoistisch!"
„Du Idiot, laß das!"
„Gib das her, du Blödmann!"
„Laß mich in Ruhe, nerv' mich nicht!"

Unsere Untersuchungen haben gezeigt, daß sich ein Kind in der Folge solcher Aussprüche nicht nur unmittelbar danach schlecht und minderwertig fühlt. Nein, solche Äußerungen haben auch einen hypnotischen Effekt und wirken im Unterbewußtsein weiter. Wie Samen werden sie in der Psyche keimen und das Selbstverständnis des betroffenen Menschen beeinflussen, um am Ende sogar seine gesamte Persönlichkeit zu prägen.

Wie hypnotisieren wir unsere Kinder?

Hypnose und Suggestion haben die Menschen schon immer fasziniert, oft werden damit magische und transzendente Vorgänge assoziiert; tatsächlich aber handelt es sich um wissenschaftlich belegte Methoden. Viele von Ihnen werden ihre Wirksamkeit schon erlebt haben, vielleicht bei einer Hypnoseshow, anläßlich einer Raucherentwöhnung oder im Zusammenhang mit Entspannungsübungen.

Wir alle kennen die wesentlichen Elemente der Hypnose: Ein sich gleichmäßig bewegender Gegenstand lenkt den Geist ab („konzentrieren Sie sich auf die pendelnde Uhr"), in sanftem Befehlston („Sie sind ganz müde!") wiederholt der Hypnotiseur rhythmisch immer wieder denselben Satz. Auch die posthypnotische Suggestion ist uns geläufig, die Möglichkeit, einer nichts ahnenden Person einen Befehl zu suggerieren, den diese später auf ein bestimmtes Signal hin ausführt. Auf der Bühne lassen sich damit verblüffende Ef-

HAANSIII!!!
DU WIRST AUSRUTSCHEN, DEN HALT VERLIEREN, RUNTERFALLEN, DIR DAS STEISSBEIN BRECHEN UND DIR EINE HAUPTSCHLAGADER AN DER FLASCHE AUFSCHNEIDEN, UND DER KRANKENWAGEN WIRD DIE KLINIK NICHT FINDEN, UND DU WIRST MINDESTENS EINEN LITER BLUT VERLIEREN UND MOOONATE AUF DER INTENSIVSTATION VERBRINGEN, UND WAS MEINST DU, WIE ES MIR DABEI GEHT?

fekte erzielen, und von einem speziell ausgebildeten Therapeuten angewendet, kann Hypnose ein sehr wirksames Instrument bei der Heilung sein.

Doch den meisten von uns ist nicht bewußt, daß Hypnose ein fester Bestandteil unseres Alltags ist. Sobald wir bestimmte Sprechmuster wiederholt verwenden, greifen wir bereits in das Unterbewußtsein unserer Kinder ein und programmieren sie – auch wenn wir es gar nicht beabsichtigen. Allgemein wird angenommen, daß Hypnose in einem anderen Bewußtseinszustand, einem Zustand der Trance, wirkt, was mittlerweile widerlegt wurde; nur bestimmte Formen des unbewußten Lernens bedürfen solcher Zustände. Tatsächlich verhält es sich so – und das ist ziemlich beunruhigend –, daß der menschliche Geist auch im Wachzustand, ohne daß die betroffene Person sich dessen gewahr würde, programmiert werden kann.

In den Vereinigten Staaten ist man bereits dabei, Verkäufer und Mitarbeiter von Werbeagenturen für den Einsatz von hypnotischen Methoden im alltäglichen Geschäftsverkehr zu schulen – eine erschreckende Vorstellung (einige weitere Anmerkungen zu diesem Thema finden Sie im Anhang des Buches, wo kurz auf die theoretischen Grundlagen eingegangen wird). Glücklicherweise erfordert der manipulierende Einsatz von Hypnose große Erfahrung und Geschick; zudem kann jeder Manipulationsversuch unterlaufen werden, wenn sich die betreffende Person des Vorgangs

Hypnotisiert werden, ohne es zu wissen

Der verstorbene Dr. Milton Erikson galt als der größte Hypnotiseur seiner Zeit. Einst wurde er zu einem Mann gerufen, der wegen einer Krebserkrankung unter starken Schmerzen litt, sich aber weder der Hypnose unterziehen, noch Schmerzmittel einnehmen wollte. Erikson suchte ihn einfach im Krankenzimmer auf und begann eine Unterhaltung über dessen bevorzugtes Hobby – die Tomatenzucht.

Einem aufmerksamen Zuhörer wäre die merkwürdige Sprechweise Eriksons aufgefallen, der ungewöhnliche Rhythmus seiner Sätze, die Betonung bestimmter Worte wie „tief unten“ (im Boden), „gut und stark“ wachsend, „einfach“ (zu pflücken), „warm und locker“ (im Glashaus). Der Beobachter hätte auch bemerkt, daß sich Eriksons Gesicht und Haltung beim Aussprechen dieser Schlüsselworte leicht veränderte. Der krebskranke Mann hatte allerdings das Gefühl, sich lediglich gut zu unterhalten. Bis zu seinem Tod aber, der, wie die Ärzte vorausgesagt hatten, fünf Tage später eintrat, verspürte der Mann keine Schmerzen mehr.

bewußt wird. Zufällige Hypnose jedoch ist so alltäglich, daß Eltern – ohne es zu merken – ihren Kindern Botschaften einimpfen, die ein Leben lang fortwirken, wenn sie nicht deutlichem Widerspruch begegnen.

Der Geist eines Kindes ist voller Fragen. Und die vielleicht wichtigsten dieser Fragen lauten: Wer bin ich? Was für eine Art von Person bin ich? Wo gehöre ich hin? Fragen zur Selbsteinschätzung, Fragen der Identitätssuche, von denen grundsätzliche Entscheidungen abhängen. Deshalb wird ein Kind gravierend von allen Feststellungen, die mit den Worten „du bist” beginnen, geprägt.

Du-Botschaften

Ob die Botschaft „du bist faul“ oder „du bist großartig“ lautet, ist gleich, derartige Feststellungen einer „großen“ Person werden sich im Unterbewußtsein eines Kindes festsetzen. Oft habe ich von Erwachsenen, die in eine Lebenskrise geraten waren, gehört, daß man ihnen in der Kindheit gesagt hat: „Du bist zu nichts nutze, das weiß ich genau!“

Die psychologische Fachsprache mit ihrer Tendenz, die Dinge noch ein bißchen komplizierter zu machen, nennt solche Aussagen „Attribute“: Und in jedem Erwachsenenleben tauchen solche Attribute immer wieder auf.

„Warum bewirbst du dich nicht für die in deiner Firma ausgeschriebene Stelle?“
„Nein, dafür bin ich nicht gut genug.“

„Siehst du nicht, daß er so ist wie dein letzter Mann?“
„Ich bin wahrscheinlich einfach zu blöd!“

„Warum läßt du dich von ihm rumkommandieren?“
„Das ist mir mein ganzes Leben so ergangen.“

Diese Worte „nicht gut genug“, „einfach zu blöd“, kommen nicht von ungefähr. Sie sind in der Psyche der betreffenden Personen gespeichert, sie wurden ihnen in einem Alter eingetrichtert, als sie deren Wahrheitsgehalt nicht hinterfragen konnten. „Aber“, höre ich Ihren Einwand, „Kinder sind doch sicherlich nicht mit solchen ‚Du-Botschaften‘ einverstanden.“

Stimmt, Kinder denken über die Sachen nach, die sie zu hören bekommen, überprüfen sie auf ihre Richtigkeit hin. Aber Kinder haben wenig Vergleichsmöglichkeiten; sind wir nicht alle manchmal egoistisch, faul, schlampig, vergeßlich, schadenfroh usw.? Wenn der Pfarrer in alten Zeiten von der Kanzel donnerte “Ihr habt gesündigt!”, so konnte er kaum falsch liegen – alle hatten gesündigt!

„Erwachsene wissen alles; sie können sogar Gedanken lesen“, so denken Kinder. Wenn einem Kind gesagt wird „Du bist ein Tolpatsch“, wird es nervös und wird tolpatschig sein. Das Kind spürt die Zurückweisung, wenn es „Du Nervensäge!“ zu hören bekommt. Es gerät in Panik, will sich vergewissern, daß es nicht abgelehnt wird, und fängt wirklich an, eine Nervensäge zu sein. Heißt es „Du Dummkopf!“, mag das Kind sichtbar dagegen protestieren, doch im Innern kann es nur traurig zustimmen: „Wenn du als Erwachsener das sagst, muß es wohl stimmen.“

DU SIEHST GUT AUS!
STIMMT GAR NICHT!

„Du-Botschaften“ wirken sowohl im Bewußtsein als auch im Unterbewußtsein. Oftmals haben wir Kinder gebeten, sich selbst zu beschreiben, und immer wieder gaben sie Antworten wie „Ich bin ein böses Kind“, „Ich bin ein Quälgeist“ etc.

Andere Kinder zeigten sich verwirrt: „Mami und Papi sagen zwar, daß sie mich gern haben, aber ich glaube nicht, daß das stimmt.“ Kinder nehmen zwar die Worte wahr, aber unterbewußt hören, sehen, riechen sie das Gefühl, das in den Worten steckt.

Es kommt darauf an, wie wir etwas sagen

Wir können sagen „Ich bin wütend auf dich und ich will, daß du jetzt sofort dein Zimmer aufräumst!“ und brauchen uns keine Sorgen über irgendwelche langfristigen Folgen zu machen. Wenn wir aber sagen „Du faules kleines Gör, du willst wohl nie gehorchen“ und diese Botschaft immer dann wiederholen, wenn ein Konflikt ansteht, brauchen wir uns über das Resultat nicht zu wundern.

Versuchen Sie nicht, sich glücklich oder liebevoll zu geben, wenn Ihnen nicht danach ist – Kinder werden dadurch nur verwirrt, sie reagieren ausweichend und mit der Zeit gar ernsthaft verstört.

Wir können unsere Gefühle offen ausdrücken, ohne unsere Kinder zu demütigen. Kinder können mit Sätzen wie „Ich bin heute einfach zu müde dazu“ oder „Im Augenblick bin ich zu wütend“ durchaus umgehen, vor allem, wenn die Worte mit dem übereinstimmen, was sie die ganze Zeit gespürt haben. So bekommen sie mit, daß auch die Eltern nur Menschen sind – und das ist keine schlechte Einsicht.

Auf einem Elternabend fragte ich einmal, ob die Anwesenden mir die „Du-Botschaften“ nennen könnten, die sie aus der Kindheit in Erinnerung behalten hatten. Ich notierte alle Aussagen an der Tafel:

DU BIST FAUL TOLPATSCHIG DUMM
EIN QUÄLGEIST NUR EIN MÄDCHEN
ZU JUNG, UM ZU VERSTEHEN
BLÖD EINE NERVENSÄGE
DRECKIG GEDANKENLOS
RÜCKSICHTSLOS EGOISTISCH
IMMER ZU SPÄT
GIERIG SCHLECHT GELAUNT
GEHIRNLOS LAUT OHNE MUMM
EINE EINZIGE SORGE VERRÜCKT
REIF FÜR DIE KLAPPSMÜHLE
BRINGST MICH NOCH INS GRAB
HÄSSLICH SCHLICHT UNREIF
WIE DEIN VATER
... UND ENDLOS MEHR

Die Antworten kamen zunächst zögerlich, doch dann, als sich die Schleusen des Gedächtnisses öffneten, war kein Halten mehr. Am Ende war die Tafel voll beschrieben und die Versammlung fast in Aufruhr geraten. Deutlich war in den Gesichtern das Gefühl der Erleichterung und der Befreiung

Unser Gedächtnis erinnert sich an alles

In den 50er Jahren suchte man nach neuen Wegen, den Menschen, die an Epilepsie litten, zu helfen. Die Medikamente, über die wir heute verfügen, waren noch nicht entwickelt, und ein Mann namens Penfield fand heraus, daß eine Operation in schweren Fällen Erleichterung bringen konnte. Mittels kleiner Einschnitte in die Gehirnoberfläche gelang es ihm manchmal, die „elektrischen Stürme“, die die epileptischen Anfälle auslösten, völlig zum Stillstand zu bringen oder ihnen zumindestens einen Großteil ihrer Wirkung zu nehmen.

Bei diesem Eingriff – ich hoffe Sie sitzen gerade – wurden die Patienten, um den Operationsablauf besser überwachen zu können, lediglich örtlich betäubt. Dann entfernte der Chirurg ein Stück des Schädels, machte seine Schnitte, setzte das Stück wieder ein und nähte die Haut darüber wieder zusammen ... auch mir läuft es bei dem Gedanken kalt den Rücken hinunter, aber auf diese Weise gelang es immerhin, die Krankheit besser in den Griff zu bekommen.

Während der Operation erlebten die Patienten jedoch etwas Überraschendes: Wenn die Mikrosonde des Arztes die Oberfläche des Gehirns leicht berührte, hatten sie ganz plastische Erinnerungsschübe – sie waren wieder im Kino, hatten den schäbigen Geruch des Vorstadtkinos in der Nase und spürten den Ärger über die Turmfrisur in der vorderen Reihe. Berührte der Arzt eine andere Stelle, so sah der Patient seinen vierten Geburtstag vor dem geistigen Auge auftauchen – und das, obwohl er bei vollem Bewußtsein auf dem Operationstisch lag.

Anschließende Forschungen bestätigten diese bemerkenswerte Entdeckung: Alles – jedes Wort, jeder Laut, jeder Anblick – ist in unserem Gehirn gespeichert. Oft ist es schwierig, sich zu erinnern, tatsächlich ist aber auf der gewundenen Oberfläche unseres Gehirns unser gesamtes Leben aufgezeichnet!

MACH'S NOCHMAL SAM!

zu lesen, als die Menschen die Worte aussprachen, die sie vor so langer Zeit verletzt hatten.

Die allerwenigsten meinten, daß ihre Eltern bewußt zerstörerisch oder gemein gewesen seien. Vielmehr sei es in ihrer Kindheit üblich gewesen, in dieser Art und Weise das Verhalten von Kindern zu beeinflussen. „Sag' ihnen, daß sie schlecht sind, dann werden sie sich bessern!" Das war zwar noch im dunklen Zeitalter der Kindererziehung – doch wir fangen gerade erst an, uns davon zu befreien.

Unbewußtes Aufnehmen

Daß man unbewußt etwas aufnimmt, hat sicher schon jeder einmal erlebt: Man unterhält sich mit einem/einer Bekannten auf einem Fest oder einer Versammlung. Der Raum ist erfüllt von den Gesprächen der anderen, vielleicht ertönt auch noch Musik. Plötzlich hört man deutlich, wie der eigene Name oder der Name eines Freundes oder etwas anderes, was einem wichtig ist, auf der anderen Seite des Raums ausgesprochen wird. „Na, was die wohl wieder über mich reden", schießt es einem durch den Kopf.

Wie funktioniert das? Die Forschung hat herausgefunden, daß wir auf zweierlei Art hören: Zum einen registriert unser Hörvermögen jeden Laut, der das Ohr erreicht, zum anderen bestimmt unsere Aufmerksamkeit, was wir bewußt wahrnehmen. Unbewußt aber erfaßt unser hervorragendes Gehör jedes Gespräch in Hörweite, und eine Art Schaltzentrale in unserem Gehirn „stellt" das Gespräch „durch", in dem ein Schlüsselwort oder Schlüsselsatz fällt. Natürlich kann man kaum allem Gesagten gleichzeitig zuhören, weshalb ein grobes Überwachungssystem die gehörten Laute auf wichtige Botschaften hin untersucht. Ungezählte Experimente haben das immer wieder bewiesen, auch die Tatsache, daß Menschen sich unter Hypnose an Dinge erinnern, die sie vorher nie bewußt wahrgenommen haben, bestätigt diesen Vorgang.

Geschichten wie die folgende erzählt man sich überall auf der Welt:

Spät nachts gerät ein Schwerlaster außer Kontrolle, rast die Böschung hinunter und landet im Wohnzimmer eines Einfamilienhauses. Als die Rettungsmannschaften das Haus betreten, finden sie zu ihrer Überraschung eine junge Frau tief schlafend vor. Während sie da stehen, unschlüssig, was jetzt zu tun sei, fängt ein Baby im Nebenraum an zu schreien. Sofort ist die Mutter wach: „Ist was passiert?"

Selektives Hören findet auch während des Schlafs statt, und in diesem Fall werden eingehende Laute nur auf eine Sache hin geprüft: das Baby. Lediglich dessen Geräusche werden „durchgestellt".

Was hat das Geschilderte mit Kindern zu tun? Überlegen Sie einmal, wie oft über Kinder geredet wird, in der Annahme, daß sie nicht zuhören. Erinnern Sie sich daran, wie gut Kinder hören können (das Rascheln einer Schokoriegelverpackung hören sie problemlos aus einer Entfernung von 50 Metern!). Und Kinder hören auch während des Schlafs, was um sie herum vorgeht und was gesagt wird.

Besonders empfindsam sind Kinder, die noch nicht sprechen können (oder solche, die Sie im Glauben lassen, sie könnten nicht sprechen). Kleinkinder erfassen, schon Monate bevor sie überhaupt die ersten Worte äußern, das meiste von dem, was mit Worten ausgedrückt werden soll – wenn nicht sogar jedes einzelne Wort. Oftmals wundere ich mich über Eltern, die seit Jahren schmerzhafte Auseinandersetzungen führen oder aus irgendeinem Grund unglücklich sind, wenn sie mir erzählen: „Die Kinder wissen natürlich nichts davon".

Im Gegenteil: Kinder wissen fast alles über jedes. Sie mögen Ihnen helfen wollen, indem sie es für sich behalten, oder sie zeigen es indirekt durch Bettnässen oder „Mordversuche" an jüngeren Geschwistern, aber sie wissen es. Wenn Sie also über Ihre Kinder reden, sollten Sie sich im klaren darüber sein, was Sie sagen wollen. Auch das ist ein direkter Draht zu ihrem Geist.

Hören und Heilen

Eine meiner Lehrerinnen, Dr. Virginia Satir, hat mir einmal die folgende Geschichte erzählt:

Einem Kind waren die Mandeln herausgenommen worden, und zurück im Krankenzimmer wollte die Blutung der Wunde nicht aufhören. Dr. Satir trat zu dem besorgten Pflegepersonal, das gerade die noch offene Wunde im Hals des Kindes untersuchte.

Einer Eingebung folgend fragte sie, was im Operationssaal während des Eingriffs passiert sei, und so erfuhr sie, daß sich das Team über eine vorangegangene Operation unterhalten hatte:

„Nun, wir hatten unmittelbar zuvor an einer alten Dame einen Kehlkopfkrebs operiert."

„Und worüber haben Sie gesprochen?"

„Über die letzte Operation, daß die alte Frau wenig Chancen habe, die Operation zu überleben, da der Krebs schon zu weit fortgeschritten sei."

Dr. Satir überlegte: Sie stellte sich vor, wie man das Kind unter Vollnarkose einem einfachen Routineeingriff unterzog und währenddessen über den vorangegangenen Fall sprach: „kaum Überlebenschancen", „ziemlich hoffnungsloser Zustand".

Sie reagierte prompt, ließ das Kind sofort in den Operationssaal zurückbringen und die Schwestern folgende Sätze sagen:

„Schaut mal her, das Kind hier schaut aber gesund aus, ganz anders als die alte Frau, die wir vorhin operiert haben", „Das Kind hat einen wirklich gesunden Hals", „es wird sich sicher bald erholt haben und wieder mit den Freundinnen spielen!"

Die Blutung hörte tatsächlich auf, das Kind wachte bald aus der Narkose auf und wurde am nächsten Tag nach Hause entlassen.

WAS MACHST DU DA?
EINEN HÖRTEST
SCHOKORIEGEL
NICHT SCHLECHT... DAS RASCHELN EINER SCHOKO-RIEGELVER-PAK-KUNG AUS 50 METERN!
VROOMM
SCHOKORIEGEL

Warum nutzen Sie nicht diesen direkten Draht? Sprechen Sie aus, was Ihnen an Ihrem Kind gefällt und teilen Sie es anderen mit, wenn der Nachwuchs in Hörweite ist. Das kann man besonders gut anwenden, wenn die Kinder in einem Alter sind, in dem ihnen direktes Lob peinlich ist.

Verankern

Das Verankern gilt als eine der neuesten Entdeckungen auf dem Gebiet der Hypnose. Wissenschaftler haben herausgefunden, daß eine Botschaft am besten in die Psyche einer Person eingebracht werden kann, wenn sie von Signalen begleitet wird, die sie verstärken.

Das ist im Grunde recht einfach: Wenn jemand zu Ihnen sagt „Sie sind eine Nervensäge!", werden Sie verunsichert sein; wenn er zugleich die Stimme erhebt und mit Drohgebärden auf Sie zukommt, also etwas außer Kontrolle gerät, dann befinden Sie sich in einer prekären Lage.

Wenn dieser Jemand zudem dreimal so groß ist wie Sie und noch dazu mit Ihnen verwandt ist – gar Ihr Wohlergehen von ihm abhängt –, dann werden Sie die Begebenheit für den Rest Ihres Lebens nicht vergessen.

Viele Menschen verhalten sich im Alltag eher zurückhaltend. Leidenschaftlichkeit zeigen wir selten und ebenso selten werden wir einmal laut. Das heißt nicht, daß wir innerlich ruhig und entspannt wären – eher ist es wohl so, daß wir uns unter Kontrolle haben und nichts herauslassen wollen. Wir behalten unsere Gefühle, schlechte wie gute, lieber für uns, und sollte es einmal wirklich schlecht laufen, so versuchen wir, unsere Bürde so gut es geht allein zu tragen.

Wir lassen uns möglichst nichts anmerken, und wenn wir dann explodieren oder zusammenbrechen, sind wir selbst oft genauso überrascht wie die anderen um uns herum. Wenn wir Ärger und Frustration ablassen, dann schätzt uns die Umwelt als außer Kontrolle geraten und gefährlich ein – und vielleicht teilen wir diese Einschätzung sogar!

Auch unseren Kindern gegenüber formulieren wir die alltäglichen Botschaften eher vage und indirekt. „Liebling, bitte laß das sein, komm' weiter", „So ist's brav, Junge", negative wie positive Aussagen werden eher nebenbei geäußert und haben keine große Wirkung.

Aber eines Tages, wenn Mami oder Papi wirklich überlastet sind, kommt ein mächtiger Ausbruch: „Du dummes Gör, willst du endlich still sein!" Weit aufgerissene Augen, plötzliche, bedrohliche Nähe, nie zuvor gehörte Lautstärke, und das den Boden unter den Füßen wegziehende, sich tief einprägende Gefühl, daß die Situation außer Kontrolle gerät, verankern die Botschaft. Die Botschaft ist, wenn auch unwahr, überdeutlich: „Das ist es also, was Mami oder Papi wirklich von mir denken!"

Die Sätze, die überlastete Eltern in solchen Situationen gebrauchen, sind oftmals nicht von Pappe:

„Ich wünschte, du wärst nie geboren worden!"
„Du bist ein dummes, dummes Kind!"
„Du bringst mich noch ins Grab, hörst du!"
„Ich könnte Dich erwürgen!"

Ärger oder Wut gegenüber Kindern oder in ihrem Beisein zu äußern, ist jedoch nicht grundsätzlich negativ. Im Gegenteil, Kinder müssen lernen, daß Eltern ärgerlich sein und lautstark Spannung abreagieren können – und sie selbst trotzdem nicht in Gefahr sind. Elisabeth Kübler-Ross hat festgestellt, daß wirklicher Ärger 20 Sekunden anhält und mehr oder weniger viel Lärm um nichts bedeutet. Problematisch wird es erst dann, wenn die positiven Botschaften („Toll hast du das gemacht", „wir haben dich schrecklich gern", „wir werden immer für dich dasein") nicht ähnlich kräftig und verläßlich ausfallen. Denn obwohl wir liebevoll empfinden, teilen wir es oftmals nicht mit.

Fast jedes Kind wird von Herzen geliebt, doch viele Kinder wissen nichts davon; viele Erwachsene sterben mit der Überzeugung, daß sie für ihre Eltern nichts als eine Last und Enttäuschung gewesen sind. In der Familientherapie ist es einer der bewegendsten Augenblicke, wenn es gelingt, dieses Mißverständnis auszuräumen.

In Zeiten, in denen das Fundament, auf dem ein Kindesleben ruht, gefährdet ist, wenn ein Schwesterchen oder Brüderchen geboren wird, wenn eine Ehe zerbricht, wenn in der Schule der Erfolg ausbleibt, wenn sich für einen hoffnungsvollen Heranwachsenden keine Lehrstelle oder Arbeit findet – dann ist es wichtig, positive Botschaften zu vermitteln und diese durch Gesten zu bekräftigen. Eine auf die Schulter gelegte Hand und die unzweideutige Bestätigung im Blick können das Gesagte verankern: „Was immer auch geschieht, du bist jemand ganz Besonderes und Wichtiges für uns. Wir wissen, daß du sehr in Ordnung bist."

WAS MAN VERMEIDEN SOLLTE...

Demütigende Äußerungen statt schlichter „Befehle", wenn es um die Disziplin geht:

"GIB DAS ZURÜCK, DU EGOISTISCHES DUMMES GÖR..."

Demütigende Äußerungen, auch wenn sie freundlich gemeint sind, zum Beispiel als Kosename:

"MEIN SÜSSER KLEINER TOLPATSCH, DAS ESSEN IST FERTIG!"

Vergleiche!

"DU BIST GENAUSO SCHLECHT WIE DEIN VATER..."

"WARUM KANNST DU NICHT SO LIEB UND BRAV SEIN WIE DEIN KLEINER BRUDER..."

Mit schlechtem Beispiel vorangehen!

"WILLST DU DICH VERDAMMT NOCHMAL ZUSAMMENNEHMEN!"
"WENN DU IHN NOCH EINMAL SCHLÄGST, SOLLST DU MICH KENNENLERNEN!"

Stolz ein Verhalten preisen, daß später zwangsläufig zu Problemen führen wird:

"ER HAT IHR EINE KRÄFTIGE ABREIBUNG ERTEILT, EIN ECHTER MÜLLER, DER KLEINE!"

Schuldgefühle wecken, um die Kinder zu kontrollieren:

"MEIN GOTT, DU MACHST MICH FERTIG. ICH FÜHLE MICH SO KRANK, DASS ICH AUF DER STELLE STERBEN KÖNNTE."
"SIEH NUR, WAS DU DEINER MUTTER ANTUST!"

Ohne Äußerungen dieser Art werden Sie selbst und auch Ihre Kinder sich sehr viel besser fühlen.

An dieser Stelle könnte es sein, daß Sie Schuldgefühle bekommen, da Sie auch zuweilen so mit Ihren Kindern sprechen. Nehmen Sie sich die beschriebenen Ideen aber nicht zu sehr zu Herzen. Man kann noch viel tun, um alte Programmierungen zu überwinden – das ist selbst dann möglich, wenn Ihre Kinder schon erwachsen sind.

Drei Gründe, warum Eltern ihre Kinder in bestimmten Situationen demütigen

Zunächst einmal sollte man versuchen, sich selbst zu verstehen, zu verstehen, warum Ablehnung zu einem Teil der eigenen Erziehungspraxis geworden ist. Fast jeder Elternteil lehnt dann und wann sein Kind unnötigerweise ab. Es gibt drei Hauptgründe dafür:

Man sagt, was zu einem selbst gesagt wurde

Das Elternsein lernt man nicht in der Schule: Wenn ein Kind geboren wird, fangen die meisten bei Null an und müssen selbst herausfinden, wie man am besten damit fertig wird. Einziges Vorbild sind oft die eigenen Eltern.

Ich bin mir sicher, daß Sie schon einmal, nachdem Sie in einem erregten Augenblick losgebrüllt haben, die Einsicht hatten „Mein Gott, genau das haben meine Etern immer zu mir gesagt, und ich habe es gehaßt". Diese alten „Aufnahmen" kommen wie von einem „automatischen Piloten", und es bedarf der Geistesgegenwart und Übung, um in solchen Situationen tatsächlich so zu reagieren, wie man es sich eigentlich wünscht.

Andere Eltern sind so sehr von eigenen schmerzhaften Erinnerungen an ihre Kindheit geprägt, daß sie sich schwören, die eigenen Kinder nie zu schelten, zu schlagen oder es ihnen an irgendetwas fehlen zu lassen. Es könnte sein, daß solche Eltern mit ihrer Fürsorge übertreiben und ihre Kinder unter mangelnder Führung leiden. Einfach ist das alles wirklich nicht, oder?

Sie dachten, daß es das Richtige sei!

Früher war die Auffassung durchaus üblich, daß Kinder grundsätzlich schlecht seien und daß es richtig sei, ihnen das auch zu sagen. Aus Scham würden sie dann ihr Verhalten bessern!

Vielleicht wurden Sie selbst so erzogen. Und jetzt, da Sie ebenfalls zum Vater oder zur Mutter wurden, kam es Ihnen gar nicht in den Sinn, zu erwägen, daß Selbstwertgefühl und Selbstvertrauen wichtig für die kindliche Entwicklung sind. Wenn das so ist, so hoffe ich, daß diese Zeilen Sie wachgerüttelt haben. Nachdem Ihnen bewußt geworden ist, wie sehr jede Form der Demütigung Kinder schädigt, bin ich sicher, daß Sie in Zukunft alles daran setzen werden, solche zu vermeiden.

Sie sind mit Ihren Kräften am Ende

Wenn Sie in Geldnöten, wenn Sie überarbeitet oder gelangweilt sind oder wenn Ihnen zu Hause die Decke auf den Kopf fällt, dann ist es sehr viel wahrscheinlicher, daß Sie mit Ihren Kindern negativ kommunizieren.

Die Gründe liegen auf der Hand: Wenn wir aus irgendeinem Grund unter Druck stehen, bauen wir eine körperliche Spannung auf, die nur auf eine Entladung wartet. Tatsächlich erleichtert es uns, wenn wir auf jemanden losgehen können – sei es mit Worten oder Handlungen.

Kinder leiden besonders, denn es ist leichter, den aufgestauten Ärger an ihnen als am Ehepartner, Vermieter, Vorgesetzten oder irgend einem anderen Erwachsenen, der sich besser wehren kann, abzureagieren.

Man sollte der schlechten Laune einmal auf den Grund gehen: Warum bin ich so angespannt? Über wen habe ich mich eigentlich wirklich geärgert? Ein Zornesausbruch zeigt meist nur kurzfristig Wirkung. Wahrscheinlich ist, daß sich das Kind danach noch schlechter verhält. Dennoch verschafft so ein Ausbruch dem Erwachsenen im Augenblick ein Gefühl der Erleichterung.

Wenn das passiert, ist es lebenswichtig, daß Sie lernen, auf ungefährliche Art Dampf abzulassen.

Spannungen kann man auch anders und effektiver abbauen

Man kann Spannung durch intensive Aktivität entladen – indem man z. B. eine Matratze mit den Fäusten traktiert, eine anstrengende körperliche Arbeit angeht oder einen langen Spaziergang unternimmt.

Das ist nicht einfach so leicht dahin gesagt – manches Leben eines Kindes wurde allein deshalb gerettet, weil der aufgebrachte Elternteil es in sein Zimmer sperrte und bei einem langen Spaziergang wieder zur Vernunft kam.

Spannung kann sich in einem Gespräch mit einem Freund oder durch die Zuwendung des Partners (wenn man das Glück hat, einen zu haben) abbauen. Mit Yoga, Sport oder Massagen kann man ebenfalls sehr gut für die eigene Entspannung sorgen.

Viele Eltern müssen erst noch lernen, daß es genauso wichtig ist, für sich selbst wie für die Kinder zu sorgen. Tatsächlich tun Sie mehr für Ihre Kinder, wenn Sie jeden Tag etwas Zeit für sich selbst (Ihre Gesundheit, Ihre Entspannung) reservieren, als wenn Sie ununterbrochen im Dienste am Kinde stehen.

Damit sollen aber genug der unangenehmen Verhaltensweisen angesprochen sein. Fortan wird das Buch ausschließlich davon handeln, wie Kindererziehung leichter von der Hand geht!

Man kann sich ändern – viele Eltern haben mir erzählt, daß sie nur im Radio oder bei einem Vortrag von den beschriebenen Mechanismen gehört haben, und sie ihr Verhalten dadurch bereits ändern konnten.

Schon während Sie das Bisherige gelesen haben, haben sich vielleicht Ihre Ansichten geändert. Sie werden bemerken, daß Sie gelöster und positiver mit Ihren Kindern umgehen können – und das, ohne sich besonders darum bemühen zu müssen.

Das verspreche ich Ihnen!

Ich geb' dir gleich was Verrücktes!

Haben Sie sich jemals selbst zugehört, wenn Sie mit Ihren Kindern sprechen – und kaum glauben können, was Sie da alles von sich geben? Vieles von dem, was wir zu unseren Kindern sagen, ist, nun ja, ganz eindeutig verrückt! Ein bekannter schottischer Komiker parodierte einmal einige typische Eltern-Kind-Dialoge:

„Mami, darf ich ins Kino gehen?" „Kino? Ich geb' dir gleich Kino!"
„Darf ich dann ein Brot haben?" „Brot? Ich semmel' dir gleich eine!"

Die meisten von uns können sich an solche Sätze aus Kindertagen erinnern, Sätze, die überhaupt keinen Sinn machten, etwa: „Nimm dich doch endlich zusammen, junger Mann ... wenn du nicht bald zur Vernunft kommst ... dein Grinsen wird dir gleich im Hals stecken bleiben ... Ich werd' dich lehren, mich zum Narren zu halten ... und so weiter. Wen wundert's, daß manche Menschen später ein bißchen seltsam werden.

Vor einiger Zeit besuchte ich eine Grundschule, in der Eltern mit ihren Sprößlingen an einer neuen Spielgruppe teilnehmen wollten. Während

wir auf den Beginn warteten, fing ein aufgeweckter und lebhafter Junge an, Material für den Mathematikunterricht aus einem Regal zu räumen. Woraufhin ihn seine gestreßte Mama anfauchte:

„Wenn du das anfaßt, schneidet dir der Lehrer die Finger ab!"

Nun, jeder kann sich die Gründe vorstellen, die einen Erwachsenen dazu bewegen, einem Kind so etwas zu sagen: Wenn gar nichts mehr hilft, versuch's mit blankem Terror!

Wenn solche Schreckensbotschaften unvermittelt auf das Kind einhageln, was für Schlüsse wird es daraus ziehen? Entweder, daß die Welt verrückt und gefährlich ist, oder, daß es keinen Sinn macht, auf Mami zu hören, weil sie eine Menge Blödsinn verzapft. Wenn das kein glänzender Start in ein normales Leben ist! Sicher haben wir alle schon einmal versucht, unser Kind mit derlei Androhungen einzuschüchtern!

Einmal (ich gestehe es freimütig) sagte ich zu meinem zweijährigen Sohn, daß die Polizei böse auf ihn werde, wenn er sich nicht endlich anschnallen lassen wolle. Mir war heiß und ich war müde, und ich mag es gar nicht, wenn ich meinen 1,90 Meter großen Körper im Innern eines Autos verrenken muß, um einem rebellischen Kind den Sicherheitsgurt anzuschnallen. Ich griff auf einen billigen Trick zurück, und bekam prompt die Quittung dafür! Kaum hatte ich die Worte ausgesprochen, bereute ich es auch schon. Noch Tage später wurde ich mit Fragen wie „Haben die Polizisten Pistolen?", „Warten am Ende dieser Straße Polizisten?" gelöchert. Es war ein ziemlicher Kraftakt, ihm das Gefühl der Sicherheit zurückzugeben und ihn wieder mit den Damen und Herren in Grün zu versöhnen.

Sicher ist es nicht so, daß wir unseren Kindern alles und jedes erklären müssen, oder so lange mit ihnen argumentieren, bis uns die Luft ausgeht. Ein Satz wie „Weil ich es sage", muß manchmal einfach als Begründung ausreichen. Aber man erreicht gar nichts, wenn man ein Kind grundlos erschreckt.

„Na warte, wenn dein Vater nach Hause kommt...", „Du machst mich krank, ich gehe bald weg von zu Hause ...", „... du kommst ins Heim ...!" Das sind Botschaften, die selbst das widerstandsfähigste Kind nicht schadlos und ohne Ängste übersteht.

In den ersten Lebensjahren sind wir Eltern die wichtigste Informationsquelle unserer Kinder, später wird unsere Glaubwürdigkeit hart auf die Probe gestellt (sobald Kinder nämlich andere Quellen zur Verfügung haben, fangen sie an zu vergleichen!) Es ist unsere Aufgabe, unseren Kindern ein realistisches, aber positives Bild dieser Welt zu vermitteln – ein Bild, auf das sie einmal bauen können, wenn sie hinaus gehen, das sie innerlich festigt und sicher macht. Wenn sie in ihrem späteren Leben auf Betrug und Unehrlichkeit stoßen, werden sie zumindest wissen, daß nicht die ganze Welt so ist, und daß es auch einige vertrauenswürdige Mitmenschen gibt – darunter Mami und Papi.

Es kommt darauf an wie man es sagt

Positive Formulierungen machen Kinder zu selbstbewußten Kinderr

Das Selbstvertrauen eines Kindes wird nicht allein durch Lob oder Herab-setzen bestimmt; wir beeinflussen unsere Kinder auch auf andere Weise. Wi können etwas negativ oder positiv erklären oder „befehlen“. Wir Erwachse-ne kommentieren unser Verhalten und unsere Gefühle ununterbrochen mi „Selbstgesprächen“, Gedanken wie „Ich darf nicht vergessen zu tanken“ „Jetzt hab’ ich schon wieder meinen Geldbeutel vergessen, langsam werd ich wirklich alt“ usw. Psychologen haben festgestellt, daf zwischen der Art und Weise, wi gesunde, glückliche und kran-ke oder bedrückte Menscher mit sich reden, ein gewaltiger Unterschied besteht. Dies Selbstgespräche überneh-men Kinder direkt vor ihren Eltern unc Lehrern. Dadurch ergib sich aber auch eine Gelegen-heit, den eigener Kindern positive und nützliche Informationer mitzugeben Indem diese verinnerlicht werden, bil-den sie ein Si-cherheit unc Zuversicht verleihendes Gerüst für das spätere Leben

chritt für Schritt lernen Kinder, sich selbst innerlich zu führen und zu ord-
en. Und zwar auf genau die Art und Weise, wie wir sie mit unseren Worten
ühren und ordnen – es zahlt sich also aus, positiv zu formulieren. Wir kön-
en zum Beispiel sagen „Laß dich um Himmels willen heute in der Schule
icht schon wieder auf eine Rauferei ein“ oder wir können sagen „Ich
ünsch' dir alles Gute heute in der Schule, spiel' am besten nur mit den Kin-
ern, die du magst“.

Warum dieser kleine Formulierungsunterschied so wichtig ist? Weil der
nenschliche Geist so funktioniert. Wenn Ihnen jemand eine Million Mark
nböte dafür, daß Sie zwei Minuten lang nicht an einen blauen Affen denken
Sie würden es nicht schaffen! (Versuchen Sie es nur, wenn Sie mir nicht
lauben!). Wenn einem Kind gesagt wird „Fall' nicht vom Baum“, dann muß
s zwei Dinge denken: „Nicht“ und „vom Baum fallen“. Weil wir diese Wor-
e gebraucht haben, wird automatisch dieses Bild heraufbeschworen. Was wir
enken, wird automatisch mit Bildern und Gefühlen belegt (stellen Sie sich
or, Sie beißen voll in eine Zitrone – achten Sie darauf, wie Sie bereits auf die-
e Phantasievorstellung hin reagieren!). Ein Kind, das sich lebhaft vorstellt,
vie es vom Baum fällt, wird wahrscheinlich tatsächlich herunterfallen. Viel
esser wäre eine positive Formulierung: „Halte dich gut am Baum fest“, „paß
uf, was du als nächstes tun willst“.

An jedem Tag bieten sich Dutzende von Gelegenheiten, positiv zu formu-
ieren: Statt „Lauf' nicht auf die Straße“ ist es einfacher und besser zu sagen
bleib' hier auf dem Bürgersteig mit mir“ – das Kind kann sich somit vor-
tellen, was es tun soll, und muß sich nicht vorstellen, was es nicht tun soll.

Geben Sie Ihren Kindern klare Anweisungen, wie die Dinge richtig ge-
nacht werden. Kinder wissen nicht immer, was sie gefährdet und was nicht.
Wenn Sie also sagen: „Petra, halte dich mit beiden Händen am Bootsrand
est“, dann ist dieser Satz nützlicher als wenn Sie äußern „fall' bloß nicht ins
Wasser“ oder noch schlimmer „wie glaubst du wohl, wie es mir geht, wenn
lu ertrinkst“. Die Veränderung der Wortwahl ist zwar nicht groß, der Unter-
chied aber doch offensichtlich.

Positiv zu formulieren lernt man natürlich nicht über Nacht, aber man
ann es trainieren. Jeder, der positiv formuliert, hilft seinem Kind, positiv zu
lenken und zu handeln – und damit in einer Vielzahl von Situationen zu-
echtzukommen, weil das Kind weiß, was es tun soll, und nicht vor Angst pa-
alysiert ist, weil es etwas nicht tun soll.

Was Kinder wirklich wollen

Billiger als Videospiele und gesünder als Eis

Millionen von Eltern fragen sich immer wieder

WARUM?

Warum spielen sich Kinder in den Vordergrund? Warum wollen sie immer dorthin, wo sie nicht hin sollen, machen immer die Dinge, die ihnen verboten wurden, raufen miteinander, ärgern sich gegenseitig, gehorchen nicht, provozieren, widersprechen, hinterlassen immer ein Chaos, ja scheinen es ganz allgemein darauf abgesehen zu haben, Mami und Papi in den Wahnsinn zu treiben? Warum scheinen einige es geradezu zu genießen, wenn sie sich in Schwierigkeiten bringen können?

In diesem Kapitel erfahren Sie, was in „unartigen" Kindern vor sich geht, und daß „schlechtes" Verhalten eigentlich die Folge von guten (und gesunden) Kräften ist, die lediglich fehlgeleitet wurden.

Nach der Lektüre dieses Kapitels werden Sie nicht nur die Gründe für das unartige Verhalten Ihres Nachwuchses begreifen, sondern auch in der Lage sein, dessen Verhalten im Ansatz zu steuern und umzulenken – und sich selbst und Ihre Kinder glücklicher zu machen.

Sie glauben mir nicht? Lesen Sie weiter!

Es gibt nur einen Grund, warum Kinder ungezogen sind: Sie haben unerfüllte Bedürfnisse. „Was fehlt ihnen denn?", werden Sie sich fragen, „Ich füttere sie, ziehe sie an, kaufe ihnen Spielzeug, halte sie warm und sauber ..."

Nun, es gibt da noch ein paar Extras (die glücklicherweise sehr billig zu besorgen sind), die über diese „Grundbedürfnisse" hinausgehen. Diese geheimnisvollen zusätzlichen Bedürfnisse sind unabdingbar, nicht nur, um Kinder glücklich zu machen, sondern auch, um das Leben überhaupt zu erhalten. Vielleicht erkläre ich das am besten anhand einer Geschichte:

Als 1945 der Zweite Weltkrieg endete, lag Europa in Trümmern. Eines der vielen menschlichen Probleme, die zur Lösung anstanden, war, was mit den Tausenden von Waisen geschehen sollte, deren Eltern entweder im Krieg getötet oder auf Dauer von ihnen getrennt worden waren.

Die Schweiz, die es verstanden hatte, sich aus dem Krieg herauszuhalten, sandte ihre Helfer aus; einer von ihnen, ein Arzt, wurde damit beauftragt, zu erforschen, wie man sich am besten um die Waisenkinder kümmern könnte.

Er bereiste ganz Europa und stieß dabei auf unterschiedliche Situationen, in denen Waisen aufgezogen wurden. Mancherorts waren von den Amerikanern Feldhospitäler eingerichtet worden, in denen die Säuglinge in rostfreien Stahlkrippen lagen, es absolut hygienisch zuging, und alle vier Stunden das mit Vitaminen angereicherte Milchpulver von Krankenschwestern in blitzsauberen Uniformen verabreicht wurde.

Andernorts wurden die Kleinkinder einfach in Lastwagen in ein entlegenes Bergdorf gekarrt und den Dorfbewohnern überlassen. In der Gesellschaft anderer Kinder, von Hunden, Ziegen und in den Armen der Dorffrauen wurden sie dort aufgezogen.

Der Schweizer Arzt mußte die Kinder weder wiegen noch gar deren Bewegungskoordination prüfen, ein Lächeln einfangen oder den Augenkontakt suchen – wie es heute üblich ist –, nein, er stützte sich in jenen Tagen der Grippeepidemien und Durchfallerkrankungen auf die einfachste aller Statistiken – die Sterblichkeitsrate. Und er machte eine überraschende Entdeckung... Während ganz Europa von Epidemien heimgesucht wurde und viele Menschen starben, ging es den Kindern in der rauhen Dorfwelt weit besser als ihren wissenschaftlich umsorgten Gegenstücken in den Krankenhäusern!

Er fand bestätigt, was seit alters her gewußt, aber mit der Zeit vergessen worden war: Kinder brauchen Liebe, um zu leben.

Kinder brauchen Liebe, um zu leben

Die Kinder in den Feldhospitälern hatten alles, nur keine Zärtlichkeit und Anregung. Die Kinder in den Dörfern wurden öfter umarmt und geschaukelt, konnten viele Dinge und Vorgänge beobachten und entwickelten sich, solange auch ihre Grundbedürfnisse erfüllt wurden, prächtig.

Natürlich sprach der Arzt nicht wörtlich von Liebe (solche Worte machen Wissenschaftler nervös), aber er definierte sie deutlich. Wesentlich war seiner Ansicht nach:

- **Häufiger Hautkontakt mit zwei oder drei Bezugspersonen;**
- **Sanfte, aber robuste Bewegungen wie beim Herumtragen, beim Hoppe-Hoppe-Reiter-Spiel auf den Knien etc.**
- **Augenkontakt, Lächeln und eine farbenfrohe, belebte Umgebung; Geräusche wie Musik, Singen, Reden etc.**

So wurde erstmalig die Erkenntnis schriftlich und wissenschaftlich belegt, daß Kleinkinder zum Überleben menschlichen Kontakt und Zuneigung brauchen (es reicht nicht aus, daß sie ernährt, warm und sauber gehalten werden). Bekommen sie das nicht, können sie leicht sterben.

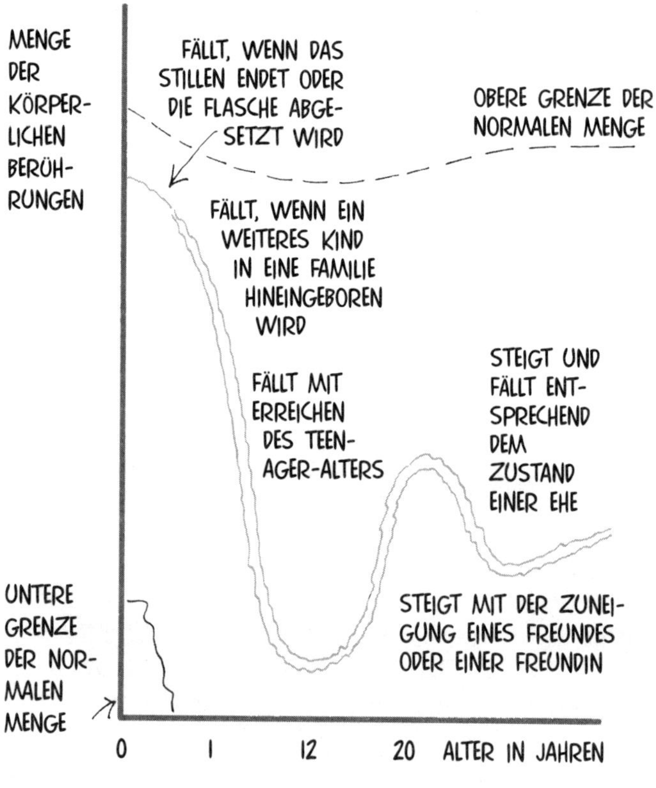

Was aber sind die Bedürfnisse älterer Kinder?

Sehen Sie sich die Kurve auf der vorhergehenden Seite an, anhand derer ich festhalte, wieviele Berührungen (richtig, wieviele körperliche Berührungen) im Durchschnitt ein Mensch während seines Lebens erhält.

Bedenken Sie aber: Das beschreibt nur die durchschnittliche Situation. Wer weiß, wieviele Berührungen wir wirklich brauchen – vielleicht sollte die Kurve eine Linie sein, die gerade von links nach rechts verläuft. Der starke Abfall im Alter von zwei und drei Jahren ist nicht verwunderlich. Normalerweise kommt dann ein zweites (oder ein drittes oder viertes) Kind hinzu, und die Zuneigung der Eltern muß geteilt werden, was allen Betroffenen Schwierigkeiten bereiten kann!

Säuglinge mögen es gerne, wenn sie berührt und umarmt werden. Kleinkinder mögen es auch, sind aber wählerischer, was die Person des Umarmenden betrifft. Teenagern ist es etwas peinlich, umarmt zu werden, doch insgeheim werden sie zugeben, daß sie Zärtlichkeiten genauso mögen wie alle anderen. In späteren Jahren können sie von besonderen Formen der Zärtlichkeit gar nicht genug kriegen!

Auch Erwachsene brauchen Zärtlichkeit

Ich habe einmal bei einem Vortrag vor etwa 60 Erwachsenen gefragt, ob die Anwesenden die Augen schließen und die Hand heben würden, um anzuzeigen, ob sie täglich weniger Zärtlichkeit erhielten, als sie gerne hätten – alle Hände gingen in die Höhe. Nach einer Minute begann der eine oder andere, sich heimlich umzusehen, und bald hallte der Raum wider von gemeinsamem Lachen. Aus dieser sorgfältigen, wissenschaftlichen Feldstudie schließe ich, daß auch Erwachsene Zärtlichkeit brauchen.

Neben körperlicher Berührung kann man liebevolle Gefühle natürlich auch mit Worten oder anders ausdrücken.

Jeder braucht Anerkennung, Beachtung und – am besten echt gemeintes Lob. Jeder möchte in Gespräche mit einbezogen werden, möchte, daß man seinen Ideen lauscht, am liebsten sogar, die Bewunderung der anderen erregen.

Dreijährige sagen es geradeheraus: „Schau her zu mir!" Das gefüllte Bankkonto allein bereitet nur wenigen reichen Leuten

Vergnügen, erst das Herzeigen und die Wahrnehmung durch andere macht ihnen Spaß. Die Vorstellung, daß die Erwachsenenwelt sich zum Großteil wie ein Dreijähriger verhält und immerzu ruft: „Schau her Papi!“ ist zu komisch. Ich bin natürlich eine Ausnahme – ich halte Vorträge und schreibe Bücher allein wegen meiner reifen und erwachsenen Berufung!

Wesentlich ist und bleibt, daß unsere Kinder mehr brauchen als die Befriedigung aller körperlichen Bedürfnisse.

Die Psyche der Kinder hat ganz einfache, aber wesentliche Bedürfnisse: Kinder brauchen die Zuwendung und Anregung anderer Menschen. Sie brauchen einen täglichen Anteil an Gesprächen, in denen sie Zuneigung und etwas Lob erfahren, um glücklich zu sein. Und wenn das Kind seinen Anteil mit uneingeschränkter Aufmerksamkeit und nicht zögernd nebenbei, z.B. während des Bügelns oder Zeitungslesens, erhält, muß das nicht einmal viel Zeit in Anspruch nehmen.

Viele von Ihnen haben jedoch bereits ältere Kinder oder Teenager, und Sie werden bei sich denken: „Aber meine Kinder haben sich bereits unmögliche Verhaltensweisen angewöhnt, um Aufmerksamkeit zu erregen. Kann ich denn jetzt überhaupt noch etwas dagegen tun?“

Kinder wollen etwas Interessantes zu tun haben

Hier deshalb wieder eine Geschichte:
Früher arbeiteten die Psychologen in weißen Kitteln und beschäftigten sich hauptsächlich mit Ratten (heute tragen sie Sportjacken und Pullover und arbeiten hauptsächlich mit Hausfrauen – ein unverkennbarer Fortschritt!). Die sogenannten „Ratten-Psychologen“ fanden deshalb so viel über Verhaltensmuster heraus, weil sie mit Ratten machen konnten, was sie mit Kindern nicht machen konnten. Lesen Sie weiter, und Sie werden verstehen, was ich meine.

In dem Experiment, von dem ich erzählen will, wurden die Ratten in einen besonderen Käfig gesperrt, in dem sie Essen, Trinken und einen Hebel vorfanden. Sie aßen, tranken und liefen umher, bis sie sich ebenfalls die Frage stellten, die Sie sich gerade stellen:

„Was hat es wohl mit dem kleinen Hebel auf sich?“ Sie drückten also neugierig auf den Hebel (wie Kinder wollten sie alles einmal ausprobieren), und zu ihrer Überraschung öffnete sich ein kleines Fenster in ihrem Käfig, durch das sie einen Film anschauen konnten, der gegen die Laborwand projiziert wurde. Das Fenster schloß sich bald wieder, und die Ratten mußten den Hebel erneut betätigen, um mehr von dem Film sehen zu können.

Die Ratten waren bereit, selbst sehr schwere Hebel zu betätigen, um den Film im Blickfeld zu behalten; was uns zum ersten Prinzip führt: Intelligente Geschöpfe wie Ratten (und Kinder) wollen etwas Interessantes zu tun haben. Das fördert das Wachstum ihres Gehirns.

Kinder wollen etwas Interessantes zu tun haben. Das fördert das Wachstum ihres Gehirns.

Dann steckten die Wissenschaftler ihre Ratten in einen anderen Käfig, in dem sie Essen und Trinken, aber keinen Hebel und kein Fenster vorfanden. Eine Zeitlang waren es die Ratten zufrieden, doch dann fingen sie an, sich schlecht zu benehmen!

Sie knabberten die Wände an, rauften miteinander, rieben sich den Pelz ab, wurden ganz allgemein zu bösen Ratten! Was uns zum zweiten Prinzip führt: Intelligente Geschöpfe wie Ratten (und Kinder) werden alles tun, was ihre Langeweile vertreibt, auch wenn wir das als dumm oder zerstörerisch erachten.

Kinder werden alles tun, was ihre Langweile vertreibt, auch wenn wir das dumm oder zerstörerisch finden.

Schließlich wurden die Wissenschaftler richtig unangenehm. Sie versuchten es mit einem Käfig, in dem sich Essen und Trinken befand, über dessen Boden aber auch dünne Drähte gespannt waren und an eine Batterie angeschlossen wurden. Ab und zu sandten die Wissenschaftler einen Stromstoß durch die Drähte, der die kleinen Geschöpfe aufschreckte, aber nicht verletzte (Sie verstehen nun, warum man das Experiment nicht mit Kindern machte).

Dann kam der aufregendste Augenblick. Die Ratten wurden aus den Käfigen genommen, und sie konnten wählen, in welchen Käfig sie zurückkehren wollten. Vielleicht möchten auch Sie eine Vermutung wagen, wohin die Ratten am liebsten, am zweitliebsten und zuallerletzt gingen – deshalb hier noch einmal die drei Möglichkeiten:

1. **Käfig mit Essen, Trinken und Film**
2. **Käfig mit Essen und Trinken**
3. **Käfig mit Essen, Trinken und Elektroschocks**

Was haben Sie vermutet? Klar, die Ratten mochten den Film am liebsten. Wenn Sie das nicht erraten haben... marsch, marsch zurück an den Anfang des Buches! Was die Ratten aber als zweitbeste Alternative wählen würden, war natürlich die interessanteste Frage des Experiments: Sie gingen lieber in den Käfig mit den Elektroschocks, als in den, in dem sie nur Essen und Trinken vorgefunden hatten! Was uns zum dritten Prinzip führt, einem für Kinder wirklich wichtigen Prinzip: Intelligente Geschöpfe wie Ratten (und Kinder) nehmen lieber in Kauf, daß etwas Unangenehmes mit ihnen passiert, als daß gar nichts passiert, denn jede Anregung oder Aufregung ist ihnen lieber als keine, auch wenn einige Schmerzen damit verbunden sind.

Kinder nehmen lieber in Kauf, daß Unangenehmes mit ihnen passiert, als daß gar nichts passiert.

Wenn ein Kind wählen könnte zwischen Nichtbeachtung und Schelte oder gar Schlägen, was glauben Sie, wird es wohl vorziehen? Was ziehen Ihre Kinder vor? Für ein Kind, das ein-, zweimal am Tag positive Zuwendung erhält, wird natürlich keine der genannten Alternativen attraktiv sein. Ich möchte dieses Kapitel mit einer weiteren Geschichte beschließen – einer Geschichte über Kinder wohlgemerkt, die keiner Erläuterung bedarf, weil ich Sie für cleverer als Ratten oder Kinder einschätze.

Ein wohlhabendes Ehepaar hatte zwei Söhne im Alter von neun und elf Jahren. Den Jungen stand ein perfekt ausgestatteter Spielraum im Souterrain des Einfamilienhauses zur Verfügung, mit Billardtisch, einem Eisschrank voller Getränke, mit Plattenspieler (wären Videospiele damals schon erfunden gewesen, hätten sie diese sicher auch gehabt). Allerdings stritten sich die Kinder permanent und in solchem Ausmaß, daß es den Eltern schließlich peinlich wurde, Gäste einzuladen. Deshalb wandten sie sich an ein Institut für Verhaltensforschung, um das Problem mit der Hilfe von Psychologen anzugehen. Die Psychologen sagten: „Wir beschäftigen uns zwar meistens mit Ratten, aber wir können einmal vorbeikommen und uns die Sache anschauen.“ Man machte einen Termin aus. Den Eltern kam zwar alles etwas seltsam vor, aber sie waren so sehr daran interessiert, dieses Problem, das ihr gesellschaftliches Leben in Mitleidenschaft zog, zu lösen, daß sie ihre Bedenken in den Hintergrund stellten.

Am verabredeten Tag tauchte ein Psychologenteam auf und verteilte sich mit Notizblöcken und Stoppuhren im ganzen Haus. Am Abend war eine Cocktail-Party geplant, und so hielten sich einige Psychologen oben bei den Erwachsenen auf und andere bei den Jungen im Souterrain, wo sie still in einer Ecke saßen und sich Notizen machten. Gegen 19 Uhr, so notierten die Beobachter, warf die Mutter einen Blick zur Treppe ins Souterrain und dann zu ihrem Ehemann. Gleichzeitig notierten die Beobachter im Souterrain, daß die Jungen, die sich bis dahin mit verschiedenen Spielen beschäftigt hatten, anfingen, miteinander zu raufen. Allerdings war die Rauferei ziemlich ungewöhnlich und glich eher einem Bühnenspektakel oder einer Art Tanz. Das Wehgeschrei der beiden Jungen, das den Kampf begleitete, klang aber überzeugend echt!

Der Vater erschien denn auch alsbald am Treppenabsatz und schimpfte heftig. Die Psychologen hatten ihn aufgefordert, sich wie sonst auch zu verhalten – keine leichte Aufgabe, wie man sich denken kann.

Die Psychologen im Souterrain machten sich eifrig Notizen, denn sie beobachteten etwas Einzigartiges. Die Buben lauschten der Schelte ihres Vaters zwar sichtlich beeindruckt, doch um ihre Mundwinkel spielte ein leichtes, merkwürdig verzogenes Lächeln – ein Gesichtsausdruck, der berühmt wurde und heute von den Psychologen „Mona-Lisa-Lächeln" genannt wird.

Ein Gesichtsausdruck, der berühmt wurde und in der Kinderpsychologie heute als „Mona-Lisa-Lächeln" bezeichnet wird.

Kinderpsychologen wissen, daß dieses halbe Lächeln eine geheime Botschaft beinhaltet, die lautet: „Ich sollte mich zwar schlecht fühlen, und ich versuche ganz fest, reumütig auszuschauen, aber irgendwie freue ich mich zugleich!" Eltern ist dieser Zusammenhang nie klar geworden, auch wenn sie darauf mit jenem berühmten Elternsatz „Laß das Grinsen, wenn ich mit Dir spreche!" unwissentlich reagieren. Die Jungen im Souterrain bekamen von ihrem Vater in diesem Moment mehr Zuwendung geschenkt, als den ganzen Tag über – und hatten Mühe, ihr Vergnügen daran zu verbergen.

Die Psychologen gingen zurück in ihr Labor und stellten einen detaillierten Bericht zusammen, den sie anschließend mit den Eltern besprachen. Den Inhalt ihrer Ratschläge werden Sie vermutlich schon erraten haben: „Das gesellschaftliche Leben nimmt Sie zu sehr in Anspruch, die Jungen brauchen mehr Aufmerksamkeit. Sie mögen ihren Vater, weil er für sie wie für alle Jungen in diesem Alter ein großes Vorbild darstellt. Sie raufen miteinander, weil sie so garantiert die Aufmerksamkeit des Vaters erregen."

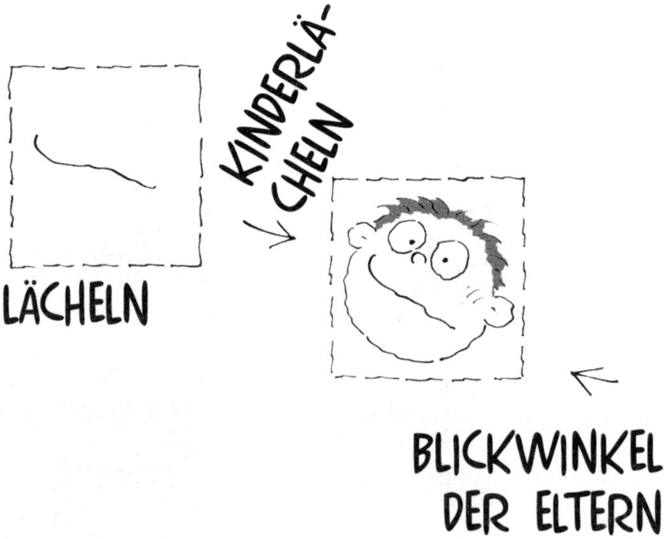

Die Psychologen hatten recht, doch sie konnten die Eltern nicht überzeugen, vielmehr hielten diese deren Meinung für ausgemachten Unsinn. „Sie wollen uns erzählen, daß die Kinder es mögen, wenn sie geschimpft werden?“ Diese Eltern wußten eben nichts von den Versuchen mit Ratten und Elektroschocks, und schon gar nichts vom Mona-Lisa-Lächeln.

Also brachten sie die Söhne zu einem Psychiater, der zwei Jahre lang ihre Träume analysierte, schließlich aufgab und sie mit zum Golfspielen nahm – was sie natürlich kurierte! Das Obengesagte können wir also ganz einfach zusammenfassen:

Kinder verhalten sich auffällig, wenn sie sich langweilen.

Können Sie etwas tun, das ihren Kindern mehr Anregung verschafft? Laden Sie die Freunde Ihrer Kinder ein, schließen Sie sich einer Spielgruppe an, besorgen Sie neues Spielzeug (zum Beispiel aus der Stadtbibliothek), richten Sie eine Kiste mit den unterschiedlichsten Dingen her, die zu Phantasiespielen anregen.

Kinder verhalten sich auffällig, weil sie sich abgelehnt fühlen.

Können Sie etwas Zeit damit verbringen, ihnen Ihre uneingeschränkte, positive Aufmerksamkeit zu schenken, am besten verbunden mit Körperkontakt? Fühlen Sie sich entspannt und glücklich genug, um ihnen das Gefühl von Sicherheit zu geben?

Kinder verhalten sich auffällig, um Aufmerksamkeit zu erhalten.

Halten Sie Ausschau nach dem Mona-Lisa-Lächeln, ein Zeichen dafür, daß man den wahren Bedürfnissen der Kinder mehr Aufmerksamkeit schenken sollte.

GRRRRMMH!
NEIIIN,
ICH WERD' ...

Für Kinder ist reden Gehirnnahrung ...

Im Schulalter können sich einige Kinder schon sehr gut ausdrücken und beherrschen ein umfangreiches Vokabular. Die sprachlichen Fähigkeiten von anderen sind hingegen noch ziemlich eingeschränkt. Das kann ein echter Nachteil sein: Vor allem, weil Lehrer dazu tendieren, Sprachentwicklung als Hinweis auf Intelligenz und andere Fähigkeiten zu werten, und die sprachlich weniger bewanderten Kinder Gefahr laufen, bewußt oder unbewußt als „zurückgeblieben" eingestuft zu werden. Wie können Sie Ihren Kindern helfen, vielseitig mit Worten umzugehen – nicht aus falschverstandenem Ehrgeiz, sondern um sie in die Lage zu versetzen, für sich selbst zu sprechen? Im folgenden ein paar Tips ...

Bereits in den 50er Jahren hat man herausgefunden, daß Eltern entsprechend der Art und Weise, wie sie mit ihren Kindern sprechen, in zwei sehr unterschiedliche Gruppen eingeteilt werden können. Einige Eltern drücken sich gegenüber ihren Kinder kurz und abgehackt aus: „Andreas, mach' die verdammte Tür zu!", „Komm' her und iß!" und so weiter. Andere sind das genaue Gegenteil: „Christian Liebling, würde es dir etwas ausmachen, vielleicht die Tür zu schließen – der kleine Sebastian liegt sonst im Luftzug; bravo, so ist's gut!"

Man braucht kein Gelehrter zu sein, um zu erkennen, daß Christian nicht nur mehr Worte zu hören bekommt als Andreas, sondern auch vielseitigere Satzgefüge (andererseits kennt Andreas vermutlich ein paar deftige Worte mehr als Christian!).

Viele Eltern sind sich heute bewußt, daß es Sinn macht, mit ihren Kindern zu reden, Dinge zu erklären und einfach aus Vergnügen mit ihnen zu plaudern. Sie haben die erste Regel über Kinder und Sprache gelernt: Kinder verstehen immer mehr, als sie zeigen.

Hier ein paar Tips, wie Sie die Sprachentwicklung Ihrer Kinder fördern können:

Während der Schwangerschaft

Umgeben Sie sich und das Ungeborene mit den unterschiedlichsten Geräuschen. Wenn Sie sich danach fühlen, singen sie ihm etwas vor und spielen Sie Musik (gleich in welcher Lautstärke). Als Vater sollten Sie häufig mit Ihrer Frau kuscheln und mit ihr reden, ja auch direkt zu dem Baby im Bauch! Auf diese Weise lernt das Baby Ihre männliche Stimme kennen und fühlt sich später sicher, wenn Sie es trösten wollen. Wiederholungen und leichte Wiedererkennensmöglichkeit unterstützen die Sprachentwicklung immer – zum Beispiel auch die einprägsame Melodie einer Fernsehserie.

Solange sie noch Kleinkinder sind

Nach der Geburt ist es hilfreich, weiterhin zu reden, zu singen und Musik zu spielen. Das Kind hin- und herzutragen, zu schaukeln wird ihm Vergnügen bereiten und das Rhythmusgefühl stärken, das ein wesentliches Element des Sprechens ist (anhand von Filmaufnahmen hat man festgestellt, daß der Mensch während des Sprechens immer in Bewegung ist, ja daß es nahezu unmöglich ist, reglos zu sprechen). Ideal wäre es, wenn Sie Ihr Baby während der Arbeit in einem Tuch mit sich herumtragen könnten.

Während Sie den Tag mit Ihrem Kind verbringen, erzählen Sie ihm, was Sie gerade tun, verwenden Sie einfache Worte, aber keinesfalls Babygebrabbel. Wiederholen Sie die Worte, die Ihr Kind zu Ihnen sagt, damit es die richtige Aussprache mehrfach hört.

Wenn das Sprechen beginnt

Die Worte eines Kindes sollten wiederholt und ergänzt werden, um es zu ermutigen und sein Bemühen zu unterstützen, die Worte richtig auszusprechen: „Buppa!" „Willst du die Butter haben?" „Buppa haben", und etwas später „Budda geben, ja?", „Du willst, daß ich dir die Butter gebe?" „Butter mir geben!" und so weiter!

Am besten versucht man ungezwungen, wie in einer Art Spiel, ohne Druck oder irgendwelche Erwartungen, die Formulierungen korrekt wiederzugeben.

Im Fernsehen habe ich kürzlich eine Sendung über hochbegabte Kinder gesehen. Mit gemischten Gefühlen, muß ich zugeben, denn die vorgestellten Kinder hatten zwar offensichtlich viel geleistet, einige von ihnen waren aber mit dem Erwachsenwerden doch recht verschroben geworden.

Eine Familie jedoch hob sich von den anderen durch ihren ungezwungenen Umgang mit ihren Kindern ab. Die vier Töchter im Alter zwischen acht und sechzehn Jahren wirkten ausgeglichen und machten einen freundlichen, entspannten, keinesfalls abgehobenen Eindruck – dennoch waren sie gleichfalls außergewöhnlich fortgeschritten in ihren Fähigkeiten. Die Sechzehnjährige hatte die Volksschule einfach übersprungen (auf Vorschlag ihres Lehrers – die Eltern waren durchaus dafür gewesen, daß sie die Volksschule besucht) und arbeitete gerade an ihrer Doktorarbeit über die Zerstörung von Rückenmarkszellen. Im Gespräch mit den Eltern meinte der Vater auf die Frage, wie sie solche Genies aufgezogen hätten: „An den Genen kann's wohl nicht gelegen haben, Samenbanken haben bei mir jedenfalls noch nicht angeklopft!« (tatsächlich war er durchschnittlich begabt). Und die Mutter fügte hinzu: „Wir haben ihnen nur die Dinge erklärt ..." Während des Staubsaugens zum Beispiel habe sie das Baby immer auf dem Rücken getragen und ihm alles erklärt, was sie gerade mache: daß der Lärm vom Motor im Inneren des Staubsaugers käme, daß das ein elektrischer Motor sei, der sich schnell drehe, daß die Luft, die durch den Motor geblasen werde, den Lärm verursache und so weiter ...

Sie machte einen fröhlichen und natürlichen Eindruck und man kann sicl vorstellen, daß ihre Lektionen nicht schulmeisterlich, sondern eher nacl dem Motto »schau mal, ist das nicht interessant« ausfielen. Wenn Sie Auto fahrten oder das Einkaufen mit kleinen Kindern zuweilen ziemlich langwei lig finden, dann kann diese Art der Plauderei solche Unternehmungen viel leicht etwas abwechslungsreicher machen – für beide Teile.

In unserer Familie stehen wir jetzt vor einem neuen Problem: Wir könnei unseren Vierjährigen kaum noch bremsen – er redet ununterbrochen!

Vater sein heißt, etwas zusammen unternehmen

Als unser Sohn noch klein war, wohnten wir an einer ruhigen Landstraß (und das heißt in Australien wirklich ruhig!), etwa 500 Meter vom Postam

und einem Einkaufsladen ent fernt. An einem sonnigen Morger benötigte man etwa zehn Minutei zu Fuß, um die Milch und die Pos zu holen. Es sei denn, man hatt ein zweijähriges Kind dabei! Zweijährige denken nicht wie Erwachsene – sie wissen nichts von „langfristigen Zielen". Sie kümmerr sich nicht einmal um die „al nächstes anstehende Aufgabe". Alles andere, aber nicht das. Über jeden Meter entlang des Weges muß zäh verhandelt werden!

Aus reiner Hingabe an die Wissenschaft, machte ich einmal ein Experiment Ich gab in allem nach und ließ „das Kind" alles erforschen – jedes Loch, jeder Graben, jede Pfütze, jeden toten Wurm und jeden Stein (wenn frühe Prägungen spätere Karrieren bestimmen, wird mein Sohn Rohan es weit im Abwasserkanalwesen bringen). Und so dauerte unser Ausflug zum Postamt geschlagene zweieinhalb Stunden! Das Erstaunlichste: Nach einiger Zeit der Ungeduld machte es auch mir Spaß, alle Kleinigkeiten am Weg neu zu entdecken! Aus allem, was wir über Familienstrukturen wissen, geht deutlich hervor, daß

Kinder – vor allem Jungen – von dem Zusammensein mit ihren Vätern profitieren. Väter verhalten sich anders als Mütter, ergänzen deren Verhaltensmuster. Und meistens heißt das Zusammensein mit dem Vater, etwas „zusammen machen". Das spielt sich nicht so ab wie im Kino oder wie bei den Waltons (ich bin sicher, diese Serie war auch in Deutschland zu sehen), wo man sich an den Tisch setzt und „offen alles miteinander bespricht". Anfang des Jahrhunderts mag das in den USA so gewesen sein – und wenn es noch so ist, umso besser –, bei uns in Australien jedenfalls (und ich vermute einmal, auch bei Ihnen in Deutschland), bekäme man Zustände, wenn man sich ständig so gegenübersäße. Meiner Auffassung nach brauchen Vertrauensbildung und Selbstmitteilung Raum, um sich zu entfalten. Familien auf dem Land erzählten mir, daß man durchaus miteinander rede und einander zuhöre, doch daß dies eher nebenbei geschehe, meist während man etwas zusammen erledigt, z.B. während man Holz auflade, am Auto bastle oder die Schafe reinhole.

Das Leben auf dem Land hat seine Vorteile. In der Stadt gibt es weniger zu tun, d.h. weniger, was eine gemeinsame Anstrengung erfordern würde. Man kann den Müll nur so und so oft zur Mülltonne bringen! Eltern, die in der Stadt leben, erzählten mir, daß der Kontakt mit den Kindern am ehesten während der Autofahrten zum Klavierunterricht, Ballet, zum Sport oder anderen Hobbys zustandekomme.

Auf diesen Autofahrten bietet sic die Gelegenheit, zu fragen, wie es de Kindern geht, und mit ihnen losgelös von ihrer – sie so beanspruchenden Welt zu kommunizieren.

Unternehmungen mit Vätern sin für Kinder besonders wichtig. Die Ge spräche wandern wie von selbst auch i tiefere Bereiche. Dinge kommen gan plötzlich heraus, ja es ist wohl so, da ein umgänglicher Vater die Lebens richtung seiner Kinder tatsächlich be einflussen kann – was viel besser ist, als wenn Hollywood oder die Jugend gruppe das für Sie erledigen.

Nicht erwarten, daß etwas erreicht oder abgeschlossen wird!

Vor allem mit Kleinkindern (zum Beispiel auf dem Weg zur Post) ist de Weg das Ziel. Möchten Sie ihnen zeigen, wie man einen Schraubenziehe oder andere Werkzeuge benutzt, sollten Sie den Gedanken an die zu erledi gende Arbeit fahren lassen. Geben Sie Ihrem Nachwuchs Gelegenheit, di Dinge zunächst einmal zu untersuchen. Nach einer Weile verliert Ihr Spröß ling vielleicht das Interesse und Sie können die verlorene Zeit rasch wiede reinholen.

Nur Dinge tun, bei denen Sie sich auch entspannt fühlen

Wenn Ihnen die Kinder bei der Frühjahrssaat helfen, sollten Sie nicht den Anspruch auf einen makellosen Garten aufrechterhalten. Sie müssen sich entscheiden, ob Sie einige Zeit mit Ihren Kindern verbringen oder eine Arbeit so schnell, wie Sie es gewöhnt sind, verrichten möchten. Wenn Sie beides gleichzeitig versuchen, bleiben Ihnen Frustrationen kaum erspart. Wenn ich am Computer schreibe, kann ich es nicht ausstehen, wenn man mich unterbricht. Also versuche ich gar nicht, mein Kind miteinzubeziehen.

Das Elternsein genießen – es dauert nicht sehr lange!

Ich war in den Dreißigern, als mein Sohn auf die Welt kam, und bin mir bewußt geworden, daß meine Elternschaft nur von kurzer Dauer ist. Kommt er vorbei, während ich gerade beschäftigt bin, freue ich mich darüber und versuche, ihm dann gleich etwas beizubringen – Schreiben am Computer allerdings nicht!

Zusammenfassend heißt das: Als Vater sollte man sich jedes Mal klar entscheiden, was im Augenblick wichtiger ist; manchmal sind das die Kinder, manchmal nicht. Wenn Sie sich aber für die Kinder entscheiden, dann profitieren Sie selbst auch davon, denn Sie müssen Ihre Drehzahl herunterfahren und entdecken aufs Neue den Wert kleiner Freuden. Das ist das Geschenk, das Kinder bringen. Zeit, die man mit den Kindern verbringt, ist nie vergeudete Zeit.

Heilen durch Zuhören

Wie man Kindern hilft, in der rauhen Wirklichkeit zurechtzukommen

Ihr Kind ist verstört. Irgendetwas ist passiert – in der Schule, mit einem anderen Kind oder einem Erwachsenen – und Sie wissen nicht, wie Sie helfen können. Sie möchten Ihrem Kind einen Weg zeigen, mit dem Problem zurechtzukommen, möchten ihm zeigen, wie es sich besser vor Verletzungen schützen kann. In diesem Kapitel erfahren Sie, wie das zu bewerkstelligen ist.

Manchmal ist die Welt ein ungerechter und schwieriger Ort für Kinder, und wir Eltern können – so gerne wir das wollten – nicht alle Unebenheiten ausgleichen. Eigentlich sollten wir das auch nicht versuchen, denn oft reifen unsere Kinder erst durch die Auseinandersetzung mit schwierigen Leuten und Situationen zu unabhängigen Persönlichkeiten heran.

Zunächst einmal wollen wir uns ansehen, was wir vermeiden sollten, wenn unseren Kindern das Leben übel mitspielt, welche Äußerungen geradezu eine Mauer zwischen uns und ihnen entstehen lassen. Sodann werden Sie erfahren, wie man die bemerkenswerte Kunst des „aktiven Zuhörens“ erlernt, eine Kunst, die vielen Eltern einen positiven Weg eröffnet hat, um ihren Kindern tatsächlich beiseite zu stehen.

Die bemerkenswerte Kunst des aktiven Zuhörens

Es ist ganz normal, daß Kinder ihre Probleme zur Sprache bringen und mehr oder weniger offen signalisieren, daß sie von den Eltern Hilfe bei deren Bewältigung erwarten. Die Art und Weise, wie Eltern auf solche Signale reagieren, fördert entweder das Vertrauen zwischen Eltern und Kindern oder läßt eine Kluft entstehen, die immer tiefer wird. Drei Verhaltensweisen von Eltern tauchen in diesem Zusammenhang immer wieder auf:

Bevormundung: Du armes Ding, komm' laß mich das für dich erledigen.

Belehrung: Du bist selbst schuld, daß du in diesen Schlamassel geraten bist. Ich werd' dir sagen, was da zu tun ist: Hör mir jetzt genau zu ...

Ablenkung: Naja, macht nichts, komm' wir gehen raus und spielen.

Welcher Stil kommt dem Ihren am nächsten? Treten sie als Retter auf, geben Sie weise Ratschläge oder wechseln Sie einfach das Thema? Schauen wir uns diese drei Arten der Auseinandersetzung einmal etwas näher an.

Bevormundung

„Wie war's denn heute?"

„Nicht so toll!"

„Ach du armes Ding. Komm' her und erzähl' mir alles."

„Wir haben 'nen neuen Mathe-Lehrer. Ich hab' kein Wort verstanden."

„Das ist aber schlimm. Soll ich dir nachher mit den Schulaufgaben helfen?"

„Die hab' ich liegen lassen."

„Soll ich morgen in der Schule anrufen und mit dem Direktor sprechen?"

„Also, ich weiß nicht ..."

„Glaubst du nicht auch, daß es besser ist, den Anfängen zu wehren, bevor alles noch schlimmer kommt?"

„Na ja ..."

„Ich will doch nicht, daß du in der Schule zurückfällst."

„Fffffhhhh ..."

Belehrung

„Wie war's denn heute?"

„Nicht so toll!"

„Du hast gut reden! Ich würde mir auch gerne mal einen schönen Tag machen, lernen und bequem in der Schule rumsitzen."

„Na ja, heute haben sie uns ganz schön rangenommen. Der neue Mathe-Lehrer ist ganz schön bescheuert ..."

„Rede bitte nicht in diesem Tonfall über deine Lehrer! Wenn du ein bißchen besser aufpassen würdest, würdest du alles mitbekommen. Du glaubst wohl, dir muß alles auf dem Servierteller präsentiert werden!"

„Ffffffhhhh ..."

Ablenkung

„Wie war's denn heute?"

„Nicht so toll!"

„Na Kopf hoch, so schlimm wird's schon nicht gewesen sein oder? Willst du ein Brot?"

„Danke. Ich mach' mir ein paar Sorgen wegen Mathe ..."

„Dein Vater und deine Mutter sind auch keine Einsteins, und du auch nicht. Komm', schau dir was im Fernsehen an, laß dich davon nicht unterkriegen."

„Ffffffhhhh ..."

Diese Beispiele haben mehrere typische Merkmale: Es redet fast ausschließlich der Erwachsene; das Gespräch endet ziemlich schnell; das Kind kommt nicht dazu, zum Kern der Sache vorzustoßen; seine Gefühle verpuffen im Verlauf des Gesprächs; der Erwachsene „löst" das Problem – oder glaubt es zu lösen; das Kind sagt immer weniger.

Vergleichen Sie damit das folgende Szenario:

Aktives Zuhören

„Wie war's denn heute?"

„Nicht so toll!"

„So schaust du auch aus. Was ist denn schiefgelaufen?"

„Ach, wir haben einen neuen Mathe-Lehrer. Der ist zu schnell."

„Machst du dir Gedanken, daß du da nicht mithalten kannst?"

„Ja, schon. Ich habe ihn gefragt, ob er mir eine Sache erklären könnte und er sagte bloß, ich sollte besser aufpassen."

„Hmmm ... und wie hast du dich dabei gefühlt?"

„Ich war ganz schön wütend – die anderen haben mich auch noch aufgezogen ... obwohl sie selber Probleme haben."

„Also ärgerst du dich darüber, daß du in Schwierigkeiten geraten bist, weil du dich als erster gemeldet hast."

„Ja, so vor den anderen vorgeführt zu werden, das mag ich gar nicht."

„Was willst du denn jetzt machen?"

„Ich bin mir nicht sicher; vielleicht frage ich ihn nochmal, wenn der Unterricht vorbei ist."

„Glaubst du, daß es dann besser läuft?"

„Ja schon, dann wäre mir das Fragen nicht so peinlich. Außerdem ist er wahrscheinlich auch ein bißchen unsicher. Vielleicht legt er deshalb so ein Tempo vor."

„Du meinst, daß er selber Probleme hat?"

„Ja, ich glaube, daß wir ihn einfach nervös machen."

„Kein Wunder, wenn er sich mit so schlauen Schülern wie dir rumschlagen muß!"

Das nennt man aktives Zuhören. Auch in solchen Fällen bleibt der Erwachsene nicht etwa schweigsam; er ist interessiert und zeigt dies auch, indem er die Gedanken und Gefühle des Kindes bestätigt und dem Kind hilft, sich die Sache selbst klar zu machen. Machen Sie sich diese Haltung zu eigen, dann werden Sie selten dazu verleitet, Lösungen anzubieten oder zur Rettung zu eilen („ich rufe in der Schule an"), Ratschläge zu erteilen („du solltest um Hilfe nachsuchen")

oder das Kind von seinen Problemen abzulenken („na komm' schon, iß erst mal was").

Die Kunst des aktiven Zuhörens muß man etwas üben. In dem berühmten Buch von Thomas Gordon, „Familienkonferenz" wird es näher erklärt.

Viele Eltern haben das aktive Zuhören auch insofern als Erleichterung empfunden, als es sie von dem Druck befreite, ihre Kinder immer glücklich machen und alle ihre Probleme lösen zu müssen. Durch aktives Zuhören können Eltern die Verantwortung für die – und das Vergnügen an der – Lösungsfindung dem Kind überlassen. Hilfreich ist, wenn man sich die Frage stellt: „Könnte mein Kind langfristig davon profitieren, wenn es dieses Problem alleine löst?" Sie können Zeit, Klarheit und Verständnis anbieten, damit ein Problem in eine Lernerfahrung umgewandelt wird. Manchmal allerdings müssen Eltern auch aktiv eingreifen, wie die folgende Geschichte veranschaulicht.

Ein Freund von mir hat einen neunjährigen Sohn, der sich ein Bein brach und mehrere Wochen einen Gips tragen mußte. Als der Gips entfernt wurde, war er natürlich noch eine Zeitlang etwas wackelig auf den Beinen. Der Sportlehrer in der Volksschule ließ die Kinder eine Runde laufen, und der Sohn meines Freundes kam als letzter ins Ziel, was ihm peinlich war, weil er eigentlich ein guter Läufer ist. Der Lehrer ließ den Jungen, ohne auf eine Erklärung zu warten, noch einmal eine Runde drehen – in der Unterhose und vor der ganzen Klasse.

Als der Junge in Tränen aufgelöst nach Hause kam und seine Eltern erfuhren, was passiert war, wurden sie so zornig, daß sie noch am gleichen Abend den Schuldirektor aufsuchten und die Entlassung des Sportlehrers verlangten. Der Lehrer wurde tatsächlich an eine andere Schule versetzt, und wir können nur hoffen, daß dort nichts Ähnliches passiert. Das ist ein Fall, in dem die Eltern sich einmischen müssen. Sie müssen die Rechte ihrer Kinder verteidigen, wenn diese machtlos sind, sich selbst zu verteidigen. In manchen Fällen wollen die Kinder aber keine Hilfe, sondern nur Unterstützung. Sich dann einzumischen wäre tatsächlich verkehrt.

Johanna ist acht Jahre alt. Auf der Fahrt mit dem Bus nach Hause beobachtet sie, wie ein älterer Mann auf der anderen Seite des Ganges seinen Penis herausholt und sie merkwürdig anschaut. Sie geht nach vorne, steigt zwei Haltestellen früher aus und rennt nach Hause, um es ihrer Mutter zu erzählen. Johanna hat zwar Angst und ist peinlich berührt, die Mutter aber ist jetzt völlig aus dem Häuschen. Sie ruft den Direktor an. Am nächsten Tag wird eine Schulversammlung einberufen, und Johanna muß nach vorne kommen. Die Schüler werden gewarnt, und die Polizei kontrolliert in der kommenden Woche den Bus.

Johanna aber hilft keine dieser Aktivitäten. Ihr ist jetzt alles zehnmal so peinlich, und zornig ist sie auch. Sie wollte lediglich jemandem davon erzählen, wollte beruhigt, in den Arm genommen werden. Doch niemand fragte sie danach. Die Erwachsenen nahmen die Sache einfach in die Hand.

„Bloßes" Zuhören ist oft wirksamer als Medizin. Wenn wir uns zurückhalten können und nicht jeden Schmerz sofort „zupflastern", haben wir manchmal Zugang zu den Weiten der Kinderwelt.

Marianne, sechs Jahre alt, war schlechter Laune. Eigentlich schien ihr schon seit Wochen eine Laus über die Leber gelaufen zu sein. Sie stritt sich öfter mit ihrem kleinen Bruder und wollte morgens nicht mehr in den Kindergarten gehen. Ihre Mutter bemühte sich, mit „aktivem Zuhören" herauszufinden, was Marianne auf dem Herzen hatte. Sie sagte: „Marianne, du schaust so traurig aus; willst du mir erzählen warum?" Marianne kam herbei, setzte sich auf ihren Schoß, sagte aber nicht viel.

Am nächsten Tag mußte Marianne zur „Abkühlung" ein paar Minuten in ihr Zimmer gesperrt werden, weil sie nicht aufhören wollte, den kleinen Bruder zu piesacken. Am Abend bemerkte der Vater: „Irgendwie scheint dir im Augenblick alles nicht zu passen."

Marianne warf ihrer Mutter einen bohrenden Blick zu und brach in Tränen aus: „Sie haben mich Igitt-Kopf genannt!“ In den nächsten zehn Minuten wurde Marianne von Zorn und Tränen geradezu geschüttelt, ihre Mutter widerstand dem Verlangen, sie abzulenken oder aufzumuntern. Tatsächlich hatte Marianne eine Narbe auf der Wange, die man eines Tages wegoperieren würde, im Augenblick aber mußte sie damit leben.

Nachdem sie über die negativen Bemerkungen der Kinder im Kindergarten gesprochen hatte, war Marianne sehr viel friedfertiger geworden. „Ich bin doch nicht igitt, oder Mami?“ „Im Gegenteil, du bist ganz toll!“

Manchmal möchten die Kinder, daß Sie etwas tun – versuchen Sie, sie dazu zu bringen, die Frage geradeheraus zu stellen.

Sebastian, vierzehn Jahre alt, drückte sich ewig in der Küche herum und sah bedrückt aus. Endlich erzählte er seiner Mutter, nicht ohne sichtliche Verlegenheit, daß ein älteres Mädchen ihn gefragt habe, ob er die Nacht mit ihr im Hotel verbringen wolle! Seine Mutter hatte große Mühe, nicht über Jugendschutzvorschriften zu reden. Stattdessen fragte sie: „Ja, und was willst du jetzt machen? Du klingst ja so, als ob du dir ziemlich unsicher wärst.“ „Ich weiß auch nicht. Mami, würdest du mir verbieten hinzugehen? Bitte?“

Sebastians Mutter war froh, daß sie ihm den Ausflug verbieten konnte. Und Sebastian selbst war erleichtert, denn so hatte er in der Schule und vor dem Mädchen sein Gesicht gewahrt. Sebastians Mutter erzählte mir später, daß sie ihm in jedem Fall verboten hätte hinzugehen, sie wollte aber auch, daß er eine eigene Entscheidung traf. Eine mutige Frau!

Kinder und Gefühle

Was geht in einem Kind wirklich vor?

An dieser Stelle muß ich ein Geständnis machen: Der Titel des Buches „Das Geheimnis glücklicher Kinder" ist doch etwas idealistisch.

In der Erwachsenenwelt ist niemand immerfort glücklich, ja will es gar nicht sein. Ein solches Ziel für unsere Kinder anzustreben, wäre denn auch falsch. Wer seine Kinder ununterbrochen glücklich machen will, erreicht eher das Gegenteil und macht letztendlich nicht nur sich selbst, sondern auch die Kinder unglücklich. Was wir wirklich anstreben, sind Kinder, die die vielfältigen Gefühle, die das Leben mit sich bringt, zulassen und mit ihnen umgehen können. Glücklich sein ist zwar das Ziel, aber es ist wohl so, daß die Fähigkeit, mit Gefühlen zu leben und Gefühle zu erfahren, der beste Weg ist, dieses Ziel auch zu erreichen.

Ein Verständnis für Gefühle war bis zur Mitte unseres Jahrhunderts (zumindest in unserer Kultur) in der Kindererziehung kaum vorhanden. Die Ära des „große Jungen weinen nicht“ und „Mädchen sind nicht wütend“ ist gerade erst vorbei. Wie Gefühle funktionieren, ist denn tatsächlich ein Feld, das großer Aufklärungsanstrengungen bedarf. Glücklicherweise sind „Fakten über Gefühle“ inzwischen vorhanden und versetzten immer mehr Eltern in die Lage, ihren Kindern inneren Frieden und Vitalität zu geben – die Voraussetzungen für ein gesundes Gefühlsleben.

Was sind Gefühle?

In ihrer reinen Form sind Gefühle deutlich erkennbare Muster körperlicher Empfindungen, die während bestimmter Situationen erfahren werden. Ihre Intensität schwankt zwischen kaum merklich und sehr stark. Gefühle begleiten uns, während wir die täglichen Ereignisse in unserem Leben bewältigen, ununterbrochen, fließen hin und her, vermischen sich und trennen sich. Wir fühlen fortwährend etwas – Gefühle sind Ausdruck des Lebens selbst!

Es gibt vier Grundgefühle – Wut, Furcht, Traurigkeit und Freude

Alle anderen Gefühle sind Mischungen dieser vier, ähnlich den vielen Farben, die aus den Grundfarben rot, gelb und blau zusammengesetzt werden können. Tausende von Kombinationen sind möglich – Eifersucht zum Beispiel ist eine Mischung aus Furcht und Wut, Nostalgie eine Mischung aus Traurigkeit und Freude. Was sind wir doch für interessante Geschöpfe!

Erst mit der Geburt beginnen die Gefühle unserer Kinder Gestalt anzunehmen. Wenn man genau hinsieht, kann man bei einem Säugling in den ersten Monaten die Entwicklung deutlich abgegrenzter Gefühlsregungen beobachten: Angstgeschrei, tränenreiche Traurigkeit, rotgesichtige Wut und gurrende Freude.

Kleinkinder haben keine Hemmungen – sie drücken einfach und spontan ihre Gefühle aus. Negative Gefühle halten deshalb bei ihnen auch selten länger an. Mit dem Heranwachsen aber müssen sie lernen, ihre Gefühle in einem sozialen Zusammenhang auszuleben und die mächtigen Energien, die Gefühle verleihen, in konstruktive Bahnen zu lenken. Und wir als Eltern können ihnen zeigen, wie das geht. Wenn wir unsere Gefühle selbst erkennen und begreifen, warum sie entstehen, wie man sie am besten ausdrückt und wie man sie steuert, dann können wir auch eher nachempfinden, was die Kinder bewegt.

Manchmal wünscht man sich fast, man hätte keine Gefühle – wäre das Leben dann nicht einfacher? Vor allem die negativen Gefühle wie Wut und Traurigkeit quälen uns oftmals. Warum nur hat uns die Natur mit diesen hochaufgeladenen Zuständen ausgestattet? Alle Gefühlszustände spielen aber in unserem Leben eine sehr wichtige Rolle.

Warum haben wir Gefühle?

Nehmen wir zuerst die Wut: Stellen Sie sich eine Person vor, die keine Wut empfinden kann – scheint das nicht so, als ob sie ganz ohne Rückrat aufgewachsen sei? Eines Tages steht diese Person auf dem Parkplatz eines Supermarkts; ein Auto fährt heran und parkt auf ihrem Fuß; und wegen ihrer grenzenlosen Sanftmut wartet sie solange, bis der Fahrer des Wagens zurückkommt und den Fuß wieder freigibt!

Wut ist die Kraft, die uns für uns selbst einstehen läßt. Ohne Wut wären wir nur Sklaven, Fußmatten, Herdenvieh (mehr noch, als wir es ohnehin schon sind). Wut ist unser Antrieb zu Freiheit und Selbsterhaltung.

Furcht ist auch sehr nützlich. Warum wohl fahren wir auf der richtigen Straßenseite? Erinnern Sie sich an die Furcht, die Sie verspürten, als Sie bei jemandem mitfuhren, der sein Fahrzeug mit vollem Risiko, also „furchtlos" steuerte? Furcht hindert uns daran, ein zu großes Risiko einzugehen. Furcht bremst uns, zwingt uns dazu innezuhalten, nachzudenken, Gefahren zu vermeiden – auch wenn unser bewußtes Denken noch nicht weiß, worin die Gefahr besteht.

Traurigkeit ist das Gefühl, das uns hilft zu trauern – und uns buchstäblich reinzuwaschen von dem Schmerz, den der Verlust einer Sache oder einer Person verursacht hat. Die chemischen Veränderungen, die mit der Traurigkeit einhergehen, helfen unserem Gehirn, Schmerz abzuleiten und voranzuschreiten in einen neuen Lebensabschnitt. Nur wenn wir getrauert haben, können wir „loslassen" und neue Bindungen zu Menschen und dem Leben eingehen.

Richtig besehen, gibt uns

Wut	die Freiheit
Furcht	die Sicherheit
Traurigkeit	die Fähigkeit, mit Menschen und der Welt Kontakt aufzunehmen

Alle drei „Grundgefühle" sind unabdingbar für das Glücklichsein. Freude, das vierte Gefühl, kommt erst auf, wenn Wut, Furcht und Traurigkeit ausgelebt wurden.

Eltern können ihren Kindern helfen, Empfindung wie Wut, Furcht und Traurigkeit anzunehmen und den Umgang damit zu erlernen. Schauen wir uns die Gefühle der Reihe nach an.

Der erste Impuls, den Kinder haben, wenn sie wütend werden, ist etwas hinzuwerfen oder gar loszuschlagen. Das dient, wie wir gesehen haben, einem natürlichen Zweck, muß aber etwas modifiziert werden, wenn sie mit den Menschen ihrer Umgebung zurechtkommen sollen. Mit der Wut ihrer Kinder haben die meisten Eltern Probleme – vor allem möchten Eltern die Wut ihrer Kinder steuern können.

Wann immer wir aber das Verhalten unserer Kinder ändern wollen, sollten wir zum Ziel haben, was ihnen später, wenn sie erwachsen sind, nützlich sein kann. Denken Sie einen Augenblick nach: Wie sollte ein Erwachsener am besten mit seiner Wut umgehen?

Es ist eine Frage des Gleichgewichts. Wird jemand schlecht behandelt, muß er fähig sein, sich dagegen laut und mit Nachdruck zu wehren – und zwar frühzeitig, bevor er in Rage gerät oder gar handgreiflich wird. Wut und Gewalttätigkeit sind nämlich nicht dasselbe. Gewalt ist fehlgeleitete Wut.

Lernen, mit der Wut umzugehen

Erwachsene haben gelernt, ihre Wut so auszudrücken, daß sie zwar Wirkung zeigt, aber andere nicht verletzt oder beleidigt.

Zeigt unser Kind zu wenig Wut, wird es vielleicht als Schwächling angesehen und von anderen Kindern herumgestoßen oder gar ausgenutzt. Zuviel Wut macht es unbeliebt oder stempelt es als aggressiv ab. Die Balance zu finden zwischen diesen beiden Polen, das ist es, was unsere Kinder lernen müssen. Und das müssen sie ab dem Alter von etwa zwei Jahren trainieren.

Wie man Kindern hilft, mit ihrer Wut umzugehen

Bestehen Sie darauf, daß Ihr Kind seine Wut mit Worten und nicht mit Taten ausdrückt.

Kinder sollen laut und deutlich ausdrücken, daß sie wütend sind, und wenn möglich auch, weshalb sie wütend sind.

Helfen Sie ihnen dabei, ihre Gefühle zu begründen.

Sprechen Sie mit ihnen, um die Gründe für den Ausbruch zu erfahren. Kleine Kinder brauchen manchmal Unterstützung beim „Zurückdenken", um herauszufinden, wo etwas falschgelaufen ist.

> „Bist du auf Andreas wütend, weil er deinen Laster weggenommen hat?"
>
> „Bist du böse, weil du so lange darauf warten mußtest, daß ich mein Gespräch beende?"

Bald werden ihre Kinder sagen können, was nicht stimmt und warum es nicht stimmt – anstatt dem Impuls zur sofortigen Aktion nachzugeben.

Machen Sie den Kindern bewußt, daß ihre Gefühle gehört werden (wenn auch nicht immer mit Folgen).

> „Du hast ganz recht, wenn du wütend bist, ich hab' wirklich nicht zugehört. Jetzt aber höre ich dir zu."
>
> „Ich weiß, daß du keine Lust hast, länger in diesem Geschäft zu warten. Ich auch nicht, aber so ist das nun einmal."
>
> „Stell dir vor, was dir mehr Spaß machen könnte, als deinen kleinen Bruder zu ärgern."

NEIN!!
SCHLAG!
TRITT!
STECH!
GROSSARTIGES RINGEN UM SELBSTBEHERRSCHUNG
OKAY PAPI!

Machen Sie dem Kind klar, daß Schlagen kein akzeptabler Weg ist, um Wut auszudrücken.

Greifen Sie auf der Stelle ein, und lassen Sie jedem einzelnen Anlaß eine deutliche Mißbilligung (oder Strafe) folgen.

Bestehen Sie immer darauf, daß Ihr Kind das tut, was Sie ihm ursprünglich aufgetragen haben (verleihen Sie Ihrem Verlangen durch Worte Nachdruck).

Helfen Sie Ihren Kindern, ihre Wünsche zu formulieren.

Oftmals quengeln Kinder herum und beschweren sich über Dinge, die ihnen nicht passen. Sie brauchen Ihre Unterstützung, um aus solchen Situationen positive Handlungsweisen zu entwickeln ...

„Julian hat mich geschlagen." „Dann sag' ihm ganz laut, daß er das lassen soll."

„Annette hat mein Fahrrad weggenommen." „Geh' hin zu ihr und frag' sie, ob du es zurückhaben kannst. Sag' ihr, daß es deins ist und du es jetzt wiederhaben willst."

Gehen Sie mit gutem Beispiel voran.

Es ist alles in allem wahrscheinlicher, daß die Kinder am Ende das tun, was Sie tun, als das, was Sie sagen. Was Sie anstreben, sollten Sie auch vorleben. Wenn Sie wütend werden, drücken Sie es aus, und zwar mit entsprechend lauter Stimme. Werden Sie wütend und laut, bevor Sie sich wirklich hineinsteigern. Ist die Sache dann erledigt, gehen Sie zur Tagesordnung über, so lernen die Kinder, daß man Wut ausdrücken kann, und sie dann verraucht. Sagen Sie einfach öfters und unverkrampft:

„Ich bin wütend!"

„Laß mich bitte jetzt in Ruhe!"

„Unterbrich nicht dauernd!"

„Faß meine Sachen nicht an!"

„Ich ärgere mich, weil du dich nicht an unsere Abmachung gehalten hast. Was ist eigentlich los mit dir?"

Kinder lernen sehr viel mehr über das Wütendwerden von Eltern, die Ärger auch selbst ausdrücken (in Maßen) als von Eltern, die immer liebenswürdig, vernünftig und beherrscht bleiben. Kinder müssen erkennen, daß ihre Eltern auch nur Menschen sind.

Man kann mit Kindern sehr ärgerlich werden, ohne jemals Schimpfworte gebrauchen zu müssen oder sie zu demütigen. Man sollte einfach nur die eigenen Gefühle und Gründe ohne Umschweife ausdrücken.

Kinder brauchen Zeit, um den Umgang mit Ärger zu lernen. Seien Sie froh, wenn Ihr Kind irgendein Zeichen von Zurückhaltung an den Tag legt – sei es, daß es sich bemüht, ein anderes Kind (oder Sie selbst!) nicht zu schlagen, oder daß es laut sagt „ich bin wütend". Und bedenken Sie: Viele Erwachsene haben diese Lektion immer noch nicht gelernt, während Sie bei Ihrem Kind durchaus schon einige Fortschritte haben bewirken können.

Lernen, mit der Traurigkeit umzugehen

Es tut gut, sich einmal auszuweinen, wenn die Traurigkeit überhandnimmt. Dagegen anzukämpfen hingegen ist auch heute noch die Forderung an den „richtigen Mann", ein Gebot des „Starkseins". Selbst unter Kindern gilt Weinen oftmals als unschicklich, und wer dennoch weint, macht sich ein bißchen verdächtig, gilt als „Heulsuse".

Ab und zu die Tränen fließen zu lassen, ist aber so natürlich wie atmen. Abgesehen davon, daß Nichtweinen keineswegs „stark" macht, führt es zusätzlich zu inneren Verkrampfungen und Spannungen. Man lebt tendenziell eher in der Vergangenheit und findet schwer Kontakt zur Gegenwart. Man hat Angst vor den Gefühlen anderer Menschen und vor allem, was mit Verlust und Tod zu tun hat. Wer gelernt hat, sich auszuweinen und die Traurigkeit sozusagen auszuscheiden, erfährt, daß jede Situation im Leben bewältigt werden kann.

Erst in den 80er Jahren wurde entdeckt, daß während des Weinens Substanzen der Endorphin-Familie produziert werden, die die Schmerzrezeptoren des Körpers blockieren. Während des schlimmsten seelischen Schmerzes wird der Körper so von anästhetischen Kräften durchflutet. Diese Endorphine sind sogar in den Tränen selbst enthalten; ihnen wird eine Wirkung wie Morphin zugeschrieben.

Wie man Kindern hilft, mit Traurigkeit umzugehen

Traurigkeit verselbständigt sich und braucht keine Hilfestellung. Wir müssen nur da sein, uns still verhalten und bei dem Kind stehen oder sitzen, während es den Tränen seinen

Lauf läßt. Manchmal drücken sich die Kinder an uns und möchten umarmt werden, manchmal halten sie sich abseits und möchten nicht berührt werden.

Je nach Situation können Sie dem Kind zusprechen: „Es ist schon in Ordnung, wenn du jetzt weinst", „das mit Opa ist wirklich traurig", „ich bin auch ganz traurig". Wenn das Kind verwirrt oder verlegen ist, genügt auch ein kleiner Kommentar wie: „Anton war ein guter Freund von dir; er ist es wert, daß man über ihn traurig ist", „manchmal fühlt sich Weinen ganz schrecklich an, nicht?"

Einmal sah ich mir bei Freunden einen traurigen Film an, der alle Anwesenden tief berührte, einige weinten, ja unsere Gastgeberin brach gar in lautes Schluchzen aus. Da erschien ihre dreijährige Tocher in der Tür, legte ihr sanft die Hand auf die Schulter und sagte: „Ist schon in Ordnung, Mami, laß es nur heraus!"

Lernen, mit der Furcht umzugehen

Auch Furcht ist lebenswichtig. Unsere Kinder müssen lernen innezuhalten, bevor sie in eine Gefahr hineinlaufen. Genauso wichtig ist, daß sie lernen, einer Gefahr auszuweichen oder davonzurennen – wenn ein Auto oder ein aus der Kontrolle geratenes Fahrrad auf dem Bürgersteig auf sie zufährt. Und Kinder müssen auch lernen, sich vor überfreundlichen Onkels oder merkwürdigen Gestalten in acht zu nehmen.

Auf der anderen Seite kann zuviel Angst auch zu einer echten Behinderung werden – Kinder müssen auch Erwachsene ansprechen, sich in der Schule zu Wort melden und ihre Bedürfnisse formulieren können, und sie müssen auch in der Lage sein, sich mit anderen in sozialen Kontakt einzulassen. Sie müssen die Welt grundsätzlich als sicher erfahren, aber dennoch bestimmte Regeln beachten. Wir wollen ja auch, daß sie neue Sachen ausprobieren, eine neue Sportart zum Beispiel oder eine kreative Tätigkeit.

Furcht verfolgt zwei Zwecke. Sie sorgt zum einen für Konzentration: Wenn sich bei einer Buschwanderung eine Schlange vor Ihnen aufrichtet (bei uns in Australien sind giftige Schlangen keine Seltenheit), hören Sie sofort auf, Ihren Gedanken nachzuhängen und leichtsinnig zu sein. Zum anderen setzt Furcht Energie frei: Sie werden sich wundern, wie schnell Sie laufen und wie hoch Sie springen können, wenn Ihnen die Angst im Nacken sitzt!

Was Kinder im Zusammenhang mit Furcht lernen müssen, läßt sich in einem Wort zusammenfassen: nachdenken! Nur unser Verstand kann unsere Ängste in den Griff bekommen, nur mit unserem Verstand stellen wir uns auf ungewohnte und unangenehme Situationen ein. Als ich wegen meiner Arbeit zunehmend mit dem Flugzeug unterwegs war, merkte ich, daß sich die Flugangst in mir breitmachte. Flugzeuge schienen mir plötzlich unsicher, die Tragflächen wirkten so zerbrechlich und so weiter. Daraufhin machte ich mir bewußt, daß noch nie ein australisches Passagierflugzeug abgestürzt ist (wenn Ihre Fluglinie das nicht von sich behaupten kann, können Sie sich damit trösten, daß statistisch gesehen ein baldiger Wiederholungsfall unwahrscheinlich ist!), daß Flugreisen weitaus sicherer sind als Reisen mit dem Auto oder Bus, daß überall auf der Welt zu jeder Zeit Tausende von Flugzeugen in der Luft sind. Es hat funktioniert, ich habe keine Angst mehr vor dem Fliegen. Und genauso gehe ich an die Arbeit mit Kindern heran.

Vier grundsätzliche Tips zum Umgang mit Furcht

Halten Sie sich an die Tatsachen

Drei- und Vierjährige machen sich alle möglichen Gedanken über die Welt um sie herum, teilweise sogar Sorgen. In einigen Büchern ist von einer Phase der „ängstlichen Vierjährigen“ die Rede. Sprechen Sie mit Ihrem Kind über seine Ängste, nehmen Sie sich Zeit und bleiben Sie mit Geduld beim Thema. Unterschätzen Sie aber nicht die kindliche Intuition, es kommt vor, daß Kinder gegenüber Menschen und Orten zunächst unerklärlich zurückhaltend reagieren und erst später stellt sich heraus, daß ihre Zurückhaltung berechtigt war. Furcht wirkt wie eine Art Radar, der der menschlichen

Spezies im Laufe der Entwicklungsgeschichte gute Dienste erwiesen hat.

Sprechen Sie über die Ängste

Wenn sich ein Kind vor tatsächlich schon eingetretenen Situationen fürchtet (Hausbrand, Hochwasser oder ähnlichem), dann erklären Sie ihm, wie unwahrscheinlich es ist, daß solche Katastrophen auch in seiner Nähe eintreten. Überlegen Sie vielmehr gemeinsam mit Ihrem Kind, was zu tun ist, damit es sich im Fall der Fälle sicher fühlen kann.

Sind die Ängste der Phantasie entsprungen, dann sagen Sie es Ihren Kindern.

Suchen Sie nicht unter dem Bett nach Drachen, es sei denn Sie leben auf den Komodo-Inseln!

Unterschwellige Ängste

Wenn die Kinder sich dauerhaft ängstlich verhalten, versuchen Sie durch aktives Zuhören herauszufinden, was sie beunruhigt und warum es ihnen so schwerfällt, davon zu erzählen.

Kinder sehen sich heute in den großen unpersönlichen Städten einer Reihe von Gefahren gegenüber. In Australien werden deshalb zunehmend in den Schulen Kurse abgehalten, die ein sogenanntes „Protective Behaviour Training" zum Inhalt haben. Im Rahmen dieses „Schutzverhaltens-Trainings" lernen Kinder, wie und wo sie Hilfe finden, wenn etwas passiert. Es ist traurig, aber eine Tatsache, daß Kinder am meisten von sexuellem Mißbrauch – oft innerhalb der Familie – bedroht sind. Das „Protective Behaviour Training" lehrt die Kinder daher zwei Regeln: „Nichts ist so schlimm, als daß man nicht mit jemandem darüber reden könnte" und „Du hast das Recht, dich jederzeit sicher zu fühlen und dich zu wehren, wenn du dich unsicher fühlst" (wenn das nur überall auf der Welt gelten würde!).

Während des Programms wird sorgfältig vermieden, den jüngeren Kindern Details sexuellen Mißbrauchs zu erklären, diejenigen, die ihn erlitten haben, kennen die Details nur allzugut und die anderen müssen diese nicht unbedingt wissen. Auch werden niemals einzelne Kinder in der Klasse befragt oder herausgestellt, vielmehr werden Möglichkeiten erörtert, wie Kinder um Hilfe nachsuchen können. Diejenigen, die sich in konkreter Gefahr befinden, lernen, wo sie Hilfe finden.

Tatsächlich wurden in der Folge dieser Aufklärungsarbeit innerhalb weniger Monate deutlich mehr Fälle sexuellen Mißbrauchs gemeldet. Es wird auch erhofft, daß die Häufigkeit des sexuellen Mißbrauchs abnimmt, wenn die Einführung dieser Kurse von wirkungsvoller Öffentlichkeitsarbeit begleitet wird – vielleicht, weil die betroffenen Erwachsenen Angst bekommen, entdeckt zu werden.

Das Hauptaugenmerk der Aufklärungsarbeit liegt jedoch auf alltäglichen Gefahren. Wie zum Beispiel soll sich ein Kind verhalten, wenn es nach Hause kommt und vor verschlossener Tür steht oder wenn es den falschen Bus genommen hat. Vor allem kommt es den Pädagogen darauf an, die Kinder nicht zu erschrecken, sie vielmehr aufzuklären und nicht hilflos einer Situation auszuliefern. Auch Eltern können in einem solchen Kurs lernen, wie sie ihrem Nachwuchs beibringen, sich in zweifelhaften Situationen zu helfen (ich bin mir sicher, daß auch bei Ihnen in Deutschland, in der Schweiz oder in Österreich ähnliche Kurse angeboten werden – und wenn nicht, fordern Sie die Einrichtung solcher Kurse!).

Kinder brauchen also die Furcht in ihrem Leben, damit diese sie vor Gefahren bewahrt. Das heißt nicht, daß man die Kinder zusätzlich mit den Ängsten der Erwachsenen belasten soll – denn um diese Ängste sollten wir uns schon selbst kümmern. Den Kindern aber müssen wir beibringen, gefährliche Situationen zu überdenken. Fragen Sie Ihre Kinder: „Was würdest du tun, wenn...“. Gehen Sie auf ihre Besorgnis ein und überlegen Sie, vor welchen Gefahren sie gewappnet sein sollten.

Spektakel – oder wenn Gefühle außer Rand und Band geraten

Wir alle erkennen intuitiv den Unterschied zwischen einem echten Gefühlsausdruck und einer aufgesetzten Variante. Kinder erfahren, daß sie mit bestimmten Gefühlsäußerungen Reaktionen auslösen und lernen schließlich, ein Gefühl auszuspielen, um eine gewünschte Reaktion zu erzielen. Jeder Elternteil entwickelt „Vorlieben" für gewisse Gefühlsäußerungen, und Kinder haben bald heraus, wie sie „den besten Erfolg erzielen".

Jedes Gefühl hat ein „falsches" Gegenstück. In der Psychotherapie spricht man deshalb von „aufgesetzten Gefühlen". Auf Kinder bezogen heißt das:

Aufgesetzte Wut äußert sich als Koller

Aufgesetzte Traurigkeit äußert sich als Schmollen

Aufgesetzte Furcht äußert sich als Schüchternheit

Diese drei Gefühlsäußerungen stellen einige der größten Herausforderungen dar, denen sich Eltern gegenübersehen. Im Folgenden wollen wir deshalb jede einzelne genauer unter die Lupe nehmen.

Wie man mit einem Koller umgeht

Koller werden durch Zufall erlernt. Etwa mit zwei Jahren sind Kinder zu nehmend den Frustrationen des täglichen Lebens ausgesetzt, sie müssen au Dinge warten, müssen sich mit einem Nein abfinden und so weiter. Wen dann zum ersten Mal ein Koller ausgelöst wird, werden sie einfach von de Kraft der eigenen Wut hinweggespült und verhalten sich auf eine Weise, di weder das Kind noch Sie selbst jemals zuvor erlebt haben. Manchmal ge schieht das so plötzlich, daß das Kind selbst erschrickt – „Was war da denn!!" – und hinterher zu weinen beginnt und des Trostes bedarf. Von die sem Zeitpunkt an jedoch weiß das Kleinkind genau, was es tut, und kontro liert sein Verhalten: „Na da schau her, jetzt schreie ich mir gerade die Lung aus dem Hals..., und jetzt noch ein bißchen auf den Boden werfen..., etwa spucken..., ja, so ist's richtig!".

Warum nur, werden Sie sich fragen, sollte sich jemand so aufführen wollen

Ein kleiner Teil der Antwort ist, daß durch so ein Spektakel die Energie ent laden wird, die sich durch die Frustration in einem Kind aufgebaut hat. De Kern der Antwort aber liegt in dem Effekt, den der Koller auf Erwachsen hat; daher rührt die Motivation und der Wunsch nach Wiederholung. Er wachsene werden oftmals richtig verlegen, erschrecken, verkrampfen sich und manchmal geben sie einem auch das, was man will! So werden Koller – Wutspektakel – zum festen Bestandteil des Verhaltensrepertoires. Im nach folgenden ein paar Tips, wie man damit zurechtkommt:

Keine Belohnung mehr!

Der erste Schritt verlangt, daß Sie einen festen Entschluß fassen: Nie wiede werde ich meinem Kind etwas geben, was es versucht, mit einem Koller zu bekommen. In der Vergangenheit haben Sie das gemacht („um des lieben Friedens willen"), aber von nun an ist Schluß damit.

Praktisches Verhaltenstraining

Entwickeln Sie eine Taktik, wie Sie während eines Kollers vorgehen. Manch Eltern entfernen sich einfach und ignorieren das sich am Boden wälzend und schreiende Kind (was sicher schwerfällt, aber viele Experten raten gera

de zu diesem Elternverhalten); andere packen es am Kragen und schleifen es in ihr Zimmer oder zum wartenden Auto; wieder andere greifen zu und halten es fest umarmt; auch Anbrüllen „Hör' sofort auf damit!“ scheint eine verbreitete Methode zu sein. Es bleibt Ihnen und der Situation überlassen, wie Sie reagieren. Viel wichtiger jedoch ist die Vorbeugung:
Was uns zum nächsten Schritt hinführt ...

Schwere Geschütze auffahren

Wenn der Koller vorbei ist, sollten Sie es nicht dabei bewenden lassen. Machen Sie Ihrem Kind klar, daß es sich mit seinem „Anfall“ in echte Schwierigkeiten gebracht hat, daß es keinesfalls in Frage kommt, Wut auf diese Art und Weise auszudrücken. Schicken Sie Ihr Kind aufs Zimmer, stellen Sie es in eine Ecke. Wenn Sie mit Ihrem Kind unterwegs sind und es währenddessen einen Koller bekommt, warten Sie solange, bis Sie zu Hause sind, um es dann zur Rede zu stellen: Verlangen Sie eine Entschuldigung; bringen Sie es dazu, die Gründe für sein Verhalten zu formulieren. Erklären Sie ihm, welches Verhalten besser gewesen wäre. Und falls es sich um eine besonders gekonnte Aufführung eines Kollers oder eine Wiederholungsdarstellung handelt, sollten Sie auf praktische Konsequenzen nicht verzichten: Schließen Sie ein Spielzeug weg, erteilen Sie Fernsehverbot oder ähnliches.

Den Anfängen wehren

Nachdem Sie nun das „Kriegsrecht“ verhängt haben, geht es an die wirksame Vorbeugung. Die meisten Koller kann man bereits im Ansatz erkennen. Überlegen Sie, welche Situation das bevorzugte Aktionsfeld Ihres Kindes ist: Ist es die Fahrt mit dem Spielauto im Supermarkt oder die Kasse, neben der die Süßigkeiten so verlockend baumeln? Passiert es meist zu Hause, wenn Besuch kommt? Behalten Sie Ihr Kind im Auge – und vor allem sich selbst!

Viele Eltern senken unbewußt die Stimme und schauen „verfolgt" um sich, wenn die typische Situation naht – was den Kindern signalisiert: Jetzt ist meine Chance gekommen! Reagieren Sie sofort, sobald sie anfangen zu quengeln und sich zu versteifen. Übertrumpfen Sie sie mit Ihrem lautstark geäußerten Ärger! Verleihen Sie Ihrer Stimme einen möglichst strengen und kräftigen Tonfall. Warten Sie nicht so lange, bis Sie wirklich wütend werden. Tun Sie so, als ob Sie es schon seien, so daß Ihr Kind gar nicht mehr zu äußern wagt, was es haben wollte!

Vorausplanen

Wenn Sie sich und Ihrem Nachwuchs das Leben etwas leichter machen wollen, sollten Sie überlegen, welche Situationen besonders frustrierend sind. Versuchen Sie, diese auf ein Minimum zu reduzieren. Können Sie Großeinkäufe dann erledigen, wenn jemand auf die Kinder aufpaßt? Versuchen Sie, sie mit kurzen Einkäufen zu trainieren, damit sie sich daran gewöhnen, nicht immer Ihre volle Aufmerksamkeit zu haben. Sorgen Sie für die Zeiten vor, von denen Sie wissen, daß Sie dann sehr beschäftigt und gestreßt sein werden: Geben Sie ihnen etwas, das sie beschäftigt oder organisieren Sie für ein paar Stunden Gesellschaft.

Fassen wir also noch einmal zusammen, wie dieser häufigsten Elternplage ein Ende gemacht werden kann:

Belohnen Sie einen Koller nie. Wenn einer beginnt, ignorieren Sie ihn am besten. Wenn er vorbei ist: Fahren Sie schwere Geschütze auf! Lassen Sie dem Kollerspektakel länger andauernde Konsequenzen folgen. Seien Sie in Zukunft schneller – werden Sie sofort laut und ärgerlich, wenn Sie merken, daß Ihr Kind aufdrehen möchte. Überrumpeln Sie es! Und schließlich: Versuchen Sie, falls möglich, die „gefährlichsten" Situationen zu vermeiden.

Koller müssen keineswegs ein fester Bestandteil der Kindheit sein. Die meisten Kinder werden es ein- oder zweimal ausprobieren, wenn Sie jedoch konsequent einschreiten, wird diese Phase schnell vorübergehen.

Wie man dem Schmollen ein Ende setzt

Es ist wie im Theater: Ihr Kind sitzt auf einem Kissen mitten im Wohnzimmer. Unübersehbar. Und gibt laute, herzzerreißende Seufzer von sich. Mit einem Gesichtsausdruck, der einen Oscar für Spezialeffekte einbringen könnte! Das kann man wirklich nicht ignorieren, also fragt man:

„Was ist denn jetzt los???"

Und die ewige Antwort lautet:

„Nichts."

Aber das ist nur der erste Akt des Dramas! Schmollen soll etwas bewirken – Sie sollen den Beweis antreten, daß Ihnen wirklich etwas am Schmoll-Kind liegt. Das können Sie tun, indem Sie sich über das arme Kind beugen und zu raten anfangen:

„Ist etwas mit dem Essen?", „Hat irgend jemand etwas gesagt?" „Wie ist es in der Schule gegangen?", „Fühlst du dich nicht gut?"

Die Antwort: „Nein, huh,huh, huh..."

Nächster Akt. Irgendwann wird Ihnen erlaubt, eine Spezialbehandlung anzubieten, aber selbst dann ist noch nicht alles in Ordnung – das leidende Kind ist nur zeitweise besänftigt, nein dieser tiefe, existentielle Schmerz erhält nur neue Nahrung und drängt zum nächsten Ausbruch! Und an dieser Stelle fragen Sie sich, ob Sie als Vater oder Mutter nicht gänzlich versagt haben.

Schmollen funktioniert nur, wenn Eltern Schuldgefühle haben und das Kind gelernt hat, diese Schuldgefühle auszunutzen. Vielleicht sind Sie eines nachts aufgewacht und haben im Halbschlaf die saubere Windel aus- und die schmutzige Windel angezogen. Oder Sie haben aus Versehen das Fläschchen auf das Ärmchen fallen lassen und jetzt leidet das arme Kind an post-traumatischem Streß. Was immer es war, vergessen Sie es, das ist Vergangenheit, Ihre Schuldgefühle helfen Ihrem Kind nicht weiter.

Wenn wir einem schmollenden Kind Zuneigung und Aufmerksamkeit schenken, macht es eine einfache Rechnung auf: Zuneigung wird ausgelöst, wenn man sich jämmerlich gibt. Wenn ein Kind möchte, daß man es

umsorgt, braucht es nur zusammenzubrechen, sich beklagenswert aufzuführen, und schon bekommt es Aufmerksamkeit. Ein Problem bei der Sache ist, daß die Familie nicht die Welt ist; ein anderes, daß Schmollende kein glückliches Leben führen.

Mir begegnen viele schmollende Kinder und Erwachsene (Therapeut zu sein heißt, die Elternrolle für Kinder aller Altersklassen zu übernehmen). Früher habe ich mich gehörig angestrengt, sie für mich zu gewinnen, ihnen zu schmeicheln, sie aus der Reserve zu locken. Ich spielte den „netten" Mann (auch wenn ich innerlich zusehends müde und ärgerlich wurde). Heute gelingt es mir viel besser, schmollende Verhaltensmuster zu ändern. Wenn Kinder bei mir zu schmollen anfangen, so mache ich ihnen klar: „Mir liegt viel an dir und ich möchte dir helfen. Denk' darüber nach, was du wirklich willst. Du findest mich in der Küche." Dann lasse ich sie alleine. In der Regel kommen sie nach und sagen direkter, was sie möchten, und ich bin dann gerne bereit, ihnen zu helfen. Schmollen wird langweilig, wenn keiner mehr da ist, an den man hinschmollen kann.

Fünf Thesen für eine Anti-Schmoll-Kampagne:

1. Jeder – ob Kind oder Erwachsener – weiß, was er will. Man muß nur etwas nachdenken, um sich darüber klar zu werden.
2. Kinder können lernen, ihre Wünsche auszudrücken – direkt und mit Worten.
3. Menschen brauchen sehr wenig – Essen, ein Dach über dem Kopf, Luft, Zuneigung, Bewegung.
4. Alles übrige sind Wünsche. Und man bekommt eben nicht immer alles, was man möchte!
5. Ob du glücklich oder unglücklich bist, schert die Welt kein bißchen. Also kannst du dich auch gleich fürs Glücklichsein entscheiden.

Der Mythos der Schüchternheit

Gibt es in Ihrer Familie ein schüchternes Kind? Nun, nachdem sie das Folgende gelesen haben, werden Sie das schleunigst ändern wollen! Schüchternheit ist lediglich ein Mythos; eine Falle, in der die Kinder gefangen sitzen und nicht wissen, wie sie herauskommen sollen. Schüchternheit mag sich zwar bei einem Kind niedlich ausmachen, später ist sie jedoch ein echtes Handicap. Schüchterne Menschen verpassen eine Menge im Leben.

Also, wie werden Kinder schüchtern und wie kann man ihnen helfen, mehr aus sich herauszugehen? Schüchternheit entspringt einer Mischung aus Zufall und Konditionierung. Es kann uns allen passieren, daß wir in einer Situation außer Fassung geraten und die Sprache verlieren. Das passiert auch Kindern. Ich kann mich an ein Erlebnis im Zirkus erinnern, als ein Clown sich über einen kleinen Burschen beugte, vermutlich, um Hallo zu sagen, und dieser vor Schreck fast im Boden versunken wäre! Der Schauspieler Robin Williams erzählte einmal, daß er einen Zweijährigen mit nach Disneyland genommen habe, dieser aber unter keinen Umständen Mickey Maus die Hand drücken wollte. Der Grund ist eigentlich ganz einsichtig: Aus der Perspektive des Zweijährigen handelte es sich bei Mickey Maus um eine drei Meter große Ratte!

Die Aufgabe der Eltern ist es, dafür zu sorgen, daß die Kinder über diese Phase glimpflich hinwegkommen. Und die Personen, mit denen wir unsere Kinder bekannt machen, sollten weder gefährlich noch furchterregend sein, noch sollten sie so tun, als ob sie das wären.

Halten Sie Ihre Kindern an, sozialen Kontakt aufzunehmen

Das ist ganz einfach. Wenn jemand Ihr Kind anspricht oder hallo sagt, erklären Sie ihm, daß es die Person, die es angesprochen hat, anschauen, ebenfalls hallo sagen und den Namen anfügen soll.

Sie können die Person vorstellen und sagen „das ist Peter (oder Dr. Müller oder sonst jemand), sag' bitte ‚hallo' zu ihm!" Das Kind schaut auf und sagt: „Hallo Peter". Das ist schon alles. Für Kinder unter vier Jahren können Sie es dabei belassen. Die Kinder sollten nicht mehr als ein paar Augenblicke im Zentrum der Aufmerksamkeit stehen – oder sie fühlen sich zur Verstellung gezwungen. Hallo sagen und Augenkontakt ist schon ein guter Anfang.

Bestehen Sie darauf, daß sie es tun!

Die dreijährige Angela wurde von ihren Eltern als sehr schüchtern eingestuft Wenn Besuch kam, und das kam oft vor, verhielt sich die ansonsten herumtollende und gesprächige Angela sehr zurückhaltend, versteckte sich hinte dem Rock der Mutter, ja wurde ganz allgemein verlegen, wenn neue Gesichter auftauchten. Schließlich verhielt sie sich auch anderen Kindern gegenüber auf diese Weise.

Angelas Eltern suchten bei uns um Rat nach, und beschlossen folgender Aktionsplan. Sie gaben klare Anweisungen, wie Angela aufzuschauen unc was sie zu sagen hatte, wenn sie angesprochen wurde. Als eine Freundin zu Besuch kam (die schon öfter dagewesen war) und Angela schüchtern reagierte, anstatt hallo zu sagen, mußte sie sich zurückziehen und nachdenken bis sie bereit war, die Sache richtig zu machen (die „Ecke" ist übrigens eir von vielen Eltern heutzutage eingesetztes Mittel, um ihre Kinder zum Nach-

.enken zu bringen – eine Alternative zu Ohrfeigen und zum Anbrüllen). ngela blieb in der Ecke stehen, aber begann damit, ein Theater zu machen, lso wurde sie in ihr Zimmer gebracht (zu diesem Zeitpunkt waren die Elern froh darüber, daß der Besuch eine alte Freundin war und kein schnell rteilender Fremder).

Normalerweise ist es zunächst mühsam, schüchterne Verhaltensmuster ufzubrechen. Nachdem sich Angela beruhigt hatte, wurde sie wieder hereigeholt. Sofort sagte sie „ich bin bereit" (sie mochte zwar ein Dickkopf ein, aber dumm war sie nicht). Dann sagte sie ohne Zögern: „Hallo Marret", rannte davon und fing fröhlich an zu spielen. Bald danach näherte sie ich Margret ohne Scheu, zeigte ihr Spielzeug und fing an zu plappern. Anelas Schüchternheitsproblem trat fast nie mehr auf, und wenn doch, dann ußte sie sich kurz zurückziehen. Innerhalb von Tagen wandelte sich Angea von einem schüchternen zu einem kontaktfreudigen Mädchen.

Der einzige Grund, weshalb sich Schüchternheit so hartnäckig hält, ist, daß inige Erwachsene ihr zuviel Aufmerksamkeit schenken. Diesen Erachsenen gefällt Schüchternheit, sie finden sie niedlich und liebenswert, nd machen eine große Schau daraus, das Kind, „aus sich herauszuholen". as Kind erhält mehr Aufmerksamkeit als es je erhalten würde, wenn es sich eradeaus verhielte. Es wird zum Konversationsobjekt von Erwachsenen, deen der Gesprächsstoff ausgegangen ist!

Kinder sollten Erwachsenen gegenüber nur dann Scheu an den Tag legen, venn die Eltern nicht dabei sind oder wenn etwas nicht stimmt. Wenn ein rwachsener tatsächlich gefährlich oder betrunken ist, wenn er für das Kind ine sexuelle Gefahr darstellt (entweder, weil seine Neigungen bekannt sind, der die Gefahr vom Kind intuitiv erkannt wird). Solche Menschen haben n Umfeld Ihres Kindes ohnehin nichts verloren. Halten Sie nach extremen eaktionen Ihres Kindes Ausschau, und versuchen Sie, sobald wie möglich en Grund einer solchen Reaktion herauszufinden.

Kontaktfreudigkeit heißt eigentlich nur, den ersten Schritt zu machen, reundlich zu sein – danach läuft alles wie von selbst. Indem Sie Ihrem Kind eibringen, hallo zu sagen, Augenkontakt herzustellen und sich selbst vorustellen, wird es Freunde finden und sich in der Gesellschaft anderer Menchen wohlfühlen. Kontaktfreudige Kinder werden ein reicheres Leben fühen – im Privatbereich, in der Schule und im Berufsleben. Es lohnt sich, die ache mit der Schüchternheit frühzeitig ein für alle Mal zu erledigen.

Bestimmt und konsequent sein

Standhaft bleiben: Tu es – jetzt sofort, auf der Stelle!

In meiner Arbeit mit Familien mache ich immer wieder neue Entdeckungen. Eine der ersten großen Überraschungen war, daß einige der stabilsten und glücklichsten Kinder von (meiner Meinung nach) besonders strengen Eltern aufgezogen wurden. Das Geheimnis schien darin zu liegen, daß diese Eltern zwar hart, aber berechenbar waren, sie waren so konsequent, daß die Kinder genau wußten, welche Regeln galten und wie man sich aus Schwierigkeiten heraushielt, und in der Folge wurden diese Kinder nur selten bestraft.

Wichtiger war vielleicht noch, daß diese Kinder wußten, wie sehr sie geliebt und geschätzt wurden, denn das hatte man ihnen deutlich und oft gesagt. Ablehnung gehörte nicht ins Repertoire dieser Eltern: Die Kinder mochten wohl manchmal Angst gehabt haben, aber sie wurden nie verschreckt, und ihnen wurde nie das Gefühl gegeben, daß man sie allein ließ. In ihrem Elternhaus galten allgemein strenge Regeln, die gekoppelt waren mit positiver Zuwendung. Das eine ohne das andere hätte wohl auch sicher nicht funktioniert.

Andererseits habe ich sehr viele Kinder kennengelernt, die (im Gegensatz zu den Kindern aus den strengen, aber fairen Familien) tun und lassen durften, was sie wollten und dennoch unglücklich waren, ja sie sehnten sich offensichtlich nach jemandem, der ihnen Grenzen setzte, was ihre Eltern allerdings nicht erkannten. Sie waren der Meinung, daß ihre Kinder mehr Raum, mehr Freiheit bräuchten – was sie wirklich brauchten, war aber das genaue Gegenteil!

Kinder brauchen Grenzen

Grenzen sind wesentlicher Bestandteil der Kindererziehung – viele Eltern müssen das aber erst herausfinden. Wenn ein Kind aus einem Pflegeheim in eine neue Pflegefamilie kommt – da die eigene Familie zerrüttet ist und als Verbund nicht mehr besteht – wird der Sozialarbeiter die neuen Pflegeeltern immer wieder darauf hinweisen, daß es zunächst Probleme geben kann:

„Es kann sein, daß sich dieses Kind schnell eingewöhnt. Wahrscheinlicher ist aber, daß es in den ersten drei Monaten herausfinden möchte, ob die neue Familie stark genug ist, mit ihm auszukommen. Ob Sie es zügeln können, ob Ihre Ehe, Ihre psychische Stabilität, Ihre Zuneigung und Ihre Disziplin gefestigt sind. Erst wenn die Familie konsequent Beständigkeit zeigt, kann es sich entspannen und wieder zu wachsen beginnen. Kurz: Es möchte herausfinden, ob die neue Familie nicht ebenso zerbricht wie die, in der es aufwuchs."

Diese Situation ist ein extremes Beispiel. Aber alle Kinder gleichen sich in einer Hinsicht: Sie brauchen die Gewißheit, daß jemand da ist, der sie bremst.

Aggressiv, passiv und bestimmt auftretende Eltern

Die Forschung hat gezeigt, daß es drei Reaktionsmuster von Eltern auf das ungezügelte Verhalten ihrer Kinder gibt: Aggressivität, Passivität und Bestimmtheit.

Aggressive Eltern

Aggressive Eltern sind ununterbrochen wütend auf ihre Kinder. In der Regel ist jedoch nicht das Verhalten der Kinder die Ursache ihres Ärgers. Vielmehr sind diese Eltern womöglich unzufrieden mit ihrer Ehe, ihrer Arbeit, der Menschheit überhaupt oder auch nur mit der Tatsache, daß sie Eltern sind und es nicht sein wollen (wofür die Kinder ja nichts können). Sie reagieren ihre innere Verspannung an den Kindern ab, indem sie diese abkanzeln.

Es kommt vor, daß Kinder das aggressive Verhalten ihrer Eltern als eine Form von Liebe deuten: „Immerhin sind sie so interessiert an mir, daß sie mich anschreien; und da sie so laut schreien, müssen sie mich sehr mögen!" Diese Kinder werden sogar zurückschreien (um die Liebe zurückzugeben), – und bald kommunizieren beide Parteien nur noch im Streit. Ganze Familien können sich dieses Kommunikationsmusters bedienen, was auf Außenstehende den Eindruck eines gefährlichen, verbalen Freistilringens machen kann. Tatsächlich drückt es aber auch eine Intimität aus, die alle Beteiligten vermissen würden, wenn sie wegfiele.

Andere Kinder spüren, daß die Beschimpfungen wirklich destruktiv gemeint sind, ziehen sich zurück und verkümmern innerlich. Oder sie erfüllen die in sie gesetzten Erwartungen und werden zu Quälgeistern und Herumtreibern – so wie man es ihnen immer wieder gesagt hat.

Diese Kinder sind zwar gehorsam, aber nur aus Angst. Ihre Angst kann aber auch in Aggressivität umschlagen: Manch ein schikanierender Vater oder eine aggressive Mutter sehen sich irgendwann einem Teenager gegenüber, der kräftig genug geworden ist, um sich zu wehren und womöglich zurückzuschlagen. Aggressive Eltern handeln sich Kinder ein, die verängstigt und eingeschüchtert oder rebellisch und trotzig sind – oder eine Mischung aus allem!

Passive Eltern

Passive Eltern gibt es überall. Lassen Sie mich ein extremes Beispiel anführen, um zu zeigen, was ich unter „passiven" Eltern verstehe.

Eines Tages hatte ich einen Gesprächstermin mit einer jungen Frau, die sich darüber beklagte, daß ihr Kind nicht gehorchen wolle. Zwei Dinge allerdings machten mich stutzig: Die meisten Eltern bringen ihr Kind mit zu mir, ja oft ist es eher so, daß sie mir die Kleinen am liebsten gleich dalassen würden, nach dem Motto: „Hier ist es, bring' es wieder in Ordnung!" Diese Mutter jedoch hatte ihr Kind nicht mitgebracht, aus „Angst es zu beunruhigen", auch ihrem Mann hatte sie nichts von ihrem Termin mit mir erzählt.

Im Verlauf unseres Gesprächs sprudelten die detaillierten Beschreibungen des Verhaltens ihrer Tochter nur so aus ihr heraus, offensichtlich befreite sie sich von einer großen Sorge und Anspannung. Sie war derart darauf aus, alles herauszulassen, daß es eine halbe Stunde dauerte, bis ich das Wort ergreifen konnte. Ich fragte sie, wie sie mit Ungehorsam umgehen würde und sie antwortete, daß sie sehr bestimmt sei, das Kind aber einfach nicht gehorchen wolle. Ich sagte ihr, daß sie das Kind das nächste Mal mitbringen und mir vorführen solle, wie sie das mache.

Das Kind war sehr hilfsbereit und erfüllte unsere Erwartungen. Nach ein paar Minuten begann es, mein Telefon auseinanderzunehmen und die Vorhänge aus der Verankerung zu reißen. Ich forderte die Mutter auf, mir zu zeigen, wie sie das Kind aufhalten wolle. Auf der Stelle senkte sie die Stimme und flüsterte in sanftem, vorsichtigem Tonfall: „Melissa, wie wäre es, wenn du damit aufhören würdest?“ Das half natürlich gar nichts. „Bitte komm’ her, sei ein braves Mädchen.“ Ich mochte und respektierte die junge Frau als eine engagierte Mutter, die nur das Beste für ihr Kind wollte. Ihre Vorstellung von Bestimmheit allerdings unterschied sich ziemlich von der meinen.

Deshalb probten wir, wie sie bestimmter auftreten könnte, auch ihre eigene Schüchternheit nahmen wir unter die Lupe – und bald war Melissa nicht mehr der Tyrann des Hauses.

Ein gewisses Maß an Gehorsamkeit wird von Kindern nicht gefordert, weil es den Eltern Spaß macht, sondern weil es ihnen das tägliche Leben einfacher macht. Anders als die Eltern im letzten Jahrhundert brauchen wir keinen blinden Gehorsam. Wir verlangen von unseren Kindern nicht mehr, daß sie sich vor dem Essen die Haare kämmen und das Aufgetragene in alphabetischer Reihenfolge verzehren! Wir bitten unsere Kinder nur noch mitzuwirken, damit unser Leben einfacher wird: „Zieh' dich um, bevor du zum Spielen rausgehst“, „hör' auf, Susanne zu schlagen“.

Wenn sich also die Kinder nicht kooperativ zeigen, dann erschweren sie den Eltern das Leben. Passive Eltern müssen früher oder später feststellen, daß ihnen die Kinder auf der Nase herumtanzen. Gerne geben sie dem kindlichen Willen nach, um die Kreativität des kleinen Daniel nicht zu beeinträchtigen – dann aber werden sie sehr ärgerlich und müde, weil es sehr anstrengend ist, dem Kind alles zu erlauben. Und schließlich soll doch wieder eine gewisse Ordnung hergestellt werden. Das kann nach einer Stunde des schlechten Betragens sein oder nach einer Woche wiederholter Zwischenfälle – irgendwann ist die Geduld auch dieser Eltern zu Ende. Dann gibt es ein Donnerwetter und die Kinder werden (tat-)kräftig und emotionsgeladen diszipliniert: Und Eltern wie Kindern wird bewußt, daß die Situation außer Kontrolle geraten ist.

Es wird Sie sicher nicht überraschen, daß Eltern, die ihre Kinder mißhandeln, häufig aus der passiven Kategorie stammen: Scheue, schüchterne Eltern, die irgendwann, nachdem es lange geköchelt hat, explodieren. Sollten Sie jemals das Gefühl haben, daß Sie Ihr Kind körperlich maßregeln könnten, dann sollten Sie unbedingt das Kapitel „Energie tanken“ (Seite 152) lesen.

Während ich diese Zeilen schreibe, bewegt mich die Sorge, daß Sie, lieber Leser, ein schlechtes Gewissen haben, weil Sie sich in einigen der Beschreibungen wiedererkennen. Wenn die Beziehung zu Ihrem Kind von dem Muster „nachgeben, nachgeben, nachgeben, explodieren“ bestimmt wird, dann sollten sie zwei Dinge wissen:

Rund 30 Prozent aller Eltern leben mit einem solchen Verhaltensmuster, vor allem, wenn sie kleine Kinder haben und noch sehr unerfahren sind.

Das ist kein großes Problem, sondern lediglich eine Fehlleitung Ihrer Energien – und das kann korrigiert werden.

Bestimmt auftretende Eltern
Aggressivität und Passivität in der Kindererziehung funktionieren nicht – was bleibt dann noch? Mit einem Fanfarenstoß kündigen wir an: Am besten ist, wenn Eltern gegenüber ihren Kindern bestimmt auftreten!

Bestimmt auftreten können Eltern, die entschlossen, innerlich gefestigt, zuversichtlich und entspannt sind. Ihre Sprößlinge erfahren, daß das, was Vater oder Mutter Ihnen sagen, Gültigkeit hat – sie werden dadurch weder beschämt noch herabgesetzt.

Ein selbstsicheres und bestimmtes Auftreten gegenüber Kindern ist heutzutage selten; deshalb findet man nur wenig Eltern, die in dieser Hinsicht ein Vorbild sein könnten. Wenn Ihre Eltern aggressiv waren, kann es für Sie besonders schwer sein, bestimmt aufzutreten. Aber man kann es lernen – nur nicht verzagen!

Die Voraussetzung für selbstbewußt-bestimmtes Auftreten liegt in Ihrem Inneren, in Ihren eigenen Einstellungen. Vergleichen Sie die Unterschiede der „Selbsteinschätzung":

„Schwache" Eltern werten sich selbst ab

- Ich komme in der Familie immer zuletzt dran.
- Ich muß die Kinder immer glücklich machen, sonst bin ich eine schlechte Mutter/ein schlechter Vater.
- Ich darf die natürliche Kreativität der Kinder nicht beeinträchtigen.
- Eigentlich bin ich ein Nichts, aber meine Kinder werden es später zu etwas bringen.

- Mein(e) Partner(in) ist schon wichtig, aber nicht so wichtig wie die Kinder.
- Das Leben ist ein Kampf.
- Ich will nur meine Ruhe haben: Um des lieben Friedens willen gebe ich den Kindern, was sie wollen. Schade, daß es meist nicht lange vorhält.

„Starke" Eltern zählen etwas auf sich

- Ich bin genauso wichtig wie der Rest der Familie.
- Die Kinder sind wichtig, aber sie müssen sich auch anderen anpassen.
- Ich muß glücklich und gesund sein, um ein guter Vater/eine gute Mutter sein zu können. Ich muß auch etwas für mich selbst machen können.
- Mein(e) Partner(in) und unsere Ehe ist sehr wichtig. Die Kinder kommen (unmittelbar) danach.
- Das Leben ist eine Herausforderung und macht Spaß.
- Manchmal bin ich müde, aber dennoch muß ich den Kindern zeigen, wer der Boß ist. Langfristig ist es einfacher, wenn sie wissen, wo es lang geht.

Einer Veränderung Ihrer inneren Einstellung müssen Sie aber auch Taten folgen lassen. Mit einem Kind, das sich angewöhnt hat, nicht zu gehorchen oder Verzögerungstaktiken anzuwenden, kann man wie folgt verfahren.

• Machen Sie sich bewußt ...

Sie äußern keine Bitte, nichts, was diskutiert werden könnte: Sie stellen eine Forderung, zu der Sie ohne Zweifel berechtigt sind – und das Kind kann nur davon profitieren, daß es lernt, ihren Forderungen nachzukommen.

- **Stellen Sie echten Kontakt her ...**

Unterbrechen Sie, was Sie gerade tun, gehen Sie zu Ihrem Kind hin und bringen Sie es dazu, daß es Sie anschaut. Geben Sie Ihre Anweisung erst dann, wenn es Sie anschaut.

- **Seien Sie unmißverständlich ...**

Sagen Sie „Ich will, daß du jetzt sofort ... Hast du verstanden?“ Stellen Sie sicher, daß Sie ein „ja“ oder „nein“ zu hören bekommen.

- **Wenn die Kinder nicht gehorchen, wiederholen Sie ihre Anweisung!**

Diskutieren Sie nicht, argumentieren Sie nicht, werden Sie nicht ärgerlich oder ängstlich. Atmen Sie langsam und tief durch, damit Sie ruhiger werden. Denn Sie wollen Ihrem Kind signalisieren, daß Sie entschlossen sind, auf diesem Punkt zu bestehen und sich nicht einmal darüber aufzuregen. Das ist der Schlüsselschritt, wichtig ist dabei, was Sie nicht tun: Sie lassen sich auf keine Debatte und kein Argumentieren ein. Sie regen sich nicht auf, Sie wiederholen einfach Ihre Anweisung.

• Bleiben Sie in der Nähe ...

Bleiben Sie in der Nähe, solange die Möglichkeit besteht, daß das Kind die Anweisung nicht ausführt. Wenn die Sache ausgeführt ist (zum Beispiel Spielsachen aufräumen), sollten Sie davon kein großes Aufheben machen. Sagen Sie einfach „bravo“ und lächeln Sie kurz.

Das eben Beschriebene ist ein Trainingsprogramm. Die ersten Male mag es ziemlich zeitaufwendig sein, so daß Sie sich denken „Puh, bis ich mich durchsetze, habe ich die Sachen ja zehnmal schneller selbst weggeräumt“. Aber die hier investierte Zeit wird sich später tausendfach auszahlen.

DER TRICK BESTEHT EINFACH DARIN, NICHT NACHZUGEBEN.

Der Trick besteht einfach darin, nicht nachzugeben. Wenn das Kind herausfindet, daß Sie nicht nachgeben, keinen unterhaltsamen kleinen Nervenzusammenbruch erleiden, sich nicht ablenken lassen – dann folgt es einfach.

Sie werden feststellen, daß Sie bald einen Tonfall entwickeln und eine Körperhaltung einnehmen, die Ihrem Kind klar signalisiert „jetzt wird es ernst“. Ihr Tonfall ist ein völlig anderer als der, den Sie in Diskussionen, beim Schmusen, Loben oder beim Spiel verwenden. Das Kind erkennt die Stimme als diejenige, die meint: „Tu es sofort,

jetzt auf der Stelle!“ Und die Kinder werden Ihrer Anweisung nachkommen! Was für ein wunderbares, großartiges Gefühl!

Wie Kinder die Eltern sehen

Wenn sich die Kinder an ihre neuen, nun bestimmt auftretenden Eltern gewöhnt haben, wird man verwundert daran denken, wie schwer man sich das Leben früher gemacht hat. Hier noch einmal zur Verdeutlichung das große allabendliche Theaterstück (die Namen sind geändert, um die Unschuldigen zu schützen).

Es ist fast Bettgehenszeit

Ulla ist vier (oder sieben oder elf) Jahre alt.

Mami: „Ulla, es ist schon fast Zeit, ins Bett zu gehen. Du fängst am besten schon einmal an, deine Sachen aufzuräumen!“

Ulla (zu sich selbst): „Sie hat ‚fast‘ gesagt, das heißt ja wohl ‚noch nicht‘.“

Mami: „Packst du deine Sachen weg?“

Ulla (zu sich selbst): „Denkste"

Mami: „Du weißt doch, wie müde du dann morgens bist, Liebling ..."

Ulla (zu sich selbst): „Ah, Mami fängt an zu begründen – das heißt sie hat Angst vor mir. Was soll's, bis morgen ist noch eine Ewigkeit Zeit."

Mami: „Komm jetzt Ulla, du willst doch nicht wieder eine Szene machen, oder?"

Ulla (zu sich selbst): „Nur zu gerne!"

Mami: „Schau, ich helf' dir auch dabei, die Puppen aufzuräumen."

Ulla (zu sich selbst): „Toll, Mami will mit mir spielen!"

Mami: „Hey, tu die Spielsachen wieder zurück; ich hab' sie gerade aufgeräumt."

Ulla (zu sich selbst): „Fang' mich doch!"

Mami: „Ulla, willst du, daß ich wirklich ärgerlich werde?"

Ulla (zu sich selbst): „Ja doch, das ist aufregend."

Mami: „Du bist ein böses, böses Kind."

Ulla (zu sich selbst): „Ich glaub', ich bin es. Ich weiß nicht warum, aber mir gefallen diese Streitereien so gut. Mami ist da so richtig bei der Sache."

Ullas Antworten sind natürlich unhörbar. Wenn Mami das gehört hätte, hätte sie sicher nicht so gut mitgespielt. Die gleiche Szenenfolge ist auch in vielen anderen Situationen anzutreffen und macht deutlich:

- **Eltern haben Angst vor einem Konflikt; sie zögern und klingen „hoffnungslos", wenn sie erst „fragen", ob das Kind bereit ist mitzuwirken.**

- **Eltern begründen ihren Wunsch und merken nicht, daß unterdessen das Kind Zeit gewinnt.**
- **Eltern sind bei Streitereien meist sehr konzentriert bei der Sache – das Kind freut sich über das Interesse, das es geweckt hat.**
- **Eltern haben schließlich genug und entladen ihre Wut in einem Ausbruch, der mehr mit Gefühlen und Herabsetzungen besetzt ist, als sie eigentlich wollten.**

Das kann frustrierend und schmerzhaft sein, vor allem, wenn es jeden Tag passiert. Gott sei Dank gibt es aber einen Ausweg.

Ärgerlich und entspannt sein zu gleicher Zeit?

Geht das? Natürlich geht das – so tun als ob!

Als ich dreizehn war, wurde einmal der Chemielehrer aus der Klasse gerufen. Schnell hatten wir die Flaschen mit dem destillierten Wasser zur Hand und führten noch einmal „Zwölf Uhr mittags" auf. Obwohl ich normalerweise eher still und zurückhaltend war, hatte ich mich vorne an der Tafel postiert und spritzte mit allen Kräften die Meute vor mir naß. Plötzlich sah ich, daß die Gesichter vor mir erstarrten, und es wurde mäuschenstill. Im gleichen Moment brüllte der Chemielehrer, der unbemerkt in die Klasse zurückgekehrt war, hinter mir los.

Wie von Zauberhand saß ich sofort wieder an meinem Platz und wagte nicht einmal, von meinem Buch aufzuschauen. Als ich es doch tat, sah ich etwas Erstaunliches: Der Lehrer ließ breit grinsend seinen Blick über die totenstille Klasse schweifen. Mir wurde bewußt, daß er seine Wut nur gespielt hatte, und amüsiert den sofortigen Erfolg seines Einsatzes begutachtete.

Diese Reaktion war mir neu. Ich wußte, daß einige Erwachsene wütend werden und außer Kontrolle geraten können, daß andere Angst vor der eigenen Wut haben und sich die Wut dann seltsam verkrümmt äußerte. Diese neue Art der Wut gefiel mir viel besser, dennoch beschloß ich, in Zukunft sicherheitshalber lieber auf meinem Platz zu bleiben, wenn der Chemielehrer nach draußen ging.

Die gesamte Menschheit hat sich in den letzen 30 oder 40 Jahren mit dem Problem der Disziplin beschäftigt: Sie sind also nicht die einzige Person! Bis zum 20. Jahrhundert stellten Kinder kein allzugroßes Problem dar: Zwei Drittel von ihnen starben ohnehin; die Übriggebliebenen wurden bis zum Teenageralter kaum wahrgenommen und dann als Erwachsene eingestuft. Gewalt war das normale Mittel der Kontrolle. Es gab eine Zeit, da wurden Siebenjährige in Bergwerksschächte geschickt oder standen tagein, tagaus zehn Stunden lang an Maschinen.

Die Kindheit von heute sieht ganz anders aus. Seit den 50er und 60er Jahren hat man damit begonnen, Kinder auch als Menschen zu achten. Wie bei allem Neuen übertrieb man anfangs, so daß sich die Kleinen zu den wichtigsten Personen der Familie aufschwangen. Es braucht nicht betont zu werden, daß ihnen das nicht gerade gut bekam. Inzwischen finden mehr und mehr Eltern die goldene Mitte. Wir lernen zugleich liebevoll und streng zu sein – und unsere Kinder zeigen sich ausgeglichener.

Das ist schon das ganze Geheimnis selbstbewußter Eltern: Sie haben Rechte und Ihre Kinder brauchen Kontrolle. Das Leben läuft ruhiger und reibungsloser ab – und Sie haben viel mehr Spaß miteinander.

Es gibt also vier grundsätzliche Verhaltensmöglichkeiten, die Eltern im Umgang mit ihren Kindern haben. Die folgende Übersicht soll Sie nicht mit Schuldgefühlen belasten; Sie soll Ihnen lediglich als Gedächtnisstütze dienen, nach dem Motto: „Ich habe die Wahl“.

BESTIMMT AUFTRETENDE ELTERN

- HABEN KEINE ANGST VOR KONFLIKTEN
- STELLEN KLARE FORDERUNGEN UND GEBEN KLARE ANWEISUNGEN
- STELLEN DIE REGELN AUF UND HALTEN DIE FOLGEN DIESER REGELN KONSEQUENT DURCH
- SIND VERHANDLUNGSBEREITER, JE ÄLTER DIE KINDER WERDEN

MANIPULATIVE ELTERN

- BENUTZEN KRANKHEITEN UND ÄHNLICHES, UM KINDER ZU DISZIPLINIEREN
- VERGLEICHEN KINDER MIT ANDEREN USW.

PASSIVE ELTERN

- ZIEHEN SICH VÖLLIG ZURÜCK
- GEBEN ALLEN WÜNSCHEN DER KINDER NACH
- ERLAUBEN DEN KINDERN, SICH SCHLECHT ZU BENEHMEN USW.

AGGRESSIVE ELTERN

- VERWENDEN ABLEHNUNGS-MECHANISMEN, UM DIE KINDER ZU STEUERN
- SCHREIEN DIE KINDER AN
- SCHLAGEN IHRE KINDER IN DER WUT USW.

Vater sein heißt, der Partnerin den Rücken stärken

Vieles im Leben ist leichter, wenn man die Unterstützung anderer zur Seit hat – das gilt vor allem für die Kindererziehung.

Zweifellos erfordert die Auseinandersetzung mit und das Erziehen vo Kindern Entschlossenheit, Mut un Hingabe. Und nichts ist in dieser Lage mehr Balsam für die Seele, als di Rückenstärkung durch de Partner.

Früher wurde die Unterstützung durch den Vater ehe mißbraucht: „Warte nur, bi Vater nach Hause kommt! Das waren keine lustige Zeiten: Die Mutter wa tags alleine zu Hause, oftmals überfordert und bürdet dem Vater auf, abends für Ordnung zu sorgen. Der aber wollte, sobald e nach Hause kam, eigentlich entspannen, mußte jedoch am Ende den böse Mann mit den Kindern spielen – und sobald Papi wieder aus dem Haus war, spielten die Kinder mit Mami Katz und Maus, und so weiter und so fort.

Es ist wichtig, den Partner zu unterstützen. Jemandem den Rücken zu stärken, bedeutet aber nicht, das Kommando zu übernehmen. Beziehungen werden einfacher,

enn die Beteiligten direkt miteinander kommunizieren. Sowie sich an einer ommunikation aber mehrere Menschen beteiligen, entsteht Verwirrung. ier ein Beispiel, wie man am besten vorgeht.

Der dreizehnjährige Peter quengelt, weil er die schmutzige Wäsche zur Waschmaschine bringen soll. Er wird lauter und beginnt zu fluchen. Sein Vater hört den Streit und schaltet sich ein. Er sagt zu Peter: „Hör' mal, sprich in normalem Tonfall mit deiner Mutter und regele das mit ihr – jetzt sofort." Er fängt Peters Blick ein und fragt: „Okay?", Peters Antwort „Mmmhh". Dann marschiert der Vater aus dem Zimmer, bleibt aber in Hörweite. Peter muß also weitermachen und das Wäsche-Problem mit seiner Mutter lösen.

rundsätzlich gilt: Ein Kind, das mit seiner Mutter etwas verhandelt, soll das ıch mit ihr zu Ende bringen. Der Vater sollte lediglich dafür sorgen, daß das ind bestimmte Grenzen einhält und die Sache vorankommt. Auf diese Art nd Weise bleibt alles unkompliziert.

Partner sollten sich gegenseitig unterstützen, beide Elternteile müssen sowohl nachgeben als auch konsequent auftreten können, und sie müssen sich inig sein! Vor 30 Jahren noch galt, daß Männer streng und die Mütter weich aren, die Frauen versuchten, die Härte der Männer auszugleichen. So eine ollenteilung kann nicht besonders gut funktionieren, weil das Kind beide lternteile als unausgeglichen erfährt.

Versuchen Sie einen Weg zu finden, der am besten zu Ihnen paßt. Daß Sie s richtig machen, merken Sie spätestens dann, wenn Sie den Satz „das ist unıir! Ihr seid beide gegen mich!" zu hören bekommen – Ihr Nachwuchs wird ich dennoch nicht ausgeschlossen fühlen.

inder und der Haushalt – der wie man Verantwortungsbewußtsein lehrt

Vas ich Ihnen jetzt vorschlage, ist eine Möglichkeit, Ihre Hausarbeit zu delegieren und zugleich Ihre Kinder auf das Erwachsenendasein vorzubereiten! 'iele Eltern, vor allem in der westlichen Welt, machen es ihren Kindern sehr infach und erledigen alles für sie, ohne sie an der Hausarbeit zu beteiligen.)ft erstaunt es uns, von jungen Erwachsenen zu hören, die zu Hause leben, bekocht werden und denen die Eltern auch noch die Wäsche waschen. Vie junge Leute werden nicht erwachsen (d.h. sie übernehmen keine Verantwo tung für ihr eigenes Wohlbefinden und ihre eigene Ernährung), bevor sie d Mitzwanziger erreicht haben. Das gilt vor allem für junge Männer. Vielleic sind Sie ja mit einem von diesen verheiratet!

Überall sonst auf der Welt, von Nepal und Neuguinea bis Nicaragua ist ganz normal, daß auch kleine Kinder Aufgaben erledigen. Und solange s nicht hart arbeiten müssen – das gibt es leider auch – lernen sie dabei, rech zeitig Verantwortung zu übernehmen. Diese Kinder bekommen obendrei viel Zuwendung (sie werden nicht vernachlässigt wie viele wohlhabenc Kinder) und gehen fröhlich und mit offensichtlichem Stolz ihren Verpflicl tungen nach. Da gibt es auch Zeit zum Spielen, aber das geschieht eh nebenbei. Das Ergebnis dieser „arbeitenden" Kindheit ist, daß in fast alle Kulturen außer dem europäisch-amerikanischen Modell, die Kindheit pro blemlos und einfach in das Erwachsenleben einfließt. Wie sind wir nur je mals auf die Idee gekommen, daß die Kindheit ein „Wartezimmer" für da Erwachsenenleben sei?

Was gibt es besseres, als unseren Kindern zu helfen, als Erwachsene auf e genen Beinen zu stehen? Und nichts ist hilfreicher, als ihnen eine Aufgabe z geben. Sie können früh anfangen – schon ab 18 Monaten bis zwei Jahren – ihren Kindern eine kleine tägliche Aufgabe zu übertragen.

Fügen Sie Monat für Monat neue Verpflichtungen hinzu. Wählen Sie Au gaben, die wiederkehren und einfach zu bewältigen sind, das Kümmern ur eigene Angelegenheiten miteinschließen und der gesamten Familie zugut kommen: Mit drei Jahren zum Beispiel können Kinder den Tisch decken un immer das eigene Geschirr zum Abwaschbecken bringen. Je älter die Kinde werden, desto einfacher wird es, sich Aufgaben für sie auszudenken. Erinner Sie die Kinder an ihre Pflichten, überwachen Sie deren Erledigung und er warten Sie, daß sie – mit der Zeit – ihre Aufgaben von selbst ausführen. Lo ben Sie Ihre Kinder und zeigen Sie, daß Sie stolz auf sie sind. Übertreiben Si aber nicht, denn was sie erledigen, ist nichts Großartiges – es ist einfach da was man von ihnen erwarten darf.

Heutzutage wird viel Aufhebens um das Selbstwertgefühl der Kinder ge macht und darum, wie wichtig es sei, sie zu loben und ihre Leistungen z würdigen. Dabei sollte man jedoch nicht übersehen, daß echtes Selbstwert gefühl nur entsteht, wenn Kinder etwas zur Gemeinschaft beitragen könner

Wenn Kinder ihren Stellenwert nicht einzuschätzen wissen und nichts Wirkliches für ein harmonisches Zusammenleben tun, können sie dem Wahn verfallen, „junge Talente“ zu sein. Sie entwickeln ein aufgeblasenes Selbstbild, und sind sie dann irgendwann, fern von Mami und Papi, sich selbst überlassen, werden sie sich schwertun.

Kleine Aufgaben bereiten auf größere vor. Teenager, die seit ihrer frühesten Kindheit zu Hause im Haushalt mitgeholfen haben, sind lebensfähiger, da Alltägliches zur Routine wird. Ihr Ziel sollte sein, eine Person zu erziehen, die mit 18 Jahren einen Beitrag zum Haushalt leistet, der dem der Eltern ziemlich nahe kommt: Das heißt, mindestens einmal pro Woche für die ganze Familie zu kochen und die Verantwortung für zumindest einen Alltagsbereich zu übernehmen. Wenn Sie den Kindern verschiedene Aufgaben zuweisen, achten Sie darauf, daß Sie eine ausgewogene Mischung finden zwischen Jobs, die sie gerne tun und solchen, die unangenehm sind. Auch hier sollten Sie die Möglichkeiten realistisch einschätzen – wie im Erwachsenenleben auch. Und was ist mit der Schule? Nun, wenn Prüfungen anstehen, muß dem Rechnung getragen werden. Aber in der Regel sind Schule und Hausaufgaben einfach „Tagesjobs“, die kein Kind davon abhalten sollten, einen Beitrag zum Haushalt zu leisten.

Vergegenwärtigen Sie sich, daß Sie Kompetenz auf allen Gebieten des täglichen Lebens anstreben: Kochen, Saubermachen, Waschen, Tierpflege, Umgang mit Geld, Zeitmanagement, Verhandlungsgeschick und Teamwork! Wenn Ihre Sprößlinge ausziehen, sollten sie in der Lage sein, sich in jeder Hinsicht um sich selbst zu kümmern. Womöglich machen sie sich sogar früher auf den Weg, um all der Arbeit zu Hause zu entkommen!

Familien-
strukturen

Papi? Wer ist Papi?

Was für ein Bild entsteht vor Ihrem geistigen Auge, wenn Sie das Wort Familie hören? Ältere Menschen werden sich eine Versammlung von 30 oder 40 Menschen vorstellen – Tanten, Onkel, Kusinen und andere. Verwandte, die meist in der gleichen Stadt wohnten und mehrmals im Jahr zusammenkamen, wenn nicht sogar jeden Sonntag zum Mittagessen.

In diesem Sinne existiert die Familie heute nicht mehr. Seit das Auto erfunden wurde und jeder in einer anderen Stadt wohnt, gibt es – in den industriell hoch entwickelten Ländern – keine Großfamilie mehr. Die „Zwei-Kinder-Eltern-Hund-Familie" ist nur der Bruchteil eines Familienverbandes und funktioniert deshalb auch nicht besonders gut.

Zunehmend ist auch die Zahl der alleinerziehenden Mütter oder Väter und neu zusammengestellten Familien mit nur einem Elternteil und einem neuen Papi oder einer neuen Mami, die oft auch noch die eigenen Kinder mitbringen. Das ist nicht unbedingt eine schlechte Sache, doch das Familienleben hat sich dadurch sehr verändert.

Die Familienstruktur hat einen wichtigen Einfluß auf die Entwicklung der Kinder. Und Sie können Ihre Familie selbst zu einem lebens- und liebenswerten Ort umbauen.

Oftmals wird die Auflösung der Familie für alle sozialen Übel verantwortlich gemacht.

„Wo willst du hin, junger Mann?"

„Rüber zum Fußballstadion, um die gegnerischen Fans aufzumischen, Mami!"

„Nun ja, komm' aber nicht zu spät nach Hause!"

Oberflächlich betrachtet, scheint das zu stimmen. Was aber ist die Ursache für den Zusammenbruch von Familienstrukturen? Haben Sie jemals gesehen, in welchem Umfeld Fußball-Hooligans aufwachsen? Kennen Sie die Lebensbedingungen in Soweto und Belfast?

Zunächst spielt das Einkommen eine große Rolle. Unter einem gewissen wirtschaftlichen Niveau ist es besonders schwer, glückliche Kinder aufzuziehen. Über einer bestimmten Grenze jedoch ändern sich die Bedürfnisse und verlagern sich vom Materiellen zum Ideellen. Bildung, Erziehung, intakte Gemeinwesen vor Ort, Zugehörigkeitsgefühl, Teilnahme, Arbeit mit anderen: Das sind wichtige Voraussetzungen für eine gesunde Entwicklung starker Familienstrukturen.

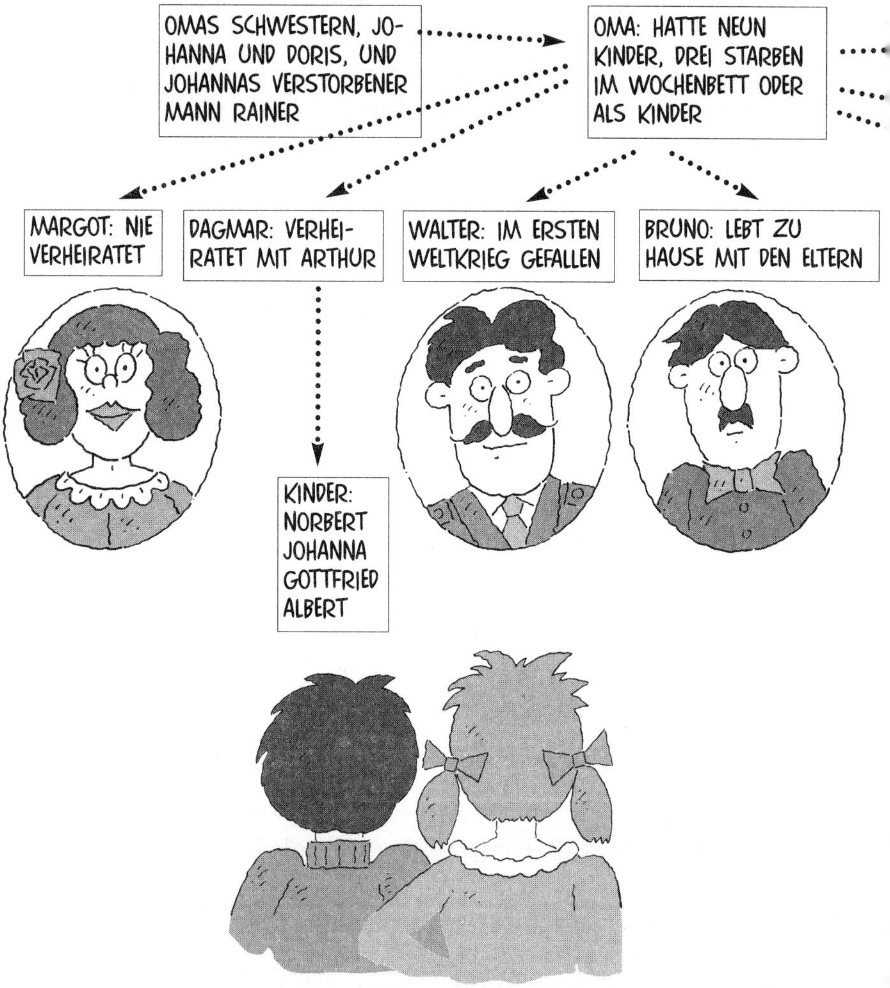

Tausende von Jahren haben die Menschen in Dörfern und kleinen Städtchen gelebt. Und als vor etwa 200 Jahren die modernen Städte entstanden, lebten die Menschen weiterhin mehr oder weniger im selben Stadtteil wie ihre Verwandten. Eine Familienstruktur setzte sich etwa wie im nachfolgenden Bild zusammen:

Wie Sie sehen, ist das eine ganz hübsche Ansammlung von Leuten. Obwohl die Zeiten hart waren, Familienmitglieder im Krieg umkamen, im Wochenbett und in früher Kindheit verstarben, blieb noch immer eine Großfamilie, die jedem Mitglied Halt gab:

Margot (die Unverheiratete) liebt Kinder und nimmt die kleine Johanna oft zu sich. Damit hilft sie Dagmar, die mit den drei Jungen bereits sehr gefordert und öfters überlastet ist. Margot unterstützt sie obendrein zwei- oder dreimal in der Woche beim Kochen und Saubermachen.

Emilies Mann Lennard fiel im Krieg. Zwei Jahre nach Kriegsende bekam sie ein uneheliches Kind, Andreas. Wilfried und Anna nahmen ihn auf, so daß keiner außerhalb der Familie etwas davon mitbekam.

Opa ist schon ein bißchen wunderlich und meint beim Aufwachen immer, daß er gerade in Versailles einmarschiert ist. Glücklicherweise wohnt sein jüngster Sohn, Bruno, zu Hause und kümmert sich um den Bauernhof.

Wilfried mag keine Kinder und ist oft unterwegs, aber Arthur mag Kinder und nimmt die Jungen häufig zum Angeln, zum Fußball oder anderen Unternehmungen mit, so daß diese meist gut aufgehoben sind.

Die 24 Mitglieder dieser hypothetischen Familie leben nicht alle unter einem Dach (sie verteilen sich auf sechs Haushalte), doch kaum eine Woche vergeht, ohne daß sie sich nicht aus irgendeinem Anlaß treffen. Die Familieneinheit war in der Lage, Probleme wie Krieg, Krankheit, Tod, Emilies „Fehltritt", verschiedene Mißgeschicke und andere Unglücksfälle gemeinsam zu meistern: Jeder hatte seinen Platz und der Zusammenhalt der Großfamilie bot Sicherheit.

Wenn einer nicht alles geben konnte, was die Kinder brauchten, gab es andere, die einsprangen. Keiner wurde alleingelassen – jeder fand Hilfe, Rat und Vorbilder. Junge Menschen sammelten bereits Erfahrungen mit den Kindern anderer Familien, mit den eigenen Brüdern und Schwestern, bevor sie selbst Kinder bekamen. Selbst wenn man keine Kinder hatte, lebte man mit welchen zusammen.

Es gab natürlich auch viele Einschränkungen und Anforderungen, und nicht viele von uns würden heute – selbst wenn sie es könnten – zurückkehren wollen in den Schoß dieser erweiterten Familie. Aber die positiven Seiten, die diese Familie für die Eltern hatte, können wir uns diese nicht wieder holen? Ich glaube schon, und ich möchte Ihnen auch zeigen wie.

Man muß nicht verwandt, sondern nur verbunden sein!

Betrachten wir einmal die einsamste aller modernen Familien: die alleinerziehende Mutter oder den alleinerziehenden Vater mit ein oder zwei kleinen Kindern (manche würden dagegenhalten, daß es noch eine einsamere Variation gibt: nämlich unglücklich verheiratete Eltern, die sich lieber trennen möchten).

Was fehlt in dieser einsamen Variante?

Die Großeltern leben nicht in der Nähe – heutzutage zieht man viel um.
Andere Erwachsene, die ein Interesse an den Kindern zeigen könnten, gibt es keine – Tanten und Onkel, die Zeit für die Kinder haben, sind rar.

Es gibt auch keinen Vaterersatz, mit dem man spielen könnte und der der Mutter bei Auseinandersetzungen um das Gehorchen und bei Entscheidungen den Rücken stärken könnte (wenn Sie alleinerziehende Mutter sind).

Es gibt keine Frau, die sich in „Mädchendingen“ auskennt, die unter Tags in die Schule geht, um mit den Lehrern zu sprechen, mit der Fragen der Disziplin und anstehende Entscheidungen besprochen werden können (wenn Sie alleinerziehender Vater sind).

Es gibt auch keine anderen Kinder, mit denen das eigene spielen kann, und keine sicheren Plätze, wo Kinder sich außerhalb der eigenen Wohnung aufhalten könnten.

Und wenn es wirklich hart auf hart kommt, gibt es niemanden, mit dem man sich aussprechen, dem man vertrauen könnte, der einfach deshalb materiell aushelfen würde, weil man „zur Familie gehört“.

Die Tatsache, daß diese Unterstützung nicht zur Verfügung steht, bedeutet jedoch nicht, daß sie nicht zu finden wäre.

Die erweiterte Familie der Zukunft

Zum Beispiel haben ältere Menschen Kinder oft sehr gerne. Wäre es da nicht möglich, einige in der Nähe lebende „Opas und Omas“ zu finden und in Ihre Familie aufzunehmen (Sie helfen bei Reparaturen oder beim Einkauf, dafür passen sie auf die Kinder auf)?
Sind da nicht andere Alleinerziehende, oder auch Nicht-Alleinerziehende, in der Nachbarschaft, die unter akuter Einsamkeit leiden? Weshalb wohl nehmen Menschen an Kaffeefahrten teil, doch nicht um Kaffee zu trinken oder um Son-

DIE ANDEREN FRAUEN, DIE SIE AN IHREM ARBEITSPLATZ TREFFEN.

DER JUNGE, DER ANDEREN BEI DER GARTENARBEIT HILFT.

DIE JUNGE FRAU MIT DEN KINDERN, DER MAN STÄNDIG ÜBER DEN WEG LÄUFT.

DER NETTE VATER MIT SEINEN KINDERN, DEN SIE AUF EINEM GRILLFEST KENNENLERNTEN.

DIE BURSCHEN, DIE EIN PAAR HÄUSER WEITER WOHNEN, DIE MIT DEN JUNGS IMMER ZUM FUSSBALL GEHEN.

DIE ALTE DAME.

DIE NACHBARN NEBENAN.

derangebote zu kaufen! Sie nehmen teil, weil sie etwas unternehmen, sich mit anderen unterhalten möchten.

Sie können sich über Gruppen informieren, die sich in Ihrer Nähe zusammengefunden haben. Spielgruppen sind wie

Sonntagnachmittage bei der Großmutter, da können die Kinder spielen und die Erwachsenen sich unterhalten und austauschen. Kurse an den Volkshochschulen sind gute Treffpunkte und meist von freundlicher Atmosphäre geprägt. Veranstaltungen in Schulen und Kindergärten, die Klinik, der Friseur, der Sportverein, die Kirche: Alles Orte, an denen Kontakte geknüpft werden können.

Es ist nicht so einfach, wie es sich anhört; es kann mühsam sein, sich Beziehungen aufzubauen, und wenn man umzieht, muß man wieder von vorne anfangen. Dennoch kann man sich tatsächlich eine erweiterte Familie schaffen, und wenn schon nicht für sich selbst, dann eben für die Kinder.

Beziehungskisten

Ein anderer Aspekt der Familienstruktur ist sehr wichtig, selbst dann, wenn Ihre Familie die üblichen zwei Erwachsenen, zwei Kinder und ein Haustier umfaßt.

Als Sie anfingen war alles einfach: Da gab es nur Sie beide, und vermutlich hatten Sie eine schöne Zeit miteinander.

Dann wurden die Kinder geboren, und die Dinge fingen an, kompliziert zu werden. Viele Eltern finden sich dann in einer der drei nachfolgenden „Beziehungskisten“ wieder:

(1)

(2)

(3)

Vermutlich haben Sie alle drei Situationen schon einmal durchlaufen. Je mehr Kinder Sie haben, desto komplizierter und schwieriger kann es werden:

(4)

Diese Konstellationen sind ganz normal, sie variieren in jeder Familie von Zeit zu Zeit; wenn sich jedoch eine davon verfestigt, so können Probleme entstehen.

Entscheidend ist, wie vertraut Mütter und Väter miteinander umgehen.

Aus meiner Erfahrung mit Hunderten von Familien, die um Hilfe nachgesucht haben, ergibt sich, daß Kinder am glücklichsten aufzuwachsen scheinen, wenn Mami und Papi aneinander interessiert sind und liebevoll miteinander umgehen – und zwar in einem Ausmaß, daß die Kinder sich nicht zwischen sie drängen können, auch wenn sie es versuchen (was sie tun!).

Ein Experte erlangte Berühmheit für seine Ansicht, daß die beste Sexualerziehung auf der Welt darin bestünde, daß Papi der Mami im Vorbeigehen in den Hintern kneife und Mami das offensichtlich genieße! Alles andere sei nur Klempnerarbeit! Im Interesse der Gleichberechtigung will ich aber hinzufügen, daß die Wirkung sicherlich die gleiche wäre, wenn es sich umgekehrt verhielte (Mami kneift dem Papi in den Po).

Kinder scheinen wirklich aus der Tatsache, daß die Eltern Zeit miteinander verbringen und daß sie dabei keine Unterbrechungen dulden, ein Gefühl der Sicherheit zu gewinnen. Wenn Sie sich noch nicht angewöhnt haben, in bestimmten Situationen auf Ihrer Zweisamkeit zu bestehen (und Ihre Kinder Sie jederzeit unterbrechen können, wenn Sie mit Ihrem Partner sprechen), dann wird es eine Weile dauern, bis sie dieses eingefahrene Gleis verlassen können.

Probleme gibt es immer, wenn ...

... ein Elternteil sich öfter gegen den anderen auf die Seite des Kindes stellt.

... ein Elternteil Zuneigung und Zustimmung bevorzugt beim Kind sucht anstatt beim Partner.

... ein Kind zu oft in die Erwachsenenrolle gedrängt wird, sich zum Beispiel um kleinere Geschwister kümmern muß oder an Entscheidungen beteiligt wird, die eigentlich Sache der Eltern sein sollten.

Als ich einmal hörte, wie eine gutmeinende Tante zu einem Neunjährigen, dessen Vater gerade gestorben war, sagte, er solle „jetzt ein Mann sein und sich um seine Mutter kümmern“, war ich richtig wütend. Kinder sollten Kinder bleiben dürfen!

Jeder Mensch reagiert anders, und kein Ratschlag hat für jeden die gleiche Gültigkeit. Alles, was ich tun kann, ist, Ihnen zu erzählen, was ich herausgefunden habe und was vielleicht auf Sie und Ihre Kinder zutrifft:

- In alleinerziehenden Familien sind die Kinder glücklicher wenn die Mutter oder der Vater eine enge, liebevolle Partnerschaft mit einem anderen Erwachsenen unterhält. Ob der andere Erwachsene des gleichen oder des anderen Geschlechts ist, spielt dabei keine große Rolle.

- Wenn die Partnerschaft der Eltern in echte Schwierigkeiten gerät, und die Streitereien kein Ende nehmen (es sich also nicht um jene immer einmal wieder auftretenden Konflikte handelt, die in allen Partnerschaften vorkommen), dann spüren Kinder das ganz deutlich. Der Konflikt kann vor den Kindern nicht verheimlicht werden, egal, was man macht, um ihn zu vertuschen. Es ist eher so, daß es besser ist, wenn die Kinder den Konflikt miterleben, wenn er offen ausgetragen wird und die Kinder spüren, daß sie nichts dafür können – anders stellt es sich allerdings dar, wenn die Eltern ihren Konflikt gewaltsam, grausam oder verletzend miteinander austragen.

- Ein Kind ist glücklicher mit einem alleinerziehenden Elternteil als in einer unglücklichen Ehe. „Wegen der Kinder“ zusammenzubleiben, obwohl die Ehe Sie unglücklich macht, ist ein Fehler.

> Neulich erschien ein Paar vor dem Scheidungsrichter – der Mann war 91, die Frau 86.
>
> Der Richter fragte, warum sie sich nach all den Jahren scheiden lassen wollten. Sie antworteten wie so viele Paare vor ihnen: „Weil wir uns überhaupt nicht ausstehen können!“
>
> „Warum haben Sie dann solange gewartet?“ fragte der Richter verwundert.
>
> „Weil wir“, antwortete das Paar, „warten wollten, bis die Kinder gestorben sind“.

BITTE NICHT STÖREN
SIE SCHLAFEN GERADE MITEIN-ANDER.
BITTE NICHT STÖREN
AAAAH! OOOHH! MMMMMMH
IST WOHL 'NE ART RING-KAMPF.

Alleinerziehende Mütter

Alleinerziehend zu sein hat Vor- und Nachteile. Der Vorteil ist, daß man nic mit verschiedenen Ansprüchen leben muß, keine Konflikte mit dem Partn hat und so weiter. Sie sind der Boß! Getrennt lebende Mütter haben uns c erzählt, daß ihr Leben sehr viel einfacher verläuft – zum Beispiel hätten s keinen Feierabendstreß mehr, der entstand, wenn der Mann hungrig von d Arbeit nach Hause kam und die Kinder aufgedreht und anspruchsvoll w ren. Andererseits ist vieles, wie zum Beispiel Disziplin von den Kindern ei zufordern, sehr viel schwieriger alleine durchzustehen. Schauen wir uns de halb diese Seite an.

Wenn die Kinder größer werden, ist es manchmal notwendig, sich mit vi Kraft und Ausdauer um sie zu kümmern. Sie merken, daß Sie die Kind zum eigenen und deren Wohl etwas an die Kandare nehmen müßten, habe aber nicht die Kraft dazu. Besonders Jungen sind in bestimmten Altersph sen für alleinerziehende Mütter nur schwer zu bändigen. Einige Junge scheinen ein geradezu „biologisches“ Bedürfnis nach Konflikten zu habe Sie möchten stark und beständig kontrolliert werden, sie müssen lernen, il re Kraft und ihre Rebellion zu zügeln, damit sie sich mit anderen Mensche vertragen. Sie suchen die Auseinandersetzung und entspannen sich ers wenn sie diese durchgestanden haben. In diesen Zeiten könnte ein Vat ganz brauchbar sein.

Es scheint so, daß Kinder sowohl „väterliche“ als auch „mütterliche“ Erziehungsmaßstäbe brauchen, um gesund aufzuwachsen. Wenn es notwendig ist, kann auch die Mutter väterlich und der Vater mütterlich sein. Die Lektion der feministischen Ära ist klar und deutlich – Frauen und Männer sind so unterschiedlich nicht. Eine Frau kann alles tun, was ein Mann tut und umgekehrt (mit ein paar offensichtlichen biologischen Ausnahmen!). Der Unterschied ist nur, daß ein Mann sich zum Beispiel leichter damit tut, auf eine robuste Art mit den Kindern umzugehen.

Alleinerziehende Mütter können diese Härte auch aufbringen, doch kostet es sie viel Energie, weil diese Härte Ausfluß des männlichen Vergnügens am Kampf ist – und das ist etwas, was Frauen nicht immer sofort parat haben. Eine alleinerziehende Mutter wird sich deshalb Härte antrainieren und gleichzeitig versuchen müssen, ihr Mitgefühl und ihre ausgleichenden Qualitäten nicht zu verlieren.

Viele alleinerziehende Mütter und Väter haben uns erzählt, daß sie diese „biologischen“ Fakten beachten und einfach gelernt hätten, von der einen Art des Umgangs mit den Kindern in eine andere „umzuschalten“.

Zehn Minuten, die Ihre Ehe retten können

Möchten Sie die schlimmste Zeit am Tag in die schönste verwandeln? Hätten Sie gerne etwas mehr Romantik, Wärme, Freundschaft und Entspannung in Ihrem Leben – und zwar für immer? Da habe ich etwas für Sie: Ein Ritual, das Sie sich täglich, oder wann immer Sie es brauchen, gönnen können, damit Ihre Abende mit dem Partner zum Vergnügen werden und Ihr Ehe glücklich bleibt. Ohne Scherz – das funktioniert!

Haben Sie oder Ihr Partner, wenn Sie abends nach Hause kommen, sich nicht angewöhnt, die Entspannung zu verschieben und erst die Dinge zu erledigen, die zu tun sind – Abendessen, Hausarbeit, Kinder usw.?

Das funktioniert ganz gut, solange die Kinder klein und um sieben im Bet sind. Sowie sie aber älter werden, müssen Sie länger warten, bis Sie wiede allein zusammen sein können. Früher hatten Eheleute mehr Zeit füreinander und konnten leichter wieder miteinander in Einklang kommen. Da schnelle Tempo unserer heutigen Arbeitstage hat aber zur Folge, daß wir – wie sich unterschiedlich schnell drehende Kreisel – aufgedreht sind, wenn wir nach Hause kommen. Es ist dann schwer, mit dem Partner Verbindung aufzunehmen. Ja es ist so, daß viele Paare den ganzen Abend aufeinander prallen und sich erst spät in der Nacht aufeinander einstimmen können – wenn dann noch Energie und Motivation da ist!

Deshalb müssen wir dafür sorgen, daß wir uns in Einklang bringen können. Und um das zu bewerkstelligen, geht man wie folgt vor:

- **Kommen Sie zusammen!**

Sobald Sie nach Hause kommen, sollten Sie sich hinsetzen und sich ein paa Minuten Zeit füreinander nehmen. Während Sie das tun, sollten Sie ...

- **... etwas essen!**

Knabbern Sie ein paar Nüsse, essen Sie ein Stück Käse, Wurst, Obst, irgend etwas Gehaltvolleres, was Ihren knurrenden, auf das Abendessen schielender Magen beruhigt und Ihnen sofort etwas Energie gibt.

- **Kinder beiseite!**

Die Kinder, die am frühen Abend oft genug die einzigen sind, die jederzeit Zuwendung und Aufmerksamkeit bekommen, müssen sich zurückziehen. Wenn sie das im gleichen Zimmer können, ist das in Ordnung, wenn nicht, schicken Sie sie aus dem Zimmer. Sie kommen später dran. Bestehen Sie darauf! Es handelt sich ja nur um zehn Minuten.

- **Trinken Sie etwas!**

Sofern Sie überhaupt Alkohol trinken, dann bietet sich jetzt die Gelegenheit dafür. Ein Glas Wein, ein Bier, die Knabbereien, sie helfen Ihnen, sich schnell zu entspannen.

- **Reden Sie!**

Aber nur wenn Sie möchten. Und wenn Sie reden, dann nehmen Sie sich etwas Positives zum Thema. Vermeiden Sie das alte Ehepaarspiel „Wer hatte den schlimmeren Tag?“ Entweder Sie reden über etwas Angenehmes oder Sie sitzen nur so da und freuen sich daran, zusammen zu sein.

Es dauert nicht lange, und Sie haben sich soweit „heruntergefahren“, daß Sie mit den abendlichen Aktivitäten beginnen können: Sie können gelassen das Abendessen zubereiten, weil Ihnen der Magen nicht mehr knurrt. Oder Sie spielen mit den Kindern, wenn Sie der/diejenige sind, der/die den ganzen Tag nicht zu Hause war. Sie werden merken, daß alles viel leichter von der Hand geht, weil sich Ihr ganzer Rhythmus – einschließlich der Pulsfrequenz – auf den Rhythmus Ihres Partners eingestellt hat.

Dieses tägliche Ritual ist so einfach, und doch hat es eine ungeheure Wirkung. Es rettet Ehen. Es ist unkompliziert. Versuchen Sie es einmal!

Altersphasen

Kann das normal sein?

Zweifellos verändern sich Kinder. Was man richtigerweise zu einem Dreijährigen sagt, wird auf einen Siebenjährigen schon nicht mehr zutreffen. Und mit einem Siebenjährigen spricht man anders als mit einem Teenager. Eine Vorstellung von den Altersphasen hilft dabei, zu erkennen, was in einem bestimmten Alter vor sich geht und wie man am besten darauf reagiert.

Die im folgenden beschriebenen Altersphasen stützen sich auf die Arbeiten von Jean Illsley-Clarke, die die nachfolgenden Phasen herausgearbeitet hat. Ich möchte sie Ihnen an dieser Stelle genauer vorstellen.

0 bis 6 Monate:	Kann ich diesen Leuten vertrauen?
6 bis 18 Monate:	Die Welt entdecken!
18 Monate bis 3 Jahre:	Denken lernen
3 bis 6 Jahre:	Andere Leute
6 bis 12 Jahre:	Ich hab's selbst geschafft!
12 bis 18 Jahre:	Fertig zum Aufbruch

0 bis 6 Monate

Der Säugling kommt auf die Welt und scheint ein Wesen von einem anderen Stern zu sein. Seine ersten Gedanken sind noch ziemlich unklar, aber sie haben viel mit folgenden Fragen zu tun:

„Bin ich hier sicher?"

„Wer füttert mich?"

„Wo ist mein Wasserbett hingekommen?"

„Diese Leute schauen nett aus. Wie bringe ich sie dazu, bei mir zu bleiben?"

„Was ist denn das für ein komisches Zeug, auf dem ich da sitze?"

Es hat gar keinen Zweck, Ansprüche zu stellen oder einen Säugling zu „erziehen", weil er erst einmal „alles in sich aufnimmt". Da er sich nicht ausdrücken kann, müssen Sie erraten, was er braucht (neue Windeln, etwas zu essen, schmusen, Bäuerchen machen, umhergetragen werden usw.).

Es ist wichtig, daß Sie nie die Hilfeschreie eines Säuglings ignorieren. Wenn man das Geschrei zu lange nicht beachtet, kann das zu Passivität und Depression führen. Genauso wichtig ist es aber, ein Baby für einige Augenblicke schreien zu lassen, damit es lernt, daß es durchaus etwas tun kann, um seine Bedürfnisse befriedigt zu bekommen – daß die Schreie Hilfe herbeibringen. Ein Kind, das immer gefüttert wird, bevor es sagen kann, daß es hungrig ist, kann später Probleme damit haben, herauszufinden, was es will.

Massagen, Schmusen, Geräusche, ein offener Blick ins Gesicht, ein Lächeln, all das fördert das Glücklichsein und die Intelligenz unserer Kinder. Diese Kinder schlafen gut, essen gerne und lernen einfacher. Übrigens beseitigen Massagen Verstopfungen bei Säuglingen mit erstaunlicher Geschwindigkeit! (Vorsicht, daß Sie nicht getroffen werden!)

Haben Sie schon einmal davon gehört, daß Babies in anderen Ländern permanent in Tüchern und Tragetaschen herumgetragen werden? Auf Bali zum Beispiel wird mit großem Zeremoniell gefeiert, wenn das Kind mit sechs Monaten „zum ersten Mal die Erde berührt". Vorher wird es vom ganzen Dorf immer herumgetragen. Das ist für uns unvorstellbar, sollte uns aber zum Nachdenken anregen.

6 bis 18 Monate

In diesem Alter bringen sich Kinder viel selbst bei, sie sammeln Erfahrungen in der großen, wunderbaren Welt, die sich ihnen durch Schmecken, Greifen, Schieben, Tragen, Ziehen und das Verzehren von allem, was ins Auge fällt, erschließt.

Viele Eltern finden diese Phase besonders anstrengend. Das Kind entwickelt sehr schnell erstaunliche körperliche Fähigkeiten – es steht, krabbelt, läuft, öffnet Schränke, zieht an Tischtüchern und ist flink wie ein Wiesel – besonders dann, wenn wir mal nicht hingucken. Es hat einen schier unersättlichen Entdeckungsdrang – und auch die besten Eltern haben keine tausend Augen (Mottenkugeln, Medikamente, Putzmittel und Ähnliches müssen jetzt in unerreichbaren Schränken verschwinden).

Gleichzeitig haben unsere Zwerge noch keine Ahnung von Regeln und Gründen, Gefahren und Konsequenzen. Sie sind „voller Aktion" – und wir müssen versuchen, diese Aktion zu steuern. Das ist für Eltern auch körperlich eine Herausforderung (ein Vater hat einmal versucht, einen Tag lang alles zu nachzumachen, was sein Kleinkind tat. Er blieb am Nachmittag erschöpft auf der Strecke ...).

Haben Sie Kinder in diesem Alter, ist es besonders wichtig, daß Sie sich Pausen gönnen und ein paar Stunden für sich selbst haben. Sie können viel Energie sparen, wenn Sie in der Wohnung eine sichere, kindgerechte Zone einrichten – Sie müssen dann nicht unablässig aufpassen und „Nein" sagen. Stellen Sie die Stereoanlage und alles Zerbrechliche hoch, verschieben Sie das Renovieren Ihrer Wohnung, und lassen Sie Ihr Kind in Frieden herumkrabbeln.

Ein Kind in diesem Alter sollte spielen und entdecken dürfen – während Sie für seine Sicherheit sorgen.

Mitte der siebziger Jahre, ich hatte gerade meinen Abschluß in Psychologie gemacht und wußte mehr über Ratten als über Kinder, bekam ich meinen ersten Job in der Schulbehörde. Ich sollte mich um Schüler kümmern, die nach Ansicht ihrer Lehrer „dumm" waren. Mit Hilfe kleiner Tests sollte ich herausfinden, wie dumm die Kinder wären – als ob ihnen das geholfen hätte. Ich mache meinen damaligen Vorgesetzten keinen Vorwurf. Sie waren für das psychologische Wohlergehen von über 3000 Schülern in neun Schulen verantwortlich, und die Tests sorgten dafür, daß man etwas zu tun hatte.

Ich beschloß, etwas mehr zu tun als Intelligenztests anzuwenden. Ich schulte Mütter, die Kindern beim Lesenlernen helfen wollten. Ich hielt Vorträge vor Lehrern über die Selbstwertgefühle ihrer Schüler. Ich hörte geduldig vielen geplagten Eltern zu. Und eines Tages besuchte ich eine Mutter, deren Sohn in der Schule Probleme hatte.

Das Haus draußen auf dem Land sah ziemlich heruntergekommen aus. Ich zog meine Krawatte aus, bevor ich hineinging. Die Mutter des Jungen sah alt und müde aus, und unser Gespräch verlief mühsam. Auf dem abgenutzten, staubigen Linoleumboden in der Küche saß ein Kleinkind und schaute uns stumpfsinnig an. Kein Spielzeug war zu sehen. Von Zeit zu Zeit riß das Kleine einen Schrank auf und zog an den Geräten, die sich darin befanden. Dann stand die Mutter auf, maßregelte das Kind, schlug die Schranktür zu und redete weiter.

Auf der Heimfahrt war ich wütend und ratlos zugleich. Für diese Mutter war ein gutes Kind ein stilles Kind. Ich wußte, daß dieses Kind – ohne Spielzeug, ohne Ermutigung zum Spiel, ohne Bücher und Geschichten – irgendwann auf der Liste der Schulpsychologen mit „Verdacht auf geistige Zurückgebliebenheit" enden würde ...

18 Monate bis 3 Jahre

In diesem Alter beginnt das Kind nachzudenken. Man kann also anfangen, einfache Erklärungen für die Dinge zu geben.

> „Die Katze bekommt Angst, wenn du sie zu sehr drückst. Warte, ich zeig' dir, wie man sie sanft streichelt."

Ihr Kind wird jetzt auch öfter zornig und lernt, „Nein, ich will nicht", „Das ist mir egal" zu sagen. Eltern müssen jetzt anfangen, klare Grenzen zu setzen. Das Kind wird diese Grenzen testen. Und die Eltern müssen fest bleiben – fest und noch einmal fest. Die Kraftproben mit Trotzkindern sind anstrengend, überlegen Sie deshalb einmal in Ruhe, was wirklich wichtig ist und was nicht, um Energie zu sparen.

Manchmal wollen die Kinder unabhängig sein und dann wieder sind sie extrem anlehnungsbedürftig, vor allem, wenn ein neues Kind geboren wird. Das ist ganz natürlich, und das Kind wird, wenn seine Bedürfnisse befriedigt wurden, bald wieder anfangen „zu wachsen".

3 bis 6 Jahre

In diesem Alter fangen Kinder an, miteinander und nicht mehr nur nebeneinander zu spielen. Es ist deshalb gut, wenn andere Kinder da sind, mit denen sie zusammen spielen können.

Und jetzt beginnt die Zeit der endlosen Fragen: Wann? Warum? Wie? Was ist, wenn? Und wieder: warum?

Wenn Ihr Kind Ihnen die Ohren vollquasselt, dann denken Sie daran, daß dies die Zeit der Sprachentwicklung ist, und trösten Sie sich damit, daß Sie womöglich später weniger Geld für Nachhilfestunden und Internatsaufenthalte ausgeben müssen.

Ein Kind zu ärgern und sich über es lustig zu machen ist zu keiner Zeit eine gute Idee. In diesem Alter ist es besonders wenig hilfreich. Das Kind lernt, sich des wichtigsten Kommunikationsmittels der menschlichen Spezies, der Sprache, zu bedienen, man sollte es durch nichts bremsen, sonst könnte es sich leicht in sich zurückziehen.

Vera gehörte zur Sorte Eltern, die einem das Gefühl vermitteln, selbst wieder Kind zu sein. Ihre Ausstrahlung versetzte einen in die träumerische Erinnerung an frischgebackene Plätzchen. Sie hatte eine schnelle Auffassungsgabe und Humor und konnte einen jungen Schulpsychologen ganz schön in seine Schranken weisen. Also entschloß ich mich, von ihr zu lernen, anstatt sie belehren zu wollen, und was ich da lernte! Vera erzählte, wie ihr achtjähriger Sohn Dietmar unmerklich, aber stetig temperamentvoller wurde und sowohl sich selbst als auch seinen Mitmenschen im Wege stand. Nach einem besonders heftigen Wutausbruch überlegte Vera gründlich, woran das wohl liegen könnte, und fand eine Lösung, die sowohl originell als auch tiefgründig war.

Sie holte ein verstaubtes Familienalbum vom Dachboden (das die Kinder noch nie gesehen hatten) und blätterte es mit Dietmar durch. Sie zeigte ihm Bilder, auf denen gestandene Männer der Familie abgebildet waren, Großvater Ludwig als Junge, Großonkel Alfred, Vetter Dieter. Es war zu sehen, wo sie gelebt und was sie gemacht hatten. Dietmar schaute sich fasziniert die wettergegerbten Gesichter und die altmodischen Kleider an, währenddessen Vera weitererzählte: „Alfred war ein toller Typ, aber ziemlich eigensinnig. Großvater hatte als Junge ein aufbrausendes Temperament, heißt es." Vera legte eine Pause ein, und Dietmar fragte sich, wohin das führen sollte. Vera blätterte weiter: „Was passierte mit seinem Temperament, Mami?" „Vermutlich ist er da einfach herausgewachsen. Schau, hier ist ein Sportfest ..."

Dann kamen die anderen Kinder herein, und Vera überließ ihnen die Fotos, um Tee zu machen. Dietmar hat nie wieder einen extremen Wutanfall bekommen, auch wenn er manchmal ganz schön stur sein konnte. Vermutlich ist er da einfach herausgewachsen.

Phantasie und Wirklichkeit sollten deutlich getrennt bleiben; beide Bereiche sind wichtig, aber der Unterschied sollte klar sein:

„Huuuh, ich bin ein Ungeheuer!"
„Toll, wie du das Ungeheuer nachmachen kannst!"

Forderungen an das Verhalten können gestellt werden und sollten am besten eingegrenzt und positiv formuliert werden: Es ist besser zu sagen: „Räum' deine Autos auf, jetzt sofort!" als: „Sei nicht so unordentlich."

In diesen entscheidenden Jahren formt das Kind sein Verständnis von sich und der Welt. Es orientiert sich allmählich nach außen und interessiert sich auch für Leute und Dinge außerhalb der unmittelbaren Familie. Es lernt zu verhandeln und Kompromisse zu schließen. Es lernt nachzudenken und es begreift, daß seine Handlungen Konsequenzen haben. Drei- bis sechsjährige Kinder sind intelligente kleine Personen, die vernünftigen Argumenten mehr und mehr zugänglich sind.

6 bis 12 Jahre

Dies sind die „Goldenen Jahre". Die frühkindlichen Abhängigkeiten sind vorbei und die Rebellion der Teenager-Jahre hat noch nicht begonnen. Eltern und Kinder können in dieser Phase viel Spaß miteinander haben. Sechs- bis Zwölfjährige sind fähige und tatendurstige junge Menschen, mit denen man wandern, werkeln, zelten, radfahren, Fußball spielen, angeln gehen, kurz: selbst spielen kann. Genießen Sie diese Zeit!

Kinder dieses Alters finden sich in der Welt bereits gut zurecht, weil sie die Regeln und Konsequenzen kennen. Diese Regeln können alles umfassen, von „Wenn ich ihr mein Spielzeug gebe, dann wird sie meine Freundin" bis zu „Wenn ich meine Jacke nicht anziehe, kriege ich Schnupfen und kann nicht skilaufen".

Das Kind zur Diskussion zu ermutigen und zu fördern, ohne zu dominieren, wird sein Denkvermögen schärfen und Verständnis für die Bedürfnisse anderer Menschen wecken. Eltern, die ihren eigenen Interessen nachgehen, werden auch nicht in Versuchung geraten, die Welt ihrer Kinder zu besetzen oder sich zu sehr in deren Angelegenheiten einzumischen. Das gilt besonders für alleinerziehende Eltern, die manchmal die Gesellschaft des Kindes der von Erwachsenen vorziehen.

12 bis 18 Jahre

Wenn es auch hart ist (oder sind Sie gar nicht unglücklich darüber?) – dies sind die Jahre, in denen das Kind der Familie entwächst. Jetzt beginnt es, für den Sprung ins Erwachsenenleben zu üben. Auch wenn es sich noch nicht endgültig auf und davon gemacht hat, orientiert es sich zunehmend außerhalb der Familie. Nicht wenige Eltern beklagen sich, daß sie in dieser Altersphase nur noch den/die Taxifahrer/in spielen – was allerdings mehr über das Nahverkehrssystem und die öffentliche Sicherheit am Abend aussagt. Doch das Hinbringen und Abholen bietet auch eine gute Gelegenheit zum Reden.

Drei Dinge sollte man sich vor Augen halten

1 Teenager bewegen sich voran wie die Gezeiten
Sie kommen und gehen. In einem Augenblick sind sie noch unabhängig, im anderen wollen sie gefüttert und umsorgt werden. Heute sind sie ausgesprochen vernünftig, morgen rebellisch und widersprüchlich. Doch trotz des Hin und Her entwickeln sie sich fort.

2 Die Sexualität erblüht
Ein junger Mensch sollte zu hören bekommen, daß Sex gut ist, daß Sexualität willkommen und gesund ist und daß damit Verantwortung verbunden ist. Eltern sollten weder verführen noch auf die Verführungsversuche der jungen Person eingehen, außer vielleicht, indem sie sagen: „Jemand wird einmal sehr glücklich sein, dich gefunden zu haben."

3 Der Bruch wird kommen
Einige junge Erwachsene ziehen allmählich und mühelos von dannen – die meisten aber nicht! Sie können das daran erkennen, daß letztere andauernd Konflikte produzieren und am Leben erhalten – nur so gelingt es ihnen, die Energie aufzubauen, die sie zum Losbrechen benötigen. Nehmen Sie das nicht persönlich. Wie die Geburt ist dieser Trennungsprozeß schmerzhaft, aber dennoch positiv.

Kinder und Fernsehen: die große Debatte

Die meisten Kinder sehen sehr viel fern, ja im Durchschnitt verbringt ei Kind heute mehr Zeit vor dem Fernseher als in der Schule. Nicht nur die lan gen Konsumzeiten, sondern auch der Inhalt der Sendungen bieten Anlaß zu Sorge. Kinder haben, bis sie 15 Jahre alt geworden sind, bereits Zehntausen de von Gewaltszenen und Tausende von Todesfällen gesehen – sei es i Zeichentrickfilmen oder in realistischen Darstellungen. Und das im Tages programm.

Gewaltszenen und die geringe Wertschätzung eines Menschenlebens ir Fernsehen entziehen den Kindern den Bezug zur Realität, tragen dazu be daß ihre Gefühle verkümmern. Nicht weniger betrüblich ist, daß ihne außerdem soviel anderes entgeht: Der flimmernde Kasten hypnotisiert di Kinder und raubt ihnen die Zeit, die sie normalerweise mit Rennen, Sprin gen, Spielen, Reden, Lesen und kreativem Gestalten verbringen würden.

Versuchen Sie einmal Folgendes: Beobachten Sie Ihr Kind, während es fern sieht. Sehen Sie den leicht geöffneten Mund, den leeren Blick, den Kinde nach einer Weile annehmen? Läuft Ihnen da nicht ein Schauer über de Rücken? Ihr Kind befindet sich offensichtlich in einem „veränderten Bewußtseinszustand – in keiner anderen Lebenssituation werden Sie Kinder begegnen, die so passiv und gefesselt sind. Ganz anders verhalten sie sich wenn sie ein Buch lesen, denn dann leistet ihr Gehirn harte Arbeit, währen sie sich vorstellen, was die Worte ihnen beschreiben wollen. Während de Autofahrens, beim Spiel im Hof, im Zirkus, überall sonst sind sie lebhaft un im Austausch mit den Dingen und mit der Verarbeitung äußerer Eindrück beschäftigt. Vor dem Fernseher aber beginnen sie bald wieder zu starren, un der aktive Teil ihres Gehirns bleibt ausgeschaltet. Schauen Sie genau hin, un urteilen Sie selbst, o Ihnen das gefällt.

Kleine Kinder wer den besonders beein druckt von dem, wa sie sehen. Wir hatte einmal einen Vier jährigen zu Besuch und als es Zeit zur

chlafengehen war, kam er och einmal ins Wohnzimmer, um Gute Nacht zu sagen. Wir sahen uns gerade eine „lustige“ Sendung an (eine ieser Sendungen, bei der Sie icht selbst lachen müssen, veil das Gelächter gleich mitgeliefert wird), in der in diesem Augenblick die Hand einer E.T.-ähnlichen Kreatur aus einem Schrank kam, Kartoffelchips und Lutcher ablehnte, sich dafür aber ein Kind griff, in den Schrank zog – und ülpste! Der kleine Junge war völlig verstört:

„Alles in Ordnung, Ben?“ fragte ich ihn.

„Geh’ weg!“

„Worauf bist du so wütend?“

„Er hat den Jungen aufgefressen!“, und Ben brach in Tränen aus.

Wir schalteten aus und brauchten gute fünf Minuten, um ihn zu beruhigen. Bens Mitleid bewegte und beschämte uns. Und wir stellten uns vor, welche Alpträume er später noch haben würde!

Ältere fernsehgewohnte Kinder jedoch scheinen gräßliche Szenen ohne äußere Regung zu konsumieren. Vermutlich sind sie schon sehr unempfindlich geworden. Ob das positiv oder negativ zu werten ist, scheint keiner so recht zu wissen.

Wenn Sie besorgt sind und den Fersehkonsum Ihrer Kinder einschränken wollen, dann schlage ich Ihnen ein paar Möglichkeiten vor, wie Sie zunächst das angebotene „Kinderprogramm“ bewerten und auswählen können.

Achten Sie auf die Sprache: Nicht nur das Fehlen von Schimpfwörtern ist ausschlaggebend, sondern auch die Qualität und Vielfalt der Dialoge. Hören Sie ein oder zwei Minuten lang der Sendung Ihrer Kinder zu, ohne das Bild anzuschauen. Ist das die Art von Sprache, die Ihre Kinder lernen sollen? „Aaaahhh! Uuuhhhh! Da, nimm das! Ich werd’s dir zeigen ...“

Wird die Vorstel lungskraft geför dert? Einige Kinde scheinen nur ein eingeschränkte Ar von Spielen zu kennen: Schießen Schreien, Schlagen Vielleicht ist das ein Hinweis auf ihre liebsten Fernsehsendungen. Man kann das Fernsehpro gramm durchaus so gestalten, daß eine größere Bandbreite von Themen vor kommt. In Australien wurde zum Beispiel eine Serie, genannt „Kaboodle" produziert, die die Qualität des Jugendprogramms aufwerten sollte. Ver schiedene Arten von Live- und Animationsdarstellungen wurden gemischt die selbst für Erwachsene interessant sind und die Vorstellungskraft anregen die Hintergründe von alltäglichen Themen abhandeln und die Denkprozes se der Kinder fördern.

Welche Werte werden vermittelt? Die Botschaften, die sich in einer Sendung verstecken, dringen in das Unterbewußtsein der Kinder ein:

- Die Einteilung in gute und schlechte Menschen: Verbrecher haben meis tiefe Stimmen und sind häßlich. Sie sind durch und durch schlecht. Gu te Menschen werden durchweg positiv dargestellt, sind sanft und sehen gut aus.
- Konflikte entstehen immer, weil die Bösen gemein sind und die Guten zur Rache zwingen. Es ist in Ordnung, daß die bösen Buben für das, wa sie getan haben, verletzt werden. Rache wird positiv vermittelt. Frucht bare Auseinandersetzungen oder Kompromisse gibt es nicht. Warum ein Konflikt entsteht, bleibt unbegründet. Action – je gewaltreicher, desto besser – ist die Anwort auf jeden Konflikt.
- Die weibliche und männliche Rollenverteilung sollte eigentlich längst de des ausgehenden 20. Jahrhunderts angepaßt sein. Doch in den meisten Programmen sind die Mädchen immer noch niedlich, hübsch, haben schrille Stimmen und müssen gerettet werden. Jungen und Männer be sitzen Waffen und bestimmen den Handlungsablauf, sie fliegen da

Raumschiff, fällen die Entscheidungen und retten die hilflosen Mädchen. Und weinen tun sie nie, niemals!

Die Rolle der Werbung: Sendungen, die von Spiel- oder Süßwarenherstellern (das betrifft Privatsender) gesponsert sind, degenerieren zur Werbesendung mit Showeinlagen. Wäre es da nicht besser, daß das Fernsehen auf die öffentlichen Sender beschränkt bliebe? Was auch billiger wäre, da man nicht unter dem Zwang steht, das beworbene Spielzeug kaufen zu müssen.

Auch Nachrichten sollten kritisch betrachtet werden: Nachrichten bieten nicht nur Informationen. Sie dienen der Unterhaltung wie andere Sendungen auch – und geben eine oftmals unrealistische, verzerrte Sicht der wirklichen Welt wieder. Für Kinder bis zehn sind sie jedenfalls ungeeignet.

Pädagogisch-wertvolle Sendungen: Einige Sendungen sind hervorragend und didaktisch einwandfrei aufbereitet. Seit den 60er Jahren bereits sind Bemühungen im Gange, das Potential des Fernsehens einzusetzen, um vor allem benachteiligten Kindern eine Starthilfe zu geben. Bis zum Schulbeginn sollen sie Grundfertigkeiten vermittelt bekommen, die ihnen helfen, mit Kindern aus wohlhabenderen, stimulierenderen sozialen Umfeldern mitzuhalten. Die Sesamstraße nimmt dabei eine bereits legendäre Führungsrolle ein und ist bis heute unerreicht, wenn es gilt, die Logik und Hintergründe einer Sendung zu bewerten. In Deutschland, so habe ich mir sagen lassen, erfüllt „Die Sendung mit der Maus" (ARD) diese Ansprüche.

Im übrigen empfiehlt es sich immer, als Eltern eine Sendung mitanzuschauen, Kommentare zu den Darstellern abzugeben und damit die Kinder anzuregen, aktiv am Geschehen teilzunehmen. Die Programmacher kommen dem entgegen und würzen ihre Sendungen häufig mit subtilem Humor und leichter Ironie, um das Interesse der Erwachsenen wachzuhalten. Popstars und andere Berühmtheiten treten regelmäßig allein deshalb als Gäste auf, damit die Erwachsenen verlockt werden, die Sendung zusammen mit ihren Kindern anzuschauen.

Fazit: Es gibt immerhin einige wertvolle Kindersendungen im Fernsehprogramm, die die Kinder direkt ansprechen und aktiv mit einbeziehen.

Viele Eltern schränken heute den Fernsehkonsum ein, gestatten ihren Kindern, eine halbe oder ganze Stunde am Tag fernzusehen, und handeln die Programme mit den Kindern aus. Das ermutigt diese, zu planen, wäh lerisch zu sein und ihre Sendungen zu „genießen", anstatt einen unifor men Brei anzuschauen. Stellen Sie Ihren Fernseher in ein anderes Zimme als das Wohnzimmer, damit er das Familienleben nicht vollends be herrscht.

Und es ist vermutlich eine gute Idee, sich nicht allzusehr mit dem Fernse hen zu befassen, damit es gar nicht erst zum allumfassenden Thema inner halb der Familie wird. Andererseits möchten Sie aber sicher angesichts de Tatsache, daß das Fernsehen neben Ihnen der andere große Einflußfaktor au die geistige Welt Ihrer Kinder ist, ein Wörtchen mitreden bei dem, was si sich zu Gemüte führen.

Schluß mit dem Gejammer!

Ist Ihnen schon einmal aufgefallen, daß einige Erwachsene besonders ange nehme Stimmen haben? Daß auch einige Kinder eine melodiöse, klare Aus drucksweise besitzen und es ein besonderes Vergnügen ist, ihnen zuzuhören Und haben Sie auch bemerkt, wie unangenehm es ist, wenn ein Kind per manent jammert und quengelt, durch die Nase redet? Uuuuuuuuhhhhhh ääääähhhh?

Wußten Sie, daß der Tonfall, in dem wir sprechen – ob Erwachsene ode Kinder – einfach eine Angewohnheit ist? Nicht nur eine Sprechgewohnhei sondern eine Lebenseinstellung? Das Jammern entspringt dem hilflosen Te in uns, der will, daß andere alles für uns erledigen, der immer unzufriede ist, an allem herumnörgelt und sich permanent beschwert. Wann immer wi anfangen zu jammern, fühlen wir uns auch entsprechend. Jammernd Kinder, die nicht unterbrochen werden, werden später zu nörgelnde Erwachsenen (hinte jedem motzigen Ehe mann und jeder stöh nenden Ehefrau stehe Eltern, die das Jam mern zugelassen ha ben). Doch das Jam mern und Quengel kann man über Nach

ıbschaffen! Und das geht so: Zuerst müssen Sie sich bewußt machen, wann hr Kind zu jammern beginnt. Meist möchte es etwas haben und sagt das an-ängs in normalem Tonfall. Dann wird es lauter, und wenn wir den Wunsch ıblehnen, beginnt es schließlich, sich in ein lautstarkes Gejammere hinein-:usteigern.

Zu Anfang entdeckt das Kind wohl eher zufällig, daß ein jammernder Ton-äll von den Erwachsenen nicht ignoriert werden kann! Um des Friedens und der Stille!) willen gibt man nach.

Wenn sich dieses Muster oft genug wiederholt, lernt das Kind, im richti-;en Moment zu jammern – und bevor Sie sich's versehen, quengelt es beim ;eringsten Anlaß.

Was gegen das Gejammer zu tun ist

- Sagen Sie es Ihrem Kind. Nehmen Sie sofort Augenkontakt auf, wenn das Kind das nächste Mal herumjammert, und verlangen Sie ohne Umschweife, daß es in einem normalen Tonfall spricht.
- Machen Sie dem Kind vor, wie es sprechen soll. Finden Sie heraus, ob Ihr Kind überhaupt weiß, wie man in einer tieferen Tonlage spricht, wie man eine festere Stimme einsetzt. Probieren Sie es aus. Geben Sie ein paar Kostproben, damit das Kind hört, was Sie meinen.
- Wiederholen Sie sich immer wieder. Immer wenn Ihr Kind wegen irgend etwas zu jammern beginnt, fahren Sie mit einem „Sprich in normalem Tonfall" dazwischen. Die Wortwahl ist wichtig: Machen Sie ihm klar, daß Jammern nicht normal ist – weder für Sie noch für jemand anders. Stellen Sie sicher, daß Ihr Kind das Verlangte nur dann bekommt, wenn es in „normaler", positiver Tonlage spricht.

Das heißt natürlich nicht, daß es allein deshalb, weil es wie der Papst bei der Osteransprache klingt, auch alles bekommt, was es möchte – es muß trotzdem lernen, daß „Nein" auch eine Antwort ist.

Sie sollten immer realistisch bleiben. Kinder müssen erst lernen, wie die Welt funktioniert – und sie müssen lernen, daß die Menschen es lieber mögen und positiver reagieren, wenn man sich in einem angenehmen Tonfall und mit kräftiger Stimme ausdrückt, statt hilflos und negativ ...

Energie tanken

Kinder brauchen gesunde und glückliche Eltern

Ich habe einmal einen Monat in einem Küstendorf auf Papua Neuguinea verbracht. Die Kinder dort lebten nicht mit den eigenen Eltern, sondern zogen in kleinen Gruppen umher, wohnten eine Weile in einem Haus und dann in einem anderen. Man konnte Siebenjährige dabei beobachten, wie sie sich um Babys oder um die Feuerstellen kümmerten. Mit vierzehn verrichteten sie stolz und selbstbewußt die Arbeit von Erwachsenen.

Und da ich neu im Dorf war und jeder sich für mich interessierte, quartierten sich so etwa ein Dutzend Kinder in meinem „Haus" (das eine Hütte war) ein. Wenn mich nachts meine tropische Darmerkrankung aus dem Bett trieb, mußte ich mir erst den Weg über einen Teppich aus kleinen, braunen Körpern ertasten! Sobald ich aber langweilig geworden war, zogen sie weiter ins nächste Haus.

In diesem Dorf Vater oder Mutter zu sein, war eine relativ einfache Sache: Die Mühe und das Vergnügen der Elternschaft wurden vom ganzen Dorf geteilt, ja es war so, daß jeder der im Dorf gerade anwesenden Erwachsenen den Elternpart übernahm. In unserer Gesellschaft wird das Elternsein nicht geteilt, und kleine Kinder können nicht ungefährdet durch die Gemeinde ziehen. Da liegt es nahe, daß man das Gefühl hat, man müsse zu „Supereltern" werden, die irgendwie jedes Verlangen der Kinder nach Unterhaltung, Bildung, Liebe, Zärtlichkeit, Essen, Trinken, Sicherheit, Kleidung und Sauberkeit erfüllen. Sind Sie der Elternteil, der zu Hause bei den Kindern bleibt, dann fühlen Sie sich in der Regel ans Haus gebunden, quasi in den

Käfig gesperrt, und sehnen sich nach der Gesellschaft von Erwachsenen. Verlassen Sie täglich das Haus, um das Geld zu verdienen, so fühlen Sie sich als Arbeitspferd, das zu wenig von Familie und Heim hat. Da nimmt es wenig wunder, daß viele Eltern, vor allem diejenigen, die zwei oder mehr Kinder unter fünf Jahren haben, fast ununterbrochen erschöpft, reizbar und bei schwacher Gesundheit sind.

Wenn wir uns wohlfühlen, angenehme Gesellschaft haben, gesund und erholt sind, dann können wir unseren Kindern viel geben und uns an ihnen erfreuen.

Wenn wir müde, krank, einsam, überlastet sind, dann erreichen wir einen Punkt, an dem die Kinder zur Last fallen, ja zum Gegner im Kampf ums Überleben werden. Das kann für Sie, Ihre Ehe und die Unversehrtheit Ihrer Kinder gefährlich werden.

Überlastete Eltern

Überlastete Eltern erreichen irgendwann einen Punkt, an dem sie nicht mehr liebevolle und fürsorgende Eltern sein können. Deshalb ist es absolut notwendig, daß Sie sich auch um sich selbst kümmern. Gute Eltern können Sie nur dann sein, wenn Sie selbst glücklich und gesund sind. In diesem Kapitel erfahren Sie, wie man das macht.

Immer wieder erzählen mir Eltern, daß sie nicht verstehen, warum ihnen die Familie zuviel wird. Sie erwarten übermenschliche Leistungen von sich, ohne sich bewußt zu sein, daß Menschen „Brennstoff" brauchen. Menschen funktionieren nicht nur mit Nahrung: Sie brauchen auch Energiezufuhr in Form von Liebe, Anerkennung, Berührung und Gesprächen usw.

Jede Person, mit der Sie sprechen, gibt Ihnen Energie oder nimmt sie von Ihnen. Deshalb bezeichnen wir einige Menschen als „anstrengend". Das ist auch der Grund, weshalb wir oftmals den Anruf von bestimmten Personen fürchten, dann aber ohne zu zögern hundert Kilometer weit fahren, um ein oder zwei Stunden mit einem besonders guten Freund zu verbringen.

Kinder können uns auch Energie geben, im Regelfall ist es aber gut und richtig, daß wir ihnen Kraft geben. Wenn wir jedoch die einzige Energiequelle für sie sind und diese versiegt, dann muß etwas passieren. Denken Sie einen Augenblick nach, wo steht Ihre Tankanzeige jetzt gerade, während Sie dieses Buch lesen?

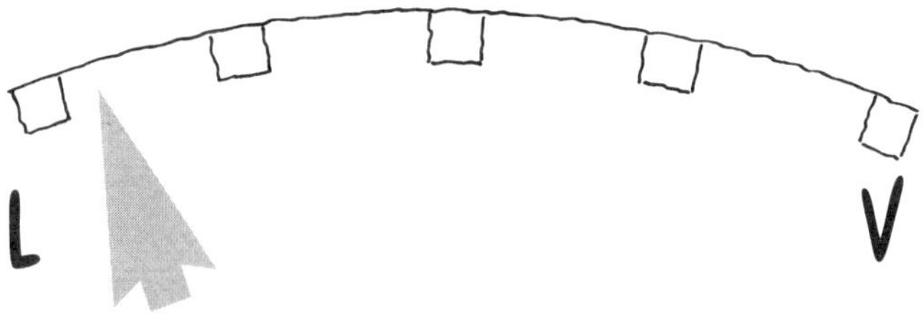

Steht der Zeiger normalerweise hier? Fahren Sie immer „auf Reserve"? Nicht selten behandeln wir unseren Körper wie ein altes Auto: für zehn Mark (zehn Franken, hundert Schilling) tanken, abgefahrene Reifen und schon ewig keine Inspektion mehr.

Es lohnt sich, sich einmal im Bekanntenkreis umzusehen und zu überlegen, wer Ihr Wiederauftanken verhindert und wer es fördert. Manchmal muß man feststellen, daß die „Freunde" einfach nur Energie „stehlen" und nichts zurückgeben. Dann ist es an der Zeit, neue Freunde zu suchen! Menschen, die einmal wichtig für uns waren (einschließlich der Eltern), können zu einer Quelle negativer Gefühle werden. Und Sie können, wenn Sie wollen, die Art und Weise, wie Sie mit Menschen kommunizieren, verändern – Sie können einen positiveren Austausch erzielen!

„Hallo mein Liebling, ich hatte vielleicht eine schreckliche Woche!"

„Meine ist glänzend verlaufen. Soll ich dir erzählen, was passiert ist?"

„Mein Gott, im Büro gab es heute eine Katastrophe nach der anderen.“

„Ich könnte dir jetzt zuhören, wenn du das willst. Wie wär’s aber damit, wenn wir stattdessen lieber unseren nächsten Urlaub planen?“

So könnte eine unverfängliche Strategie aussehen, und wenn sie mit guter Laune verfolgt wird, können beide Parteien davon profitieren.

16 Ratschläge, wie Eltern auftanken können

Eine Gruppe von etwa zwanzig jungen Elternpaaren ließ ich einmal auflisten, wie sie Energie tanken könnten. Einige gute Vorschläge kamen zusammen:

1. Leisten Sie sich einen Babysitter.
2. Lernen Sie, für Ihre Kinder so langweilig zu sein, daß sie Sie eine Weile in Ruhe lassen.
3. Verbringen Sie 10 Minuten mit Ihrem/Ihrer Partner/in, wenn er/sie nach Hause kommt: Tauschen Sie gute Nachrichten aus oder seien Sie einfach zusammen. Wenn die Kinder sich ruhig verhalten, können sie dabeibleiben; wenn nicht, werden sie in ein anderes Zimmer geschickt.
4. Verbringen Sie jeden Tag eine halbe Stunde voll konzentriert mit Ihren Kindern, anstatt widerwillig stundenlang mit halber Aufmerksamkeit bei der Sache zu sein. Lassen Sie die Kinder planen und sich im voraus darauf freuen, was sie in ihrer halben Stunde mit Ihnen machen wollen.
5. Lernen Sie, einfach abzuschalten, damit Sie entspannen und sich während der Hausarbeit, auf der Fahrt zur Arbeit und bei anderen Gelegenheiten etwas Schönes ausdenken können.
6. Kochen Sie einmal etwas, was Ihnen schmeckt, anstatt immer nur „Kinderteller“ zu essen.

7. Spielen Sie Ihre Musik.

8. Verbringen Sie viel Zeit mit anderen Eltern.

9. Machen Sie deutlich, was Sie von Ihrem Partner möchten: Zärtlichkeit, Sex oder nur Gesellschaft. Versuchen Sie, die Bedürfnisse Ihres Partner zu verstehen und diesen entgegenzukommen. Falls Sie normalerweise reden, wenn Sie angespannt sind, versuchen Sie es mit Massage. Falls Sie sich üblicherweise nur berühren, reden Sie.

10. Tun Sie regelmäßig etwas, was nichts mit Elternsein zu tun hat, was Erwachsenen Spaß macht.

11. Nehmen Sie alle Arten von Unterstützung und Hilfsangeboten in Ihrem Umfeld in Anspruch: Begegnungsstätten, Tageskrippen, Fitneßklubs, Sportvereine, Spielgruppen, Krabbelstuben, Kurse für Eltern.

12. Nutzen Sie die Zeit, in der Sie Babysitter oder Krippen in Anspruch nehmen, für sich selbst und nicht nur dazu, schnell einzukaufen oder mehr zu arbeiten.

13. Sagen Sie sich einfach, daß „Unordnung schön ist" und geben Sie das Ziel eines „blitzeblanken Hauses" für ein paar Jahre auf (Sie können ja den Staubsauger immer neben der Tür stehen haben und zu den Besuchern sagen: „Und gerade wollte ich mit dem Saubermachen loslegen ...").

14. Richten Sie für die Kinder einen Bereich ein, in dem keine wertvollen Sachen herumstehen und Oberflächen sowie Möbel einfach zu säubern sind. Das spart täglich die Energie für tausendmal „Nein" sagen.

15. Richten Sie sich einen aufgeräumten, schönen Bereich her (und sei es nur das Schlafzimmer), den die Kinder nicht betreten dürfen und wo Sie sich so richtig wohlfühlen können.

16. Reden Sie, lösen Sie Probleme und planen Sie – im Wohnzimmer. Setzen Sie sich hin, von Angesicht zu Angesicht, ohne die Kinder. Machen Sie nicht das Bett zum Diskussionsforum. Das Bett ist für andere, bessere Zwecke da.

Manche Neugeborenen und ihre Mütter haben beim ersten „Treffen“ Schwierigkeiten, miteinander in Verbindung zu treten. Das Windelwechseln und Füttern will nicht klappen, und sowohl die Mutter als auch das Baby sind verkrampft und unglücklich. Ein mir bekanntes Krankenhaus entwickelte ein Programm, mit dessen Hilfe die Verbindung wieder hergestellt werden sollte – eine wegen seiner Einfachkeit und seiner Symbolkraft für den Prozess des Elternseins wunderbare Maßnahme.

Ärzte, Schwestern und Pfleger hatten erkannt, daß die Mutter und das Baby in einen Teufelskreis geraten waren. Um diesen zu durchbrechen, ließen sie die Mutter sich bequem hinsetzen und postierten den Vater auf einen Stuhl dahinter. Der Vater massierte dann sanft Schultern und Rücken der Mutter, während diese das Baby hielt, streichelte, vielleicht sogar fütterte. War die Mutter alleinerziehend, übernahm einer der Pfleger die Rolle des Vaters; und wenn sich der Vater verspannt oder verlegen fühlte, dann stellte sich noch ein Physiotherapeut hinter ihn und massierte seine Schultern.

Körperliche Berührung beruhigt und kräftigt, sie versetzt Menschen in die Lage, sich aufzuschließen und aus Verspannungen auszubrechen. Das wird so oft vergessen und ist tausendmal besser als Beruhigungspillen!

Über das Dasein als Eltern sind eine Menge übler Gerüchte im Umlauf, Dinge wie: Mit kleinen Kindern hat man keine Zeit für sich selbst; man muß warten, bis sie älter sind, bevor man ausspannen kann; der Partner/die Partnerin muß sich gedulden, die Kinder haben Vorrang. Nichts davon ist wahr – Elternsein soll Spaß machen!

Eltern, die wirklich leiden, legen einfach zu hohe Maßstäbe an und ordnen ihre eigenen Bedürfnisse meistens unter „ferner liefen“ ein:

„Ich versteh' das wirklich nicht, Herr Doktor. Gerade als ich damit fertig war, die Kammer zu tapezieren und für Daniel die dreistöckige Geburtstagstorte zu backen, setzten diese rasenden Kopfschmerzen ein. Können Sie mir etwas dagegen verschreiben, ich muß nämlich schnell wieder nach Hause, um Marlenes Diskokleid zu Ende zu nähen."

Tatsächlich haben Sie nur drei einfache Pflichten als Eltern, und zwar in der nachfolgenden Reihenfolge:

1. **für sich selbst zu sorgen**
2. **für Ihre Partnerschaft zu sorgen**
3. **für Ihre Kinder zu sorgen**

Noch immer ist die Meinung weit verbreitet, daß man als Eltern große Opfer bringen und zum Fußabstreifer werden muß. Kein Wunder, daß sich immer weniger Leute dazu entschließen, Kinder zu bekommen. Dieselben Eltern, die ihre Aufgabe darin sahen, sich zu opfern, hört man im mittleren und hohen Alter sagen „Nach allem, was ich für dich getan habe" und „Wir haben dir die besten Jahre unseres Lebens gegeben". Sie versuchen, mit Schuldgefühlen eine Rechnung einzutreiben, die sie selbst aufgemacht haben.

Das Sorgen für sich selbst, für die Partnerschaft und für die Kinder sollte Hand in Hand gehen.

Wenn Sie sich um sich selbst kümmern, sind Sie glücklicher und bereit, mehr zu geben – Sie geben aus freien Stücken und weil Sie die Kraft dazu haben.

Kümmern Sie sich um Ihre Partnerschaft, so erleben Sie, daß Sie in den Augen Ihres Partners ein geschätzter, attraktiver Erwachsener sind – nicht nur eine Kindermädchen oder ein Brötchengeber. Sie entwickeln ein Gefühl des Sich-Verlassen-Könnens, das Ihnen erlaubt zu entspannen. Sie erhalten dadurch auch den Freiraum zum Weiterwachsen, zum Wandel, der notwendig ist, um auf Dauer an Ihrem Partner interessiert zu sein und auch für ihn interessant zu bleiben.

Wenn Sie sich bewußt sind, daß Sie sich die Elternschaft selbst als eines Ihrer Ziele gewählt haben, wenn Sie sich um sich selbst kümmern, Partnerschaft und Freundschaften pflegen, die Sie unterstützen und Sie an Ihren eigenen Wert erinnern, dann werden Sie Ihren Kindern auch einfacher geben können, dann werden Sie allzeit genügend Energie für Ihre Kinder haben. Ende der Predigt.

Energie sparen mit dem „leisen Neinsagen"

Albert ist zweieinhalb und ziemlich anstrengend. Er ist sehr selbstbewußt und stellt hartnäckig und so lange Forderungen, bis etwas passiert: Sei es, daß er ein Eis am Nachmittag fordert, sei es, daß er stört, während Mami telefoniert, sei es, daß er den glänzenden Laster an der Supermarktkasse haben möchte.

Seine Mutter Bita hat Gott sei Dank endlich herausgefunden, wie sie mit diesem Verhalten umgehen kann. Erstens weiß sie, daß sich Albert in einer ganz normalen Entwicklungsphase befindet, die nicht ewig anhalten wird. Zweitens hat sie gerade die Kunst des „leisen Neinsagens" gelernt und ist unschlagbar geworden!

Sie beobachtet andere junge Mütter im Clinch mit ihren Zweijährigen, sieht, wie sich die Spannungen aufbauen:

WILL HABEN! NEIN!
WILL HABEN! NEIN!

Die Mütter werden wütend, verkrampfen sich, geraten aus der Fassung und glauben, sie müßten das hochrotgesichtige Geschrei ihrer Zöglinge übertrumpfen, um zu obsiegen.

WILL HABEN!

WILL HABEN!

WILL HABEN!

NEIN!! DU KRIEGST ES NICHT!!

Bita jedoch sagt einfach „Nein“, sogar ziemlich leise (sie weiß, daß Kinder ein ausgezeichnetes Gehör haben). Wenn Albert nicht aufgibt, sagt sie noch einmal und genauso leise „Nein“, gleichzeitig entspannt sie ihre Schultern und lockert ihren ganzen Körper (ein Trick, für den sie ein paar Stunden gebraucht hat, um ihn zu erlernen). Wenn Albert anfängt zu schreien, vor allem im Supermarkt, in der Bank oder an ähnlichen Orten, stellt sie sich vor, wie sie ihn am Kragen packen und zum Auto schleifen wird. Gleichzeitig entspannt sie sich noch mehr und lächelt innerlich. Sie beherrscht ihre Gefühle, anstatt sie von Albert kontrollieren zu lassen. Die Versuchung, ihn anzuschreien, kommt gelegentlich zurück, aber die Vorstellung, wie er seinen Sieg genießen würde, läßt sie schnell verblassen.

Bita ist ziemlich erstaunt, daß genau in dem Augenblick, in dem sie das „leise Neinsagen“ wirklich beherrscht, Albert mit dem Herumgezanke aufgehört hat.

Ernährung und Verhaltensreaktionen

Würden Sie die Ernährung Ihrer Kinder umstellen, wenn Sie wüßten, daß S dadurch ihr Verhalten in der Schule beeinflussen können, sie ruhiger un glücklicher wären und damit umgänglicher? Natürlich würden Sie das. Wuß ten Sie, daß schlechte Ernährung von nicht wenigen als eine Hauptursache fü jugendliche Kriminalität angesehen wird? Und wußten Sie, daß dieselbe E nährungsumstellung Ihnen selbst gut tut, Ihnen mehr Energie liefert, Ih Übergewicht reduziert, ohne daß Sie weniger essen müssen?

Manchmal ist es notwendig, zu den grundsätzlichen Dingen zurückzuke ren – und es gibt nichts Grundsätzlicheres als das Essen. Es wird zunehmen erkannt, daß das, was Eltern ihren Kindern zu essen geben, tiefgreifende Au wirkungen auf deren Verhalten haben kann.

Ernähren Sie Ihre Kinder so, daß sie dauerhaft mit Energie versorgt sind.

Nahrungsmittel liefern Nährstoffe für das Wachstum und die Abwehrkräf unseres Körpers; und sie liefern die Energie für physische und geistige Akt vität. Immer mehr Kinder werden heute vollwertig ernährt. Wesentlich ist da bei, daß sie eine Kombination aus Kohlenhydraten und Proteinen be kommen, die eine dauerhafte, den ganzen Tag anhaltende Energieversorgun ihres Körpers gewährleisten.

Eine vollwertige Ernährung vermeidet Ermüdung, fördert die Konzentra tionsfähigkeit und sorgt für Ausgeglichenheit. Vor allen Dingen brauche Kinder Vollkornprodukte, proteinreiche Kost wie Milchprodukte sowie fr sches Obst jeden Morgen zum Frühstück.

Essen, bevor der Energieverbrauch einsetzt.

Mit dem Frühstück sollte der Energievorrat des gesamten Tages angelegt we den. Herzhafte Mahlzeiten am Abend sind zwar nahrhaft, aber hinsichtlic der Energiezufuhr überflüssig. Gut zu essen, bevor wir körperlich und geisti aktiv werden, vermeidet auch Gewichtszunahmen. Wird indes vor dem Schla fengehen gegessen, wird die Nahrung in Fettreserven angelegt.

Vermeiden Sie schnell verbrennende Nahrung.

Zucker und mit raffiniertem Zucker zubereitete Nahrung hat einen be merkenswert unangenehmen Einfluß auf das Verhalten von Kindern. Viele vo ihnen besitzen einfach zuviel Energie nach dem Verzehr solcher Produkte. S reagieren gereizt, hyperaktiv oder oftmals bösartig. Bluttests haben bewiese laß Zuckerprodukte sehr schnell Energiespitzen freisetzen und dann der Blutzucker unter das notwendige Niveau fällt, während der Körper noch mit len Folgen der Energiespitze kämpft.

So erfahren Kinder ein Absacken der Leistungskurve in der Mitte des Vormittags, können sich nicht mehr konzentrieren, werden müde und lassen sich eicht ablenken.

/ermeiden Sie chemische Zusätze, Farb- ınd Konservierungsstoffe.

Farbstoffe und Zusätze im Essen haben komplexe und sehr individuelle Folgen. Immer mehr Kinder reagieren allergisch – in vielen Kindergärten hängen Ernährungspläne, die die Kindergärtner/-innen daran erinnern, welches Kind welche Nahrung nicht zu sich nehmen darf.

Es erscheint seltsam, daß der kindliche Körper auf natürliche Nahrung so reagiert, während dies vor ein paar Jahrzehnten noch nicht zu beobachten war. Sind die Zusätze und toxischen Rückstände in den Lebensmitteln dafür verantwortlich, daß viele Kinder hypersensibel geworden sind? Menschen sind vom Ursprung her Sammler und Jäger, die sich von einfachen, in der Natur vorkommenden Nahrungsmitteln ernähren: Gemüse, Obst, Körner, Fleisch, Fisch, Nüsse usw. Was heute in den Regalen der Supermärkte an konservierten, denaturierten Produkten zu finden ist, dürfte im Zoo nicht einmal an die Affen (unsere nächsten Verwandten) verfüttert werden – sie würden daran eingehen!

Unabhängig davon, wie Ihr Kind auf bestimmte Nahrungsmittel reagiert – worauf Sie ein Auge haben sollten –, einige Lebensmittel sind grundsätzlich problematisch. Der Farbstoff Tartrazin (der für das Gelb in vielen Lebensmitteln sorgt) kann starke Hyperaktivitätsanfälle auslösen. Das Gleiche gilt für Phosphate, die in Nahrungsmitteln wie Würstchen, Hamburgern, Käsescheibletten, Instantsuppen und -soßen zu finden sind.

Das Einfachste und Wirksamste, was man tun kann, ist, den Kindern morgens so viel vollwertige Kohlehydrate und Proteine anzubieten, daß sie einfach keinen Hunger mehr auf sogenanntes „Fastfood" haben. Seien Sie aber nicht zu pedantisch mit dem gesunden Essen. Zwar haben Kinder auch einen besonderen Geschmack, doch oft ist das Essen für sie mehr eine Frage der Stimmung. Gewöhnen Sie Ihre Kinder allmählich und behutsam um.

Im September 1988 berichtete der New Internationalist von einer breitangelegten Studie über 3000 jugendliche Straffällige, deren Rückfallquote sich im Untersuchungszeitraum von zwölf Monaten um 70-80 % reduzierte, sobald ihnen hochwertige Nahrung verabreicht wurde.

Wir bräuchten vermutlich weit weniger Psychologen, Psychiater, ja selbst Polizisten, wenn die Kinder vernünftige Vollwertnahrung zu essen bekämen.

Besondere Situationen

Wie können Pädagogen, Politiker, Verwandte, Freunde und Bekannte helfen?

Wie können Sie als Pädagoge/in, Verwandte/r, Freund/in, Bekannte/r oder Politiker/in Kindern und Eltern helfen?

Wenn Sie im Kindergarten oder in der Volksschule unterrichten

Wenn das Kind in den Kindergarten (ab drei Jahre) kommt oder eingeschult wird, können Sie negative Programmierungen deutlich erkennen. Hier die wichtigsten Anzeichen:

- Das Kind hält sich abseits anderer Kinder, sieht traurig oder überdreht aus, reagiert nicht auf die Freundschaftsangebote anderer Kinder.
- Das Kind beteiligt sich zwar, versucht sich jedoch nicht an einer angebotenen Lernaufgabe oder -aktivität und macht einen ängstlichen oder abgelenkten Eindruck, wenn es einzeln angesprochen wird.
- Das Kind schlägt auf andere Kinder ein oder reagiert unangemessen, wenn es angesprochen wird (lacht, wenn es ermahnt wird) und scheint mit anderen Kindern keinen positiven Austausch zu haben.

Vielleicht gibt es auch in Ihrer Gruppe oder Klasse Kinder, die in eine dieser Kategorien fallen, oder Kinder, die Anzeichen aller drei Kategorien zeigen.

Das traurige und einsame Kind

Vermutlich bekam das traurige und einsame Kind im frühen Kindesalter (0 bis 2) zu wenig Zuneigung, zu wenig Wertschätzung und Bestätigung. Es braucht positive Botschaften, die nicht an erbrachte Leistungen gebunden sind, Botschaften, die es nur wegen seines „Seins“ erreichen, etwa: „Hallo Erich, freut mich, dich zu sehen.“ Eine freundliche Berührung oder Umarmung kann auch zum Gefühl der Sicherheit beitragen – wobei man darauf achten sollte, daß die Sonderbehandlung den anderen Kindern der Gruppe nicht auffällt.

Wendet man das über Tage, eventuell Wochen, an, wird sich das Kind deutlich entspannen und in der Klasse auftauen. In der Regel wird es nun auch selbst Kontakt mit Ihnen aufnehmen, Ihnen seine Arbeiten zeigen, Sie anlächeln, während Sie den Blick über die Klasse schweifen lassen, und so weiter.

Das selbstkritische Kind

Dieses Kind hat zwar im frühen Kindesalter seine Bedürfnisse befriedigt bekommen, war aber vermutlich ununterbrochen verbalen Herabsetzungen ausgesetzt, seit es alt genug war, zu hören (d.h. seit frühestem Kindesalter). Dieses Muster ist oft erkennbar, wenn eine liebevolle Mutter ein zweites Kind bekommt und von da an versucht – oft mehr

nebenbei –, das erste mit vorwiegend negativer Ansprache zu steuern.

Viele Eltern setzen ihre Kinder ganz automatisch herab, nicht selten jedes Mal, wenn sie mit ihnen sprechen – vor allen Dingen dann, wenn sie selbst unter Druck stehen. Die Kinder in dieser Lage (vermutlich eines von zehn Kindern), anworten auf die Frage, warum sie keine neue Aufgabe probieren wollen, deshalb nicht selten: „Ich bin dumm“, „Ich kann nicht“, „Ich bin blöd“.

Geben Sie diesen Kindern konstant positive Bestätigungen. Der Idealfall wäre, Sie könnten beides tun, loben und positive Botschaften nur für das „Sein“ aussenden: „Das hast du aber gut gemacht“, „Wie du dein Bild anlegst, gefällt mir gut“, „Freut mich, dich heute morgen zu sehen“, oder auch nur „Hallo“. Tragen Sie aber nicht zu dick auf – formulieren Sie Ihre Kommentare sachlich, untertreiben Sie eher etwas, damit sie dem Kind nicht peinlich werden.

Sie müssen auch darauf achten, keine demütigenden Äußerungen im Umgang mit diesen Kindern zu verwenden (die diese manchmal geradezu herausfordern). Zur Kontrolle des Kindes sind sachliche Feststellungen und Forderungen eher angebracht als „Du“-Äußerungen: „Hol’ schnell deine Tasche, Anna!“ statt „Anna, du wirst nochmal deinen Kopf vergessen!“

Um langfristig eine Wirkung zu erzielen, brauchen auch die Eltern Unterstützung. Wenn diese Eltern in die Schule kommen, werden Sie vermutlich feststellen, daß sie einen müden, überarbeiteten Eindruck machen, womöglich aufgebracht und defensiv eingestellt sind. Es ist ratsam, eine lockere, freundliche Unterhaltung zu beginnen, bevor man zum Kern der Sache kommt. Das ist besser, als mit der Tür ins Haus zu fallen: „Ihr Kind hat ein Problem!“

Erklären Sie einfach, Sie hätten bemerkt, daß es um das Selbstwertgefühl des Kindes nicht zum besten bestellt sei. Fragen Sie, ob die Eltern das Kind oft kritisieren oder ausschimpfen. Machen Sie klar, daß auch Sie selbst, wenn Sie müde sind, so reagieren, aber daß Sie herausgefunden hätten, daß Kinder sich das in überraschend hohem Maße zu Herzen nähmen.

Eltern dieser Kategorie profitieren am meisten, wenn sie mein Buch lesen. Sie könnten ihnen ein Exemplar leihen!

Das aggressive und sarkastische Kind

Das aggressive, zuweilen sarkastische Kind kann man am besten charakterisieren als eines, das ganz auf ein „negatives" Sozialverhalten eingestimmt ist, das sowohl aggressiv behandelt wird als auch in seinem Umfeld nur negatives Beziehungsverhalten erlebt. Es ist nicht unwahrscheinlich, daß die Eltern dieses Kindes regelmäßig miteinander streiten, ja manchmal sogar handgreiflich werden.

Bemerkenswerterweise wählt sich dieses Kind die Aggression nicht etwa als Mittel der Interaktion aus. Aggression ist vielmehr häufig das einzige Mittel der Kommunikation, das es kennt.

Sehr wichtig zu wissen ist auch, daß dieses Kind anfangs nicht besonders auf Wärme und Lob reagieren wird (ein Versuch lohnt sich aber immer).

Der Lehrer muß zunächst eine Verbindung herstellen, und zwar auf eine Art und Weise, die das Kind versteht: nämlich durch

- **zupackende Kontrolle und**
- **bestimmende Interaktion.**

Das ist natürlich in jedem Fall möglich, ohne das Kind zu demütigen.

Deshalb ist es in den ersten Wochen notwendig, daß Sie zum Beispiel eine feste Hand auf die Schulter des Kindes legen (ohne zu kneifen oder seine Bewegung kontrollieren zu wollen) und deutliche Anforderungen an das Verhalten stellen („Hör' jetzt auf damit und komm' her, um dir ein Buch zu holen", „Setz' dich sofort hin und fang an zu malen") .

Man muß insistieren, um mit einem aggressiven Kind eine tiefergehende Beziehung aufnehmen zu können. Man muß fest bleiben, ohne ärgerlich und gereizt zu werden. Blickkontakt und ein klein wenig Schalk in den Augen, während Sie konsequent bleiben, sind für das Kind ein Signal dafür, daß Sie stark genug sind, es zu bändigen – und dafür, daß es entspannen kann.

Sobald eine Beziehung aufgebaut ist, kann das aufgeschlossene Verhalten des Kindes zusätzlich mit positiven Reaktionen belohnt werden. Dies unterscheidet sich vom Verhalten der Eltern, die ihrem Kind womöglich nur dann Aufmerksamkeit geschenkt haben, wenn es sich aufspielte.

Diese Kinder reagieren oft positiv, wenn ihnen besondere Aufgaben übertragen werden (zum Beispiel „Spielzeugwart") – Rollen, die echte Verantwortung und Privilegien mit sich bringen. Wenn sie „Freundschaft" mit Ihnen schließen, d.h. die Kunst lernen, positive Botschaften auszutauschen, dann lernen sie bald auch, andere Kinder mit einzubeziehen.

Wenn Sie an einer weiterführenden Schule unterrichten

Negativ programmierte Kinder sind in den weiterführenden Schulen nicht zu übersehen. Ja, es ist so, daß in diesen Schulen die negative Programmierung noch verstärkt wird.

Wenn Sie diesen Kindern helfen wollen, oder wenn Sie nur – wegen des eigenen Friedens – gerne wissen wollen, wie Sie problematische Kinder in den Griff bekommen können, dann lesen Sie weiter!

Vielleicht haben Sie schon von dem Gesellschafts- und Kulturkritiker Ivan Illich gehört, der an fast allen Erziehungsinstitutionen der europäisch-amerikanischen Welt kein gutes Haar gelassen hat? Glücklicherweise fällt seine Kritik konstruktiv und kreativ aus, und zuweilen schlägt er vor, wie man einen Konflikt lösen kann! Illich beanstandet, daß die meisten Schulen die Kinder lediglich für die Arbeit in Fabriken vorbereiten (und wenn sie ganz brav sind, für die Bürohochhäuser). Deshalb, sagt er, gleichen unsere Schulen selbst auch Fabriken – in denen die jungen Leute lernen, niemand zu sein, nur das zu tun, was ihnen gesagt wird, und Dinge herzustellen. So schlimm ist es ja nun auch nicht ... oder doch?

Man kann jedoch nicht abstreiten, daß die weiterführenden Schulen schon in ihrer Anlage unmenschlich erscheinen: Riesige Schülerzahlen (mehr als 1000 Schüler an einer Schule sind keine Seltenheit, die Forschung hingegen legt 200 bis 300 nahe) und eine unpersönliche Atmosphäre bedrücken das Klima an der Schule. Die Schüler haben kein eigenes Territorium und wechseln oft die Kurse, können also kaum mit Freunden zusammenbleiben. Eine Beziehung zwischen Lehrer und Schüler kann auch kaum aufgebaut werden. Die Schüler lernen bei so vielen Lehrern, die so viele Kurse unterrichten, daß diese schon Schwierigkeiten haben, sich auch nur an die Namen der Schüler zu erinnern, geschweige denn, sie persönlich so genau zu kennen, daß sie sich auch nur in allgemeinster Weise um sie kümmern könnten. Meine eigenen Untersuchungen haben ergeben, daß die Schüler weiterführender Schulen hauptsächlich unter vier Dingen leiden: dem Lehrstoff, der Demütigung durch die Lehrer,der Einsamkeit und der Aggressivität anderer Kinder.

Im Rahmen dieses Buches beschränke ich mich auf die Erläuterung der letzten drei.

Als Junge besuchte ich eine Highschool (was in etwa einer deutschen Realschule oder einem Gymnasium entspricht) in Melbourne. Der Direktor war ein netter, etwas desorganisierter Mann, der Stellvertreter hingegen ein roher Bursche (später ist mir aufgefallen, daß diese Kombination nicht selten vorkommt).

Eines Tages bekam ich mit, wie ein Junge aus dem Büro des Stellvertreters geworfen wurde und mit dem Rücken an die gegenüberliegende Wand prallte. Heute würde ich (nachdem ich einige Erfahrung auf dem Gebiet gesammelt habe) nicht zögern, Personen wie den Stellvertreter hinter Schloß und Riegel zu bringen.

Betonen möchte ich aber, daß ich gleichermaßen das klammheimliche Einverständnis des Lehrkörpers und das Verhalten einer Schulbehörde, die solche Leute nicht nur einstellt, sondern häufig auch noch befördert, anprangere. Ich kann nur hoffen, daß sich die Dinge seitdem verbessert haben.

Noch eine andere Erfahrung hat meine Meinung über weiterführende Schulen geprägt: Einer meiner engen Freunde, der immer unter den besten in unserer Klasse war, kaufte sich mit dem Abitur und einem Stipendium für die Uni in der Tasche ein Gewehr und brachte sich um, weil er meinte, seine Noten seien nicht gut genug.

Vier Kinder begingen Selbstmord, während ich dort zur Schule ging, und der hervorragendste Schwimmer sitzt zur Zeit im Gefängnis, nachdem er vergeblich versucht hat, von Drogen loszukommen. Wenn ich befragt werde, woher ich die Energie beziehe, mich für eine menschlichere Erziehung einzusetzen, dann sind dies ein paar von Dutzend Geschichten, die ich zur Erklärung anführen könnte.

Sarkasmus und Demütigung durch Lehrpersonal

Sarkasmus und die Erniedrigung eines Schülers sind Symptom dafür, daß Lehrer unglücklich und frustriert sind. Nur wenige haben eine Vorstellung von den Schwierigkeiten, die das Unterrichten von Kindern und Jugendlichen im ausgehenden 20. Jahrhundert mit sich bringt. Nach den Psychiatern rangieren die Lehrer an zweiter Stelle, was arbeitsbedingte physische und geistige Zusammenbrüche betrifft.

Eine große, gesichtslose Schule ist für Lehrer ebenso frustrierend wie für Schüler. Diese Schulen sind oft von einer

Atmosphäre physischer Bedrohung durchdrungen, wozu die Auflösung der Familien und die weiter um sich greifende Arbeitslosigkeit mit den entsprechenden ökonomischen Folgen sicher nicht wenig beitragen. Es sind dies aber auch Orte psychologischer Qual für alle Beteiligten, und wenn vom Staat nichts unternommen wird, um mehr Mensch-

lichkeit und ein echtes pädagogisches Konzept in die Schulen zu tragen, dann wird sich die Situation eher noch mehr zuspitzen.

Sarkasmus und tägliche Angriffe auf Schüler haben zwei Gründe. Zum einen kann der Lehrer dadurch seine innere Anspannung abreagieren; wäre er glücklicher und ausgeglichener, würden solche Ausbrüche nicht vorkommen. Zum anderen ist die Disziplin eine beständige Sorge, und Sarkasmus bringt die Kinder dazu, sich zu betragen – jedenfalls kurzfristig.

Jeder verliert einmal seine Beherrschung und fällt dann aus der Rolle. Kinder können damit umgehen. Was sie jedoch verletzt, ist permanente Kritik. Ein Lehrer, der grundsätzlich keine Kinder mag und sich an ihnen nicht erfreuen kann, sollte seinen Beruf wechseln.

Einsamkeit

Isolation ist vor allem an weiterführenden Schulen ein sich epidemisch verbreitendes Phänomen. Schauen Sie sich einmal auf einem Pausenhof genauer um. Einige Schüler stehen offensichtlich alleine herum und finden keinen Anschluß. Die Mehrheit der Schüler findet sich wohl zu Cliquen und kleinen Gruppen zusammen, doch innerhalb dieser Gruppen findet kaum Interaktion statt – man trottet so nebeneinander her.

Häufig sind Jungen toleranter, wenn sich jemand der Gruppe zugesellt, Mädchen tendieren dazu, sich fester in eine Gruppe einzubinden und andere auszuschließen. Das ist auch der Grund, weshalb man Mädchenpaare sieht, die einfach aus gegenseitiger Einsamkeit zusammenbleiben, manchmal ohne ein Wort zu wechseln.

In der Klasse werden Sie feststellen, daß einige Kinder nicht einmal zu einer einfachen Konversation fähig sind. Sie sind nur in der Lage, ein, zwei Worte zu murmeln und würden nie ein Gespräch von selbst beginnen. Kommunikation und Kontakt zu anderen sind aber lebensnotwendig. Deutschlehrer und Sprachtherapeuten sollten diese Fähigkeiten mit den Betroffenen trainieren; Theaterkurse sind oft sehr hilfreich.

Einsame Kinder fallen kaum auf; ihre aggressiven und lärmenden Kameraden haben es insofern besser, als sie zumindest etwas von der Aufmerksamkeit erhalten, die sie suchen. Es bedarf womöglich eines zweiten Blickes, um in einer Klasse die Einsamen auszumachen, fraglos aber gibt es sie dort. Die zwei oder drei einsamen Kinder, die in jeder Klasse sind, sollten „Vorrang“ haben, bewußt kontaktiert und integriert werden – ohne daß die Aufmerksamkeit der Klasse auf sie gelenkt wird. Jede Anstrengung, den Schulalltag zu vermenschlichen – sei es, daß man einen Schülerraum einrichtet oder eine Schülergruppe bei sich zu Hause bildet, Ausflüge unternimmt, Ferienlager organisiert und den Unterricht bewußt auf soziale Kompetenz, zwischenmenschliche Beziehungen und Selbstwertgefühle ausrichtet – ist von ungeheurem Wert. Die Schule ist für viele Kinder die letzte Chance, dem Negativprogramm ihres Lebens zu entkommen.

Demütigung und Aggression unter Kindern

Der schon legendären Grausamkeit unter Kindern wird meist auf kontraproduktive Art begegnet. Und wie immer weisen Gewaltausbrüche von Jugendlichen eher auf Fehlentwicklungen in der Welt der Erwachsenen hin, als daß sie speziell in der Kinderwelt begründet wären. Allgemein erdrückende Verhältnisse in der Schule und zu Hause führen dazu, daß die „Opfer" sich gegenseitig an den Kragen gehen.

Das war schon immer so: Ließen sich früher die Fürsten an den Rittern aus, gaben es die Ritter an die Bauern weiter, und die Bauern, denen wenig Möglichkeiten zur Revolte zu Verfügung standen, ließen es mangels Alternative aneinander aus. Eine ähnliche Dynamik herrscht auch an der Schule: Die Maßregelung gewalttätiger Schüler durch die Schulbehörden erhöht nur die Spannung und führt zu noch mehr Gewalt im System.

Gäbe man den Lehrern vernünftige pädagogische Mittel an die Hand und unterstützte sie mehr, so könnten diese ihre Schüler konsequent erziehen, ohne deren Selbstwertgefühl anzutasten. Dann würde auch die Gewalt unter Kindern abnehmen. Die materielle Ausstattung von Schulen ist wichtig, doch im Vergleich mit der Art, wie die Menschen miteinander umgehen, von ganz oben bis ganz unten, nebensächlich.

Die Schule ist – trotz allem – normalerweise nicht das größte Problem für die Kinder, sie trägt aber nicht unerheblich zur Verschleierung der eigentlichen, persönlichen Misere bei.

Eine Studie des Beirats für Erwachsenenbildung in Melbourne zeigt auf entlarvende Weise, daß erwachsene Analphabeten fast durchgehend bereits Anpassungsprobleme gehabt hatten, bevor sie überhaupt eingeschult wurden. Das Schulsystem jedoch versagte dabei, diesen Kindern die Angst zu nehmen und ihr fehlendes Selbstwertgefühl aufzubauen, was zum Handikap für ihre Lernfähigkeit wurde. Daß das Schulsystem versagt, ist natürlich keineswegs dem einzelnen

Lehrer zur Last zu legen. Der Fehler liegt im System, die Schule ist zur „Fabrik" entartet: Horden von über 30, manchmal sogar 40 Kindern gleichzeitig zu unterrichten ist eigentlich nicht möglich. In der Geschichte sucht man vergebens nach Beispielen einer Kultur, die in der Art, wie wir es heute tun, die nachwachsende Generation unterrichtet hätte. Von den australischen Aborigines bis hin zu den alten Griechen wurden die Kinder einzeln oder in Kleinstgruppen unterrichtet – und es gab wenige sogenannte Versager und keine Aussteiger.

Fazit

Kein Lehrer, und sei er noch so mit dem Herzen dabei, kann 30 Kindern gleichzeitig die psychologische Unterstützung und die Motivation vermitteln, die sie brauchen, um gut lernen zu können.

Der Tag kommt hoffentlich bald, an dem wir unser Erziehungssystem neu bewerten, an dem wir erkennen, daß wir unsere Schulen mit pädagogisch und psychologisch besser geschulten Lehrern wappnen müssen, damit jedes Kind zu seinem Recht kommt und tatsächlich eine Chance hat, gebildet zu werden. Bis dahin bleibt die Schule ein Ort, an dem mit ungleichen Mitteln gekämpft wird und an dem viele auf der Strecke bleiben.

Da Sie jedoch ein motivierter Lehrer sind (sonst hätten Sie nicht bis hierher gelesen) und das Beste für Ihre Schüler wollen, sollten Sie folgende Regeln beherzigen:

- Verbannen Sie jede Form der Demütigung aus Ihrem Klassenzimmer, versuchen Sie stattdessen, die Kinder bestimmt und konsequent zu leiten.
- Widmen Sie sich den problematischen und verhaltensauffälligen Kinder besonders, ohne sie herauszustellen.
- Achten Sie darauf, daß Sie selbst genug Streicheleinheiten und Anerkennung erhalten und damit ausgeglichen auf Ihre Schüler zugehen können.

Politiker oder Personen, die sich auf kommunaler Ebene engagieren

Eine Familie bildet keine Insel. Intakte Familien können nur in einer Gesellschaft existieren, die ihren Bedürfnissen Rechnung trägt. Die Gesellschaft kann man als einen gigantischen Sozialverein ansehen, dem wir alle Mitgliedsbeiträge entrichten und von dem wir im Gegenzug Leistungen zurückerhalten.

Dieser Sozialverein funktioniert nicht immer reibungslos. Er ist vielmehr ziemlich chaotisch organisiert, denn seine Mitglieder haben deutlich unterschiedliche Interessen und sind beständig bemüht, den Lauf der Dinge zu ihren Gunsten zu beinflussen. Wir müssen hart arbeiten, um einen gerechten Anteil vom Kuchen abzubekommen. Zugleich müssen wir so kooperativ sein, daß der Verein fortbesteht.

Für Eltern heißt das, daß sie sich mit der Gesellschaft auseinandersetzen müssen, um ihren Kindern einen ausreichenden Anteil zu sichern. Eltern müssen sich also nicht nur nach „innen“ orientieren und das Familienklima verbessern, indem sie die Kinder erziehen und sich um den Partner bemühen. Sie müssen sich auch nach „außen“ wenden, indem sie sich in Elternbeiräten und Nachbarschaftshilfen engagieren oder sich politischen, religiösen oder anderen Organisationen verschreiben.

Jeder einzelne muß seinen Teil zum Funktionieren der Gesellschaft beitragen: Eltern, die sich völlig heraushalten, die am Gemeinschaftsleben nicht teilnehmen, riskieren womöglich, wie Schafe in einem zunehmend totalitären Staat herumgescheucht zu werden. Eltern, die sich allerdings politisch einseitig engagieren, sei es beruflich oder anderweitig, vernachlässigen unter Umständen auch ihr Familienleben und werden zunehmend entmenschlicht.

Dieses Buch handelte von der „Orientierung nach innen“, dem Leben der Familie und in diesem kurzen Kapitel davon, wie wichtig es ist, sich auch um das Ganze, die Gesellschaft, zu kümmern. Die Zeichnung auf Seite 178 zeigt etwas, was manchmal als Sozialvertrag bezeichnet wird, zeigt, was wir für unsere Mitgliedschaft in der Gesellschaft erhalten.

Jede Familie stellt ihre Arbeitskraft zur Verfügung, zahlt Steuern und trägt auf vielfältige Weise zur Gestaltung des Gemeinwesens bei. Ja, es ist so, daß die millionenfach multiplizierte Familie die Gesellschaft bildet. Dennoch stellen Familien immer wieder fest, das sie ihren gerechten Teil nicht abbekommen – dies kann eine schlechte oder zu teure Gesundheitsversorgung sein, eine Einschränkung der Sozialeinrichtungen und -leistungen oder die Tatsache, daß sich für Jugendliche kein Arbeitsplatz findet. Deshalb ist es notwendig, daß Familien für ihre Bedürfnisse kämpfen.

Dutzende meiner Seminare hatten zum Thema, welche Rechte Eltern haben, und immer wieder stellte sich heraus, daß viele Eltern mit den Schulen, dem Gesundheitswesen, der Stadtverwaltung und vielem anderen unzufrieden sind. Selbst wenn man die menschliche Neigung zum „Beschweren" abzieht, war doch allzu deutlich, wie ohnmächtig und benachteiligt sich Eltern von der sie umgebenden Gesellschaft und von den „Behörden" im besonderen fühlen.

Auch in diesem Bereich sollte man „mit Bestimmtheit für die eigenen Interessen eintreten". Ich habe versucht, Eltern in Rollenspielen für den Umgang mit ausweichenden Ärzten, unverschämten Beamten, herablassenden Lehrern und so weiter zu schulen. Ich spornte die Eltern an, ihre Interessen als Verbraucher durchzusetzen.

Oftmals ist es angebracht, sich zu organisieren, um etwas zu erreichen, da Einzelstimmen kein Gehör finden. Viele Bürger engagieren sich deshalb in Interessengruppen und Bürgerbewegungen wie Umweltorganisationen, Elternorganisationen an Schulen, Einkaufsgemeinschaften für biologische Kost und vielen anderen.

Politiker sollten, anstatt über Politikverdrossenheit zu jammern, diesen Trend begrüßen, da er den Weg zu echter, teilhabender Demokratie weist und außerdem in den isolierenden und anonymen modernen Großstädten eine billige Alternative für die Entwicklung des Gemeinwesens bietet. Selbsthilfegruppen, von Elterninitiativen und Müt-

WOHNUNGSBAU, NAHRUNGSMITTEL-, WASSER-, GAS-, BRENNSTOFF-, ELEKTRIZITÄTS-VERSORGUNG, TELEFON
ÖFFENTLICHE SICHERHEIT UND ORDNUNG, NATIONALE VERTEIDIGUNG
VERKEHRSWEGE, KANALISATION, GESUNDHEITSWESEN
FREUNDSCHAFT, SOZIALE EINRICHTUNGEN, INFORMATION
FREIZEIT-, UNTERHALTUNGS-ANGEBOTE, ERZIEHUNGS-EINRICHTUNGEN
DANKE SCHÖN!

tergruppen über den Zusammenschluß Alleinerziehender bis hin zu den Anonymen Alkoholikern, leisten einen bemerkenswerten Beitrag zum gesunden Miteinander in einer Gesellschaft.

Zweifellos brauchen Familien an erster Stelle materielle Sicherheit. Unter einer bestimmten Einkommensschwelle ist es schwer, glückliche Kinder aufzuziehen. Grundsätzlich aber benötigen Familien mehr als genügend Geld. Ist für angemessene Unterkunft und ausreichende Ernährung gesorgt, profitieren die Menschen am meisten davon, wenn sie mit anderen in Beziehung treten können und einer Beschäftigung nachgehen, die sie sich selbst ausgesucht haben. Oft hört man, daß „Eltern sich nicht engagieren wollen". Diese Klagen kommen oft von Leuten, die langweilige Predigten über Kindererziehung halten!

Schauen Sie sich dagegen den enormen Erfolg von Kaffeefahrten oder Parties an, auf denen man Plastikdosen kaufen kann! Die Menschen möchten nicht belehrt werden, sondern sich in freundlicher, gleichberechtigter Atmosphäre mit anderen treffen – auf das Risiko hin, den Schrank voller Plastikbecher und -dosen zu haben! Es ist traurig, daß solche belanglosen Zusammentreffen oft das einzige Mittel sind, um das Bedürfnis nach Zugehörigkeit zu einem Gemeinwesen und nach Austausch zwischen Menschen in einer oftmals anonymen Umgebung zu befriedigen.

Das beste Argument für die – staatliche, kommunale – Unterstützung von Bürgerinitiativen ist die Kostenersparnis für das gesamte Gemeinwesen. Ein Freund von mir organisiert Selbsthilfegruppen für Menschen, die einen Nervenzusammenbruch gehabt haben oder von einem bedroht sind. Wenn er zwei Menschen davor bewahrt, innerhalb eines Jahres stationär behandelt werden zu müssen, hat er dem Staat bereits die Kosten für sein Gehalt eingespart. Es bedarf kaum der Erwähnung, daß er und ähnliche Gruppen weitaus mehr als nur das erreichen.

Eine großangelegte Studie in den USA sollte herausfinden, warum einige Jugendliche trotz zerbrochener Familien und schlechter Wohnbedingungen gesetzestreu und produktiv blieben, während andere straffällig wurden. Es stellte sich heraus, daß die gesetzestreuen Jugendlichen Zugang zu Erwachsenen außerhalb ihrer Familien hatten, die sich um sie kümmerten, sie unterstützten und freundlich aufnahmen. Meistens, wenn auch nicht in allen Fällen, war das irgendein Verein, den ein engagierter Erwachsener leitete.

Zusammenfassung

Als Eltern können Sie nicht umhin, sich öfters in Gruppen und Situationen außerhalb Ihrer vier Wände zu engagieren. Wenn Sie die Interessen Ihrer Familie wahrnehmen und Ihren Kindern eine lebenswerte Zukunft sichern wollen, bleibt Ihnen nicht erspart, aktiv für Ihre Interessen einzutreten (aus gutem Grund finden sich viele junge Eltern in Umwelt- und Friedensgruppen).

Wenn Sie sich im Gemeinwesen engagieren, sei es als Sekretärin eines Mütterzentrums oder als Abgeordneter in einem Parlament, dann ist es wichtig, daß Sie sich bewußt machen, wie sehr jede Familie auf ein soziales Umfeld angewiesen ist. Familien sollten die zwanglose Gelegenheit haben, miteinander in Beziehung zu treten, sich zusammenzuschließen.

Jede Einrichtung, die den Kontakt von Familien untereinander ermöglicht, wird den sozialen Frieden sichern und zu einer künftig glücklicheren und mehr auf sich selbst bauenden Gesellschaft beitragen. Für alle öffentlichen Ausgaben sollte denn auch die Maxime gelten, „Vorsorgen ist besser als Heilen“.

Wenn Sie Großvater/-mutter, Nachbar/in oder ein/e Freund/in sind

Elternschaft kann ein einsames Geschäft sein. Oft bemerken nur die Menschen, die in der Nähe wohnen oder zur engeren Familie gehören, wie sich Spannungen aufbauen und Demütigungen zwischen Eltern und Kind zunehmen. Dennoch ist es schwierig, in dieser Lage Hilfe anzubieten, ohne den Betroffenen zu nahe zu treten. Lassen Sie mich deshalb ein paar Vorschläge machen.

Praktische Hilfe

Die einfachste Art zu helfen ist das Babysitten. Viele junge Eltern sind allein dadurch erschöpft, daß sie ohne Pause als Eltern zur Verfügung stehen und womöglich noch arbeiten müssen. Ein paar Stunden Pause können lebensrettend sein, dennoch zögern viele Eltern, andere um Unterstützung zu bitten. Deshalb sollten Verwandte und Freunde von sich aus hin und wieder ihre Dienste als Babysitter anbieten. Sagen Sie gelegentlich aber auch: „Nein, diese Woche kann ich nicht", damit die Eltern wissen, daß Sie „Nein" sagen können und Ihre Hilfe nicht selbstverständlich ist! Geholfen ist den Eltern auf jeden Fall. Eine ältere, resolute Bekannte von mir hütet die Kinder einiger junger Eltern in der Nachbarschaft, allerdings nur unter der Bedingung, daß diese die freie Zeit für die eigene Entspannung nutzen – eine sehr bestimmende Idee, aber eine effektive Art der Hilfe.

Materielle Unterstützung ist das nächste Thema. Kinder aufzuziehen ist sehr kostenaufwendig, und es scheint so, daß viele Eltern erst wieder Geld übrig haben, wenn die Kinder aus dem Haus sind. Früher profitierten junge Eltern vom kollektiven Besitz der Familie. Heute ist jede Familie auf sich selbst gestellt. Wenn Sie Kinderwagen, Kindersitze, Kleidungsstücke und andere nützliche Dinge für wenig Geld oder gar umsonst weitergeben, dann können Sie mancher jungen Familie helfen.

Freundschaft

Nichts kommt der herzlichen, unvoreingenommenen Bereitschaft eines Freundes gleich, der zuhören kann und möchte. Im Laufe der Zeit sammeln sich bei allen Eltern

Spannungen und Sorgen an, die mit Hilfe eines wohlwollenden Zuhörers oft dammbruchartig heraussprudeln. Nehmen Sie sich Zeit, hören Sie zu und stellen Sie Fragen, und seien Sie nicht voreilig mit Rezepten und Vergleichen zur Stelle. Dann werden Sie selbst beobachten können, wie sich das Gesicht der Mutter oder des Vaters schon beim Erzählen entspannt.

Predigen, belehren, urteilen, vergleichen, kritisieren oder bewerten Sie nicht! Wenn Sie auch meinen, „älter und weiser" zu sein, dann beherrschen Sie sich, lächeln Sie

und warten Sie geduldig ab. Ratschläge können auf manche wie ein Schlag gegen das Selbstwertgefühl wirken, vor allem, wenn sie nicht um Rat gefragt haben. Auch wenn es ein „guter" Ratschlag ist, hat er den unangenehmen Nebeneffekt, daß sich die Person dadurch klein fühlt. Glauben Sie mir!

Wenn Sie die Eltern der jungen Eltern sind, sollten Sie noch zurückhaltender sein und nicht versuchen, noch immer zu erziehen und das nachzuholen, was Sie, als Ihre Kinder zwölf Jahre alt war, versäumt haben. Wenn Sie es dennoch nicht lassen können, dann werden Ihre Sprößlinge so tun müssen, als ob sie zurechtkämen, wann immer Sie anwesend sind – eine zusätzliche Belastung für sie.

Zusätzliche Eltern

Erwachsene brauchen Freunde und sie brauchen positive Rückmeldungen. Margaret Mead hat einmal gesagt, daß kleine Kinder und Großeltern deshalb so gut miteinander auskommen, weil sie einen gemeinsamen Feind haben! Kinder brauchen neben ihren Eltern andere Erwachsene als Freunde und Vertraute, die ihnen in den Zeiten, in denen die Eltern zu überlastet sind, um freundlich zu reagieren, Anerkennung und Zuneigung geben. Selbst die gräßlichsten Großeltern haben ihren Wert allein deshalb, weil sie Mami und Papi im Vergleich doch zu recht netten Leuten machen! Andererseits kenne ich viele Menschen, die eine im übrigen unerträgliche Kindheit nur deshalb durchgestanden haben, weil es eine ältere Person in der Nähe gab, die ihnen Sicherheit gab.

Wenn die Familien in ein Netz von Freunden und Nachbarn eingebunden sind und wenn Menschen aller Generationen Umgang miteinander haben, dann brauchen wir keine Psychologen oder Wohlfahrtseinrichtungen, denn dann können wir allumfassend für uns selbst sorgen.

Der Brief einer Mutter

Lieber Steve,

ich bin ziemlich nervös, weil ich über mich selbst schreiben soll, und ich weiß, daß bald viele Leute meine Worte lesen werden. Aber ich will etwas beitragen, was anderen hilft, weil wir Eltern immer zusammenhalten müssen.

Vor einem Jahr war unsere Familie in einer furchtbaren Verfassung. Zwei Mal hatte ich fast unsere kleine Gayle erschlagen, die heute drei ist. Mein Mann Dave und ich redeten nie miteinander, ohne daß daraus ein Streit wurde, und Peter, der erst sechs ist, hatte bereits Probleme in der Vorschule. Als Letztes wollte ich in dieser Lage auch noch irgendeinem Experten zuhören, damit der uns sagt, was wir tun sollen.

Dr. P. sagte, ich würde schon zu viele Beruhigungspillen nehmen, und daß ich andere Hilfe brauche, um entspannen zu können. Ich stand so unter Drogen, daß er mich nicht mehr Auto fahren lassen wollte. Dann gab er mir Deine Adresse und sagte, daß man mit Dir gut reden könne, und, obwohl ich meine Zweifel hatte, rief ich Dich an, um einen Termin auszumachen.

Ich war überrascht, als Du sagtest, Dave solle mitkommen. Die Idee gefiel ihm gar nicht, er behauptete, daß er keine Zeit hätte, daß ich diejenige sei, die Probleme mit den Kindern hätte, nicht er – er kommt immer gut mit ihnen aus. Aber du hattest darauf bestanden, daß er mitkommt, also kam er mit. Als wir ins Zimmer kamen, dachte ich: Wer ist denn dieser Typ, der schaut ja wenig älter aus als ich oder Dave, was kann der schon wissen?

Deine Fragen waren so seltsam, daß ich am liebsten gleich wieder gegangen wäre. Was passiert in deinem Körper, wenn die Kinder aufdrehen? Wann merkst du, daß du blockierst – was ist das erste Warnsignal? Und die gleichen Fragen an Dave, was er fühle, wenn wir uns streiten. Was er meine, wie es weitergehen solle? (Daves Antworten waren eine Überraschung, Dave spricht sonst nicht viel über seine Gefühle. Vielleicht fiel es ihm in dieser Situation leichter, weil ein anderer Typ dabei war).

Daves Mutter hat ihn immer fertiggemacht, tut es heute noch, aber mir war nicht klar, daß es ihn so stark verletzt. Er hat sich mittlerweile ganz schön verändert, als ich letzte Woche auf ihn losgehen wollte, sagte er einfach: „Hör' auf rumzukeifen, Frau", und hat mich in den Arm genommen! Was konnte ich da noch sagen?

An meine eigene Kindheit wollte ich nie gerne zurückdenken, was hat das denn mit heute zu tun, dachte ich (obwohl ich den Verdacht hatte, daß es sehr viel damit zu tun hat!). Meine Eltern gehörten nicht zur zärtlichen Sorte. Mami war meistens krank, ich hatte immer das Gefühl, eine Last zu sein. Oft hatte ich das Gefühl, ein Schraubstock sei um meinen Kopf gespannt – das gleiche Gefühl, das ich später hatte, wenn mir die Kinder zuviel wurden. Eine Verbindung war mir aber nie aufgefallen.

In Deinem Brief fragst du, ob ich mich an etwas erinnern kann, was uns genutzt hat. Dieser erste Abend im Zentrum schlug ein wie eine Bombe. Gerade als ich dachte, wir wären fertig, fragtest Du: „Hast du das Gefühl, daß du irgendwann deine Kinder verletzten könntest?" Was für eine Frage, so aus dem Nichts heraus!

Ich sagte: „Ja, manchmal schon!" Ich dachte, jetzt ist es passiert, jetzt werden sie mir die Kinder wegnehmen. Fast hätte ich Dich angelogen, aber ich glaubte nicht, daß Du Dich hättest täuschen lassen. Dann sagtest Du: „Wie lange könntest du mit mir einen Vertrag schließen, sie nicht zu schlagen?" Alles mögliche schoß mir durch den Kopf, wie konnte ich das voraussagen? Was war, wenn sie sich wirklich schlimm aufführten?

Endlich sagte ich: „Vielleicht eine Woche?" Du fragtest: „Vielleicht?" „Eine Woche," sagte ich, jetzt bestimmter. Dann sagtest Du: „Okay, ich sehe euch, bevor die Woche 'rum ist". Ich weiß nicht warum, aber in dem Moment fing ich an zu weinen. Dave und ich gingen nach Hause, und wir redeten die ganze Nacht.

Und das war nur der Anfang. Viele andere Sachen haben seitdem geholfen. Wenn ich das Gefühl hatte, ich müßte den Kindern eine Ohrfeige verpassen, ging ich schnell spazieren, ich erinnere mich sogar, daß ich sie einmal anschrie, ihnen befahl, sitzen zu bleiben, und dann wie eine Wilde auf die Matraze im Schlafzimmer einschlug.

Irgendwann brachte ich den Mut auf, die Nachbarin zu fragen, ob sie babysitten würde. Ich traute mich, Dave zu sagen, was mir richtig guttut (ich will hier aber keine Details ausbreiten!).

Zwischendurch, als Dave seinen Job verlor, ging es ziemlich schlecht. Wir machten bei den „Anonymen Eltern" mit, lernten, was Demütigungen und positive Streicheleinheiten sind und all die anderen Sachen. Ich wünschte, meine Eltern hätten davon gewußt. Ich fand heraus, daß ich nicht die einzige auf der Welt war, die Probleme mit ihren Kindern hatte. Eines Tages verfütterte ich meine letzten Valiumtabletten an die Hühner des Nachbarn. Was haben wir gelacht!

Es ist immer noch schwer, manchmal, aber ich fühle mich wie neugeboren im Vergleich zu damals, und die Kinder sind viel besser heute. Das sagen mir auch andere Leute.

Also, was bleibt mir anderes zu sagen als .... danke!

Ich weiß, daß du mich deshalb aufgefordert hast, diesen Brief zu schreiben, weil ich gerne schreibe und weil andere Menschen etwas davon haben könnten. Ich hoffe, ich habe es richtig gemacht und sende meine allerbesten Wünsche an all die anderen Eltern, die glauben, sie seien die schlechtesten auf der Welt.

Paßt auf euch auf!

In Liebe,
Judy

Nachwort

Nur Eltern, die sich Gedanken über die Erziehung ihrer Kinder machen, lesen auch Bücher zum Thema. Während der Lektüre dieses Buches haben vermutlich einige Passagen sofort „ins Schwarze getroffen", andere waren nicht so wichtig, andere gar uninteressant.

Wahrscheinlich haben Sie einige Teile ausgelassen, dafür andere um so genauer gelesen. Das ist gut so, denn das Buch wurde so aufgebaut, um genau auf diese Art und Weise benutzt zu werden; deshalb findet man auch ein Schlagwortverzeichnis zu den wichtigsten Themen am Anfang und ein Register am Ende des Buches. Die Abschnitte, die auf Ihre Situation und auf Ihre Kinder zutrafen, haben Sie, nachdem Sie das Buch aus der Hand legten, zum Nachdenken angeregt. Manchmal bemerkten Sie sogar, daß Sie inzwischen die Dinge anders ausdrückten, daß Sie sich leichter und weniger verkrampft fühlten im Umgang mit Ihren Kindern.

So geschehen Veränderungen! Wir können uns bewußt darum bemühen, oder wir können neue Ideen einfach einsickern lassen.

Manchmal werden Sie einige Abschnitte noch einmal lesen wollen und dabei Dinge entdecken, die Sie beim ersten Durchgang nicht bemerkt haben; weil Sie nach dem ersten Lesen Fortschritte gemacht haben und nun mehr aufnehmen können. Sie können das Buch wieder zur Hand nehmen, wenn Sie sich deprimiert oder blockiert fühlen – es wird Ihnen helfen, sich aus dem Gefühl, daß die Situation verfahren sei, zu lösen.

Sie werden häufiger sogenannte „Ich-Botschaften" („Ich will, daß du ...") statt hypnotisch wirkende Herabsetzungen anwenden, wenn Sie mit Ihren Kindern sprechen. Womöglich denken Sie mehr über Zärtlichkeit und auch positive Aufmerksamkeit nach. Oder es ist das aktive Zuhören, das Sie Ihren Kindern näher bringt. Bestimmt aufzutreten mag eine ganz neue Erfahrung für Sie sein! Oder Sie arbeiten weiter daran, Ihrer Familie die Struktur zu geben, die Sie sich wünschen.

Manchmal werden Sie meinen, daß sich nichts verändert hat – alles scheint so schwierig zu sein wie zuvor. Und eines anderen Tages wird Ihnen klar, daß Sie und Ihre Kinder, und die Menschen um Sie herum, viel, viel glücklicher geworden sind. Echter Fortschritt kommt wie die Gezeiten – in Wellen. Lernen Sie, darauf zu vertrauen.

Leseempfehlungen

Wenn Ihnen dieses Buch gefallen hat, möchte ich Ihnen ein paar weitere nennen, die sich mit Kindern und Eltern befassen. Vielleicht helfen sie Ihnen weiter:

James, Muriel/Jongeward, Dorothy, Spontan leben, Hamburg 1986
Gordon, Thomas, Familienkonferenz, Hamburg 1989
Dobson, James, Anti-Frustbuch für Eltern, Kehl 1993
Liedloff, Jean, Auf der Suche nach dem verlorenen Glück: gegen die Zerstörung unserer Kindheit, München 1998
Satir, Virginia, Familienbehandlung, Freiburg 1997
Schiff Jacqui, Lee, Alle meine Kinder, München, 1990

Inzwischen sind in Deutschland einige weitere Bücher erschienen, in denen ich näher auf Themen eingehe, die im **Geheimnis glücklicher Kinder** nur kurz angesprochen sind: Was Väter (und Männer) zur Erziehung betragen können, behandle ich in **Männer auf der Suche;** wen besonders die Erziehung von Jungen interessiert, findet vieles in **Jungen! Wie sie glücklich heranwachsen;** zu Fragen der Disziplin und wie wir unseren Kindern unsere Liebe auch zeigen können, finden Sie Antworten in **Weitere Geheimnisse glücklicher Kinder.** Was Paare und auch Eltern tun können, daß ihre Beziehung langfristig hält, versuche ich in dem 1999 erschienenen Buch **Wie die Liebe bleibt** darzulegen. Alle diese Bücher sind ebenfalls im Beust Verlag erschienen.

Viel Spaß bei der Lektüre!

Weiterführende Hinweise

Wer beruflich mit Kindern arbeitet

Die Hauptthese dieses Buches ist einfach: Für das Wachstum und die Entwicklung der Kinder ist in vieler Hinsicht entscheidend, was wir zu ihnen sagen und wie wir es ihnen sagen. Wie Kinder auf diese Weise beeinflußt werden, ist im ersten Kapitel beschrieben. Überraschend ist die Tatsache – die Medizinern wohl, der allgemeinen Öffentlichkeit aber kaum bewußt ist –, in welchem Umfang diese Beeinflussung auf hypnotischer Grundlage geschieht, ohne daß sich Eltern oder Kinder dessen gewahr würden.

Dieses Buch habe ich in der Absicht geschrieben, Eltern dabei zu helfen, das, was ich „Demütigungs-Erziehen" genannt habe, zu erkennen und zu vermeiden: nämlich den Gebrauch von zerstörerischen Botschaften, um die Kinder zu steuern. Alle folgenden Kapitel bieten deshalb Alternativen zum „Demütigungsstil" an. Eltern soll praktische Hilfe an die Hand gegeben werden, wie sie diesen Stil aufgeben können.

Wer beruflich mit Kindern arbeitet, wird viele Grundannahmen dieses Buches wiedererkannt haben. Für diejenigen, die bestimmte Ideen zurückverfolgen oder ihre Implikationen für bestimmte Familien und Kinder weiter erforschen möchten, folgt eine kurze Zusammenfassung der jedem Kapitel zugrundeliegenden Quellen.

Die Psyche prägen

Die Bedeutung des „Aufnehmens" von elterlichen Botschaften in der Kindheit wurde als erstes von Eric Berne erkannt und ist ein wesentlicher Bestandteil einer Therapie, die als Transaktionsanalyse bekannt ist. Robert und Mary Goulding kategorisierten zehn grundsätzliche „Tu-nicht-Botschaften" und fanden heraus, daß negative Programmierungen nicht nur „passiv" empfangen werden (wie Berne noch geglaubt hatte), sondern tatsächlich zu einer unbewußten Kooperation seitens des Kindes führen. Die Botschaften bleiben „aktiv", mit der Folge, daß dadurch die Lebenschancen des Erwachsenen erheblich beeinträchtigt werden. Diese Programmierungen zu identifizieren und ins Bewußtsein zu bringen, ist das Ziel der sehr wirksamen "redecision therapy" (wörtlich „Neuentscheidungstherapie") .

Gedemütigte und/oder verhaltensgestörte Kinder werden in der Regel selbst dann keine positiven Botschaften annehmen, wenn sie in ein fürgsorgliches Umfeld gegeben werden. Jacqui und Aaaron Schiff haben jedoch demonstriert, daß Kinder mit intensiver Fürsorge und starker Führung „nochmals erzogen" werden können (sogenanntes "reparenting").

Das Konzept von „zufälliger Hypnose" beruht auf dem Werk von Milton Erikson. Vor allem seine Schüler Richard Bandler und John Grindler haben deutlich gemacht, wie dieser Vorgang funktioniert und wie er bewußt eingesetzt werden kann. Die ethischen Fragen, die dadurch aufgeworfen werden, sind auch weiterhin Gegenstand intensiver Debatten.

„Du-Botschaften" wurden unter dieser Bezeichnung im Rahmen des außergewöhnlich erfolgreichen Buches *Familienkonferenz* von Thomas Gordon bekannt. Als „Attribute" werden sie in nahezu jeder Schrift zum Thema Familientherapie diskutiert, zum Beispiel in den Büchern von Virginia Satir, Jay Haley, R.D. Laing usw.

Was Kinder wirklich wollen

Das frühe Werk von René Spitz und John Bowlby, die die Symptome des Hospitalismus und Marasmus beobachteten, hat zu dem Konzept von „Streicheleinheiten" geführt. Das gesamte Gebäude der Verhaltensmodifikation baut auf der Vorstellung „Was du streichelst, das bekommt du auch" auf. Die Arbeiten von Amelia Auckett über Babymassage sind eine gute Einführung für das zärtliche Elternsein.

Heilen durch Zuhören

Die Vorstellung des „aktiven Zuhörens" entwickelte sich aus dem Beratungsstil von Carl Rogers, der seine Patienten immer in den Mittelpunkt stellte. Auch hier gebührt Thomas Gordon der Dank, diese Methode einer Vielzahl von Eltern bekannt gemacht zu haben.

Kinder und Gefühle

Unter Gefühlen versteht man für gewöhnlich alle Variationen der primären biologischen Zustände Wut, Angst, Traurigkeit und Freude. Wie diese in allen Menschen angelegten Grundgefühle ausgedrückt werden, wird jedoch in hohem Maße durch familiäre und kulturelle Faktoren bestimmt.

Zum Verständnis und zur Befreiung der emotionalen Seite der Menschen hat die Praxis und Theorie der Therapiebewegung sowie das Werk von Harvery Jenkins beigetragen. Vor allem Anhängern des "reparenting" (des „nochmals Erziehens") im Rahmen der Transaktionsanalyse ist es zu verdanken, daß systematische Ansätze für das Äußern und zugleich sozial konstruktive Einbringen von Emotionen gefunden wurden.

Das Konzept der „aufgesetzten" („racket") oder falschen Gefühle, die darauf abzielen, andere zu kontrollieren, ist sehr wichtig. Koller, Schüchternheit und Schmollen oder Langeweile sind verbreitete Störungen der Kindheit, die in unserer Kultur zu häufig toleriert werden und sich oft bis ins Erwachsenenleben fortsetzen – als Gewalt, Depression usw. Zu den ersten, die uns über die Natur der Schüchternheit aufklärten und uns zeigten, wie sie tatsächlich zu „heilen" ist, gehörten Elisabeth und Ken Mellor.

Bestimmt auftretende Eltern

Selbstbewußtes, für die eigenen Interessen eintretendes, bestimmtes Auftreten ist allseits bekannt und wird vielfach auch trainiert, selten jedoch unmittelbar im Zusammenhang mit der Eltern-Kind-Beziehung.

Das ist schade, denn Eltern, die bestimmt auftreten, müssen ihre Kinder nicht demütigen, um ihr Verhalten zu steuern. Die üblichen Bücher und Kurse trainieren oberflächlich Techniken des bestimmten Auftretens an, meist aber ohne den Dingen auf den Grund zu gehen, d.h. den Eltern die eigene negative Programmierung bewußt zu machen (wie es wirklich gute Bücher und Kurse zum Thema tun).

Die Bewegung der „robusten Liebe" („Tough Love") in den USA bietet wirklich lohnende Hilfe und Rezepte für Eltern mit Problemkindern.

Familienstrukturen

In ihrer unnachahmlichen Art hat uns vor allem Margaret Mead daran erinnert, daß wir nicht mehr in vollständigen Familien leben, vielmehr in Familienfragmenten. Näher auf das Thema der inneren Struktur von Familien gehen Virginia Satir, Margaret Topham, Sal Minuchin und viele andere ein, die sich mit gezielten Therapien zur Erneuerung von Familienstrukturen befassen.

Altersphasen

Die in diesem Buch angenommenen Entwicklungsphasen beruhen auf dem Werk von Pamela Levin. Das Buch *Self-Esteem: A Family Affair* von Jean Illsley-Clarke (das noch nicht auf deutsch vorliegt), das die Ideen von Pamela Levin vertieft und erweitert, ist das brauchbarste und praktikabelste Buch zur Kindesentwicklung, das ich je gelesen habe.

Wie man Energie tankt

Die Ansicht, daß Energie von Person zu Person weitergegeben werden kann, ist wissenschaftlich nicht gerade fundiert, und es gibt wenige Untersuchungen darüber. Andererseits wird die Tatsache, daß einige Menschen sprichwörtlich „anstrengend" sind und andere „Kraft geben" – daß ein Geben und Nehmen von Energie zwischen Personen stattfindet –, von fast allen Eltern bestätigt. Die Arbeit von Ken Mellor in Australien sowie von Julie Henderson und anderen „Bioenergetikern" in den USA weisen daraufhin, daß mehr dahintersteckt als nur eine Wortassoziation. Und für Eltern, die tagtäglich der Gefahr völliger Erschöpfung ausgesetzt sind, kann ein ausgeglichener Energiehaushalt lebensrettend sein.

Register

Steve Biddulph

Weitere Geheimnisse glücklicher Kinder

Illustrationen von Paul Stanish

BEUST VERLAG

Ungekürzte Sonderausgabe

First published by Angus & Robertson, an imprint of HarperCollins Publishers Pty Limited, Sydney, Australia. This edition published by arrangement with HarperCollins Publishers, Australia
Titel der australischen Originalausgabe: More Secrets of Happy Children.
Zuerst erschienen bei Angus & Robertson, einem Imprint von HarperCollins Publishers Pty Limited, Australia, 25 Ryde Road, Pymble, NSW 2073

ILLUSTRATIONEN: Paul Stanish
ÜBERSETZUNG: Astrid v. Soosten für GAIA Text, München
LAYOUTDESIGN, SATZ UND PRODUKTION: GAIA Text, München
UMSCHLAGDESIGN: Markus Härle für GAIA Text, München
DRUCK: Offizin Andersen Nexö, Leipzig

ISBN 3-89530-898-6

Printed in Germany

Inhalt

Danksagung

Unser Dank gilt zunächst Joachim Beust, der sich tatkräftig dafür einsetzt, unsere Bücher den europäischen Eltern nahezubringen. Besonderer Dank gebührt auch der Übersetzerin Astrid von Soosten sowie den Lektoren Michael Venhoff und Veronika Haderlein für die wunderbare und einfühlsame Text-Übertragung. Hedy Wright half mir bei der Redaktion der deutschen Überstzung hier in Australien. Dank auch an Carolyn Leslie für ihre Anteilnahme und an Paul Stanish für die Umsetzung unserer Cartoon-Ideen.

Den größten Dank schulde ich meiner Frau Shaaron Biddulph, die ihre große Erfahrung mit Kindern in meine Arbeit einbringt und ausgleichend auf meine manchmal allzu männlich bestimmte Sichtweise wirkt. Shaaron steuerte die Inhalte bei für die Passagen über den Schaden, der durch Fremdbetreuung entstehen kann, und für den Abschnitt »Unser Zuhause ist eine ohrfeigenfreie Zone«. Sie verfeinerte die Begrifflichkeiten von »Stillstehen und Nachdenken« und »Das Problem lösen« im Hinblick auf kleine Kinder und hat diese Methode mit Hunderten von Elternpaaren eingeübt. Bei dem Lernprozeß, den wir mit unserem Sohn und unserer Tochter zurückgelegt haben, erhielten wir – wie jede Familie – Hilfe von vielen anderen Menschen.

Für die freundliche Genehmigung zur Verwendung von Textpassagen bedanken wir uns bei: ITA Magazine für den Text von Kirsti Cockburn; Boxtree Limited für Bob Mullens *Are Mothers really necessary;* Rosie Lever von The Child Care Connection für den Text aus Such Sweet Sorrow; Christopher Green für den Text aus *Toddler Taming;* Readers Digest Magazine für Karl Zinmeisters *Hard Truths About Day Care.* Ferner gilt mein Dank dem Australian Institute of Family Studies für seine Arbeit im allgemeinen und Gay Ochiltree im besonderen für ihr Buch Children in Australian Families sowie Mary Burbridge für die Erlaubnis, ihren Artikel *My Daughter, My Forever Baby* in ganzer Länge abzudrucken; Dank an *Age,* Melbourne, für die Erlaubnis, einen Auszug aus dem Artikel über Elternbezahlung zu verwenden; Mercury, Hobart, für die Erlaubnis, das Benjamin-Spock-Zitat und die Materialien für berufstätige Mütter wiederzugeben, und dem Institute for Early Childhood Development in Melbourne für die Unterstützung durch seine Forschungseinrichtungen.

Experten können für Ihr Familienglück eine echte Gefahr bedeuten.

Sie haben Glück! Dieses ist ein »Nicht-Experten-Buch«!

Nehmen Sie es so, wie es gemeint ist: als Sammlung gutgemeinter Vorschläge und Anregungen für Ihren gesunden Menschenverstand.

Verlassen Sie sich auf Ihre innere Stimme!

Einleitung

Lieber Leserinnen und Leser,

es liegt bald fünfzehn Jahre zurück, daß ich meinen ersten Elternratgeber, *Das Geheimnis glücklicher Kinder,* schrieb. Die Reaktionen auf dieses Buch (das ich 1993 überarbeitete) haben mein Leben sehr verändert. Wann immer Shaaron und ich heutzutage unterwegs sind und unsere Vorträge halten, kommt es uns vor, als ob das Publikum aus lauter alten Bekannten bestünde. Das Vertrauen, das die Menschen in uns setzen, erfüllt uns mit großem Stolz, macht uns aber auch ein bißchen bange. Daß die Menschen allerorts jedoch soviel Fürsorge für ihre Kinder zeigen, ist eine ständige Quelle der Inspiration für uns.

Das Elterndasein ist ein weites Feld. Gelegentlich kann es einen glücklicher machen als alles andere im Leben, aber bisweilen entsteht auch das Gefühl, daß die eigene Seele mit Füßen getreten wird. Lassen Sie sich von niemandem einreden, daß das Elternsein einfach ist.

In den Regalen der Buchläden drängen sich heutzutage Dutzende von Elternratgebern, die alle die gleiche Wirkung auf mich haben – sie verursachen mir Kopfschmerzen. Sie verkünden so viele logische und positive Botschaften und sind vollgestopft mit flotten Ratschlägen und langen Listen darüber, was man tun muß, oft nach dem Muster: »Selbstbewußte Kinder in vier Schritten!« Ich bin inzwischen Mitte vierzig und ich habe auch am eigenen Leib erfahren, daß es für das wirkliche Leben keine Patentrezepte gibt.

Andererseits gibt es viele Familien, die Hilfe brauchen und ein echtes Bedürfnis nach Antworten haben. Wo hat dieses Buch nun seinen Platz? Es ist tiefgründiger als *Das Geheimnis glücklicher Kinder.* Es ist auch differenzierter, denn es basiert auf der Arbeit mit vielen Tausenden von Eltern, die uns den Weg gewiesen haben. Die Vorstellungen von *Sanfter*

Liebe und *Standfester Liebe,* von denen dieses Buch handelt, sind kraftvolle Werkzeuge. Sie können ein ganzes Familienleben ändern und auf eine neue, feste Grundlage stellen. Sie sind auf das eigentliche Ziel allen Elterndaseins gerichtet, nämlich darauf, junge Erwachsene mit Herz und Rückgrat ins Leben zu entlassen.

Dieses Buch birgt aber auch zwei große Herausforderungen für Mütter und Väter in sich:

1 auf Gewalt bei der Erziehung ebenso zu verzichten wie auf disziplinarische Maßnahmen, die auf der Einflößung von Angst beruhen;

2 die Betreuung der eigenen Kinder selbst in die Hand zu nehmen und sie nicht anderen zu überlassen.

Die Kindererziehung schickt Sie auf eine innere Entdeckungsreise, eine Reise, die sich lohnt, die aber nicht ganz einfach ist und von Fall zu Fall unterschiedlich ausfällt. Deshalb werden Sie in diesem Buch keine schnellen Antworten finden, aber hoffentlich einige hilfreiche Anregungen dafür, wie Sie Ihren eigenen Weg im Umgang mit Ihren Kindern gestalten können.

Mit unseren besten Grüßen an Ihre Familie,

Ihr Steve Biddulph

Steve Biddulph

P.S.: Die Wombats, die ich in *Das Geheimnis glücklicher Kinder* erwähnte, sind übrigens erwachsen geworden und hinaus ins Leben gezogen!

Ihre Kinder sind die Erwachsenen von morgen!

Kinder sind ein wunderbares Geschenk

Kapitel 1

Stellen Sie sich vor: Sie sitzen auf Ihrer Veranda und genießen die letzten warmen Strahlen der Herbstsonne. Vor Ihnen liegen Gärten und eine von bunten Blättern bedeckte Auffahrt. Kein Laut ist zu hören, nur das Singen der Vögel. Sie zählen zwar nicht mehr zu den Jüngsten, aber Sie sind immer noch rüstig und vital.

Ein Auto rollt heran, fast geräuschlos, die Türen öffnen sich, und junge Leute steigen aus. Es sind Ihre erwachsenen Kinder, die Sie freudig umarmen und sich zu Ihnen setzen, um Ihnen von ihren jüngsten Erlebnissen und Errungenschaften und von ihren Familien zu erzählen. In vertrauter Runde wird noch mancherlei besprochen, bis es Zeit ist, aufzubrechen.

Sie kehren ins Haus zurück, um einen warmen Pullover überzuziehen, und sitzen noch lange am Fenster, versunken in Erinnerungen an die Zeit, als Ihre Kinder noch klein waren. Es erfüllt Sie mit tiefem Stolz, zu sehen, was aus ihnen geworden ist und was Sie der Welt gegeben haben.

Kinder als Geschenk begreifen

Will man den Medien Glauben schenken, so handelt man sich mit Kindern nur Probleme ein, seien sie nun erzieherischer, betreuerischer oder gesundheitlicher Natur.

Das ist eine furchtbare Fehldeutung, denn in Wahrheit sind Kinder ein wunderbares Geschenk. Tief in unserem Inneren wissen wir das auch, aber manchmal vergessen wir es. Paare, die darum kämpfen, ein Baby zu bekommen (eines von fünf Paaren hat Schwierigkeiten schwanger zu werden), wissen welch ein Geschenk Kinder sind. Ebenso ist das Eltern bewußt, deren Kinder krank sind oder verletzt wurden. Erst, wenn unsere Kinder in Gefahr geraten, begreifen wir übrigen, wieviel sie uns bedeuten und wie wenig alles andere zählt.

Die Kindererziehung birgt echte Herausforderungen. In diesem Buch werden wir uns mit einer Reihe von ihnen befassen. Sie sollten sich jedoch vor allem ins Bewußtsein rufen, welche ungeahnten Möglichkeiten in der Erziehung von Kindern schlummern: Sie legen heute die Fundamente eines neuen Lebens und formen einen jungen Menschen für die Zukunft. Sie werden geben und empfangen, und die Liebe und Bewunderung Ihrer Kinder, die allem mit Unvoreingenommenheit, echtem Interesse und Zutrauen begegnen, wird Ihr Leben unendlich bereichern.

Wir ziehen heute die Menschen des 21. Jahrhunderts groß – mit einigem Erfolg, sind doch die jungen Leute ihren Altersgenossen von vor 30 Jahren um Lichtjahre voraus (vergleichen Sie sich selbst im Alter von fünfzehn doch einmal mit einem Teenager von heute!).

Die Kindererziehung ist eine uralte Kunst. Um sie zu meistern, müssen Sie einerseits Ihre innersten Kraftreserven mobilisieren, andererseits aber auch Hilfe von außen in Anspruch nehmen. Geistige Beweglichkeit, immer neue Antworten zu finden, wird von Ihnen verlangt; ebenso die Fähigkeit, aus Fehlern zu lernen, ohne deshalb gleich Ihre innere Balance zu verlieren. Aber eine solche Form von Lernbereitschaft war es wohl auch, die Sie zu diesem Buch greifen ließ.

Sie lieben Ihre Kinder, Sie wollen Ihr Allerbestes geben und Sie sind lernbegierig – damit erfüllen Sie alle Voraussetzungen dafür, großartige Eltern zu sein.

Zwei Arten von Liebe

Seine Kinder zu lieben ist mehr als nur ein positives Gefühl, es ist eine Fähigkeit! Unter Familientherapeuten ist man sich einig, daß Eltern zwei zentrale Eigenschaften benötigen, die ich hier »Sanfte Liebe« und »Standfeste Liebe« nennen will. Beide müssen in ausreichender Menge in den Eltern freigesetzt werden, damit die Kinder bekommen, was sie brauchen. Auch Sie besitzen diese Fähigkeiten, und mit etwas Unterstützung werden Sie sie leicht entdecken und anwenden können.

Was heißt Sanfte Liebe ?

Sanfte Liebe ist die Fähigkeit, Kindern entspannt, mit Wärme und mit Zuneigung zu begegnen. Sie versetzt Sie in die Lage, Ihre Hirnmaschinerie abzuschalten, Ihren Instinkten zu folgen und sich von äußeren Zwänge zu befreien, damit Sie einfach für Ihr Kind »da« sein können. Wenn Sie sich entspannen und ganz Sie selbst sind, dann wird Ihre Zuneigung völlig natürlich zutage treten können. Setzen Sie sich nicht unter Druck, wenn Sie zur Sanften Liebe zu gelangen versuchen. Geben Sie vielmehr sich selbst Zeit und Raum, damit dieses Gefühl wachsen und sich entfalten kann. Wem in der Kindheit nicht mit Sensibilität begegnet wurde, wer selbst keine Sanfte Liebe erfahren hat, dem fällt es schwerer, sie in sich wiederzufinden.

Es ist naheliegend, daß Sie sich in der Gegenwart von Babys oder Kleinkindern nicht wohl fühlen, wenn Ihre eigenen Eltern Ihnen eher distanziert gegenüberstanden. Wenn Sie die Sanfte Liebe wiederentdeckt haben, wird sich in dieser Hinsicht vieles zum Besseren wenden. Kapitel 2 befaßt sich damit, wie Sie dies erreichen können.

Was heißt Standfeste Liebe?

Standfeste Liebe ist die Fähigkeit, freundlich, aber bestimmt zu sein, klare Regeln aufzustellen und einzuhalten, ohne ärgerlich zu werden oder aus Schwäche nachzugeben. Es ist die Eigenschaft, die gemeint ist, wenn man einer Person »Rückgrat« bescheinigt.

Viele Menschen haben Probleme mit der Liebe und denken, daß sie darin besteht, immer nachzugeben und aneinander zu kleben. Der Vater, der seiner fünfzehnjährigen Tochter wiederholt große Summen leiht, obwohl sie ständig »vergißt«, das Geld zurückzugeben, handelt nicht liebevoll, sondern nachlässig. Festigkeit bedeutet: »Ich habe dich zwar gern, mein Kind, aber du schuldest mir hundert Mark! Also kein Geld mehr, bis du deine Schulden beglichen hast!«

Standfeste Liebe bedeutet, in liebevoller Absicht stark zu sein; keinesfalls hat sie etwas mit Kälte oder Härte zu tun. Gute Eltern treten kleinen Kindern gegenüber oft bestimmt auf, gerade weil sie sie lieben. Zum Beispiel, wenn es um Sicherheit geht: »Ich habe dich lieb, deshalb lasse ich dich nicht allein auf die Straße laufen.«

Oder wenn es um Respekt gegenüber anderen geht: »In diesem Haus wird niemand geschlagen!«

Gute Eltern lassen ihren Kindern gegenüber Strenge walten, weil sie wissen, daß sie ihnen damit zu einem glücklicheren Leben verhelfen.

Das richtige Verhältnis finden

Es gibt keine Patentrezepte für die richtige Balance zwischen Sanfter Liebe und Standfester Liebe. Sie werden aus der jeweiligen Situation heraus immer wieder Ihre eigenen Antworten finden müssen.

Eltern, die freundlich, aber bestimmt sind, sagen Dinge wie »Nein, bei diesem naßkalten Wetter darfst du nicht draußen spielen, aber vielleicht finden wir in der Küche etwas Schönes für dich!«, weil sie einerseits um die Gesundheit ihres Kindes besorgt sind und weil sie andererseits verstehen, daß ihr Kind Beschäftigung und Aktivität braucht.

Sie sagen: »Du hast wohl Langeweile, komm', wir schauen mal, was du tun kannst!« und halten dennoch an ihrer Entscheidung fest: »Wenn es draußen so scheußlich ist, bleibst du im Haus.«

Probleme? – Zeit, die Balance wiederherzustellen!

Treten sogenannte »Probleme« auf, so ist das zumeist nur der Versuch Ihres Kindes, Ihnen zu sagen, daß etwas aus der Balance geraten ist, wie zum Beispiel bei dem kleinen Mädchen, das plötzlich über Bauchschmerzen klagt, weil seine Mutter zu sehr mit dem neuen Baby beschäftigt ist, oder dem kleinen Jungen, der Schwierigkeiten in der Schule hat, weil ihm die Aufmerksamkeit seines Vaters fehlt.

Manchmal müssen Sie, um Ihrem Kind helfen zu können, Ihre eigene Fähigkeit zur Sanften Liebe oder zur Standfesten Liebe erneuern. Vielleicht müssen Sie mehr von dieser Liebe geben, als Sie selbst jemals als Kind erfahren haben. Das liegt in der Natur des Elterndaseins! Es stellt uns immer wieder vor neue Zerreißproben und zwingt uns, über die eigenen Grenzen hinauszuwachsen.

Das ist gut so, aber dazu brauchen Eltern auch Hilfe und Ermutigung. Vor allem das wollen die folgenden Kapitel Ihnen sein. Sie werden dort von vielen tatsächlich geschehenen Begebenheiten lesen und sich vielleicht auf der Suche nach Antworten von ihnen inspirieren lassen.

Wie sieht Ihr ...

Viele Eltern wüßten gerne, wo sie selbst mit ihrem Erziehungsstil stehen und wo sie noch dazulernen müssen. Dieser einfache Fragebogen kann Ihnen helfen, besser zu verstehen, was Sanfte Liebe und Standfeste Liebe bedeuten, in

Fragen zur Sanften Liebe

1 Ich liebkose meine Kinder oft. Ich halte sie gern im Arm und sage ihnen, wie wunderbar sie sind.

Nein, trifft nicht auf mich zu	1	2	3	4	5	*Ja, das trifft auf mich zu*

2 Ich bin eine friedfertige Person. Ich habe keine Eile und kann Stunden mit meinen Kindern verbringen und es einfach nur genießen, daß wir alle zusammen sind.

Nein, trifft nicht auf mich zu	1	2	3	4	5	*Ja, das trifft auf mich zu*

Addieren Sie die Werte aus beiden Fragen und tragen Sie hier die Summe ein:

Sanfte Liebe

Tragen Sie die Werte in das Diagramm

... Erziehungsstil aus?

welchem Maße Sie sie bereits in Ihrem Umgang mit Ihrem Kind verwirklichen und wie Sie Ihr Elterndasein positiver gestalten können. Kreisen Sie in der jeweiligen Skala die Zahl ein, die Ihrer Antwort am ehesten entspricht.

Fragen zur Standfesten Liebe

1 Ich kann bestimmt und stark sein und Regeln aufstellen, die meine Kinder befolgen. Meine Kinder wissen, wann ich es ernst meine, und gehorchen dann fast immer.

Nein, trifft nicht auf mich zu	1	2	3	4	5	*Ja, das trifft auf mich zu*

2 Ich bin ruhig und liebevoll, und selbst wenn ich streng bin, bin ich selten böse. Unter keinen Umständen würde ich handgreiflich werden oder meine Kinder schlagen.

Nein, trifft nicht auf mich zu	1	2	3	4	5	*Ja, das trifft auf mich zu*

Addieren Sie die Werte aus beiden Fragen und tragen Sie hier die Summe ein:

Standfeste Liebe ____________

auf den nächsten beiden Seiten ein.

Standfeste Liebe
Ergebnis

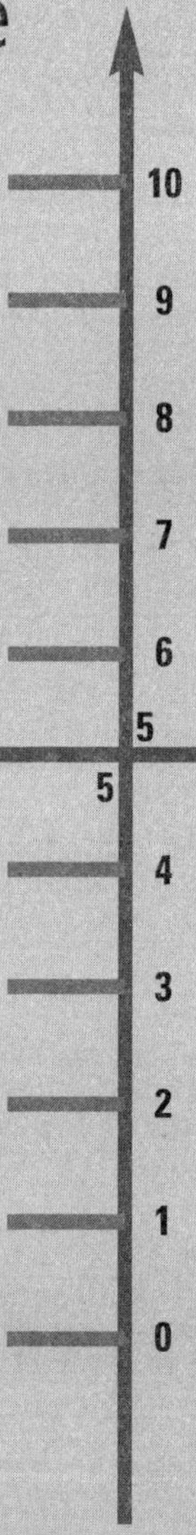

1. Machen Sie auf dieser Achse ein Kreuz an der Stelle, die Ihrem Ergebnis zur Standfesten Liebe entspricht.

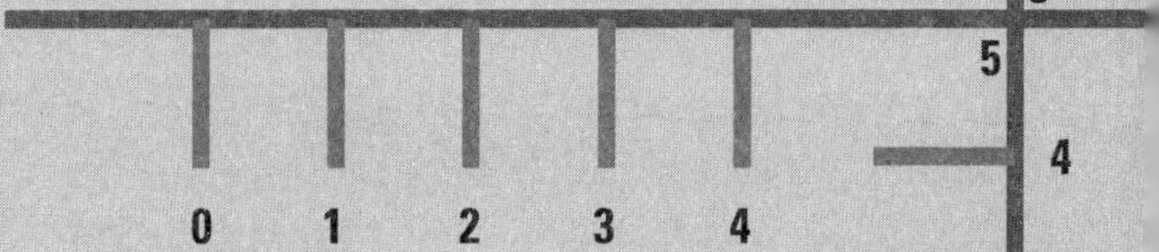

3. Ziehen Sie nun, ausgehend von Ihren Kreuzchen, jeweils eine waagerechte und eine senkrechte Linie (entweder links oder rechts bzw. oberhalb oder unterhalb der Achse). Dort, wo sich beide Linien treffen, finden Sie den Wert, der Ihrem Erziehungsstil entspricht.

2. Machen Sie auf dieser Achse ein Kreuz an der Stelle, die Ihrem Ergebnis zur Sanften Liebe entspricht.

Sanfte Liebe
Ergebnis

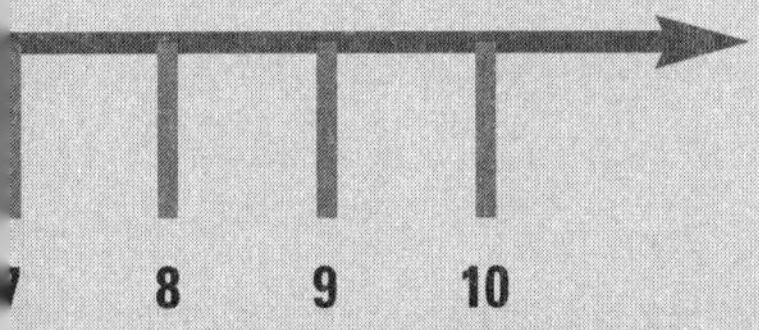

4. Auf den folgenden Seiten finden Sie die Erläuterungen zu Ihrem Ergebnis.

Wie Sie Ihr Ergebnis ...

Michael ist ein starker und ernster Mensch, der alles im Griff hat. Seine Mitmenschen sind ihm nicht gleichgültig, es bereitet ihm aber Schwierigkeiten, seine Gefühle zu zeigen. Er ist zurückhaltend und distanziert, und manchmal haben seine Kinder den Eindruck, daß sie nie gut genug für ihn sein können. Er hat selten Zeit, sich mit ihnen zu beschäftigen. (Seit einiger Zeit versucht er jedoch, sich zu ändern).

Fest, aber kalt

Arbeiten Sie an Ihrer Fähigkeit zur Sanften Liebe entsprechend den in Kapitel 2 beschriebenen Vorschlägen.

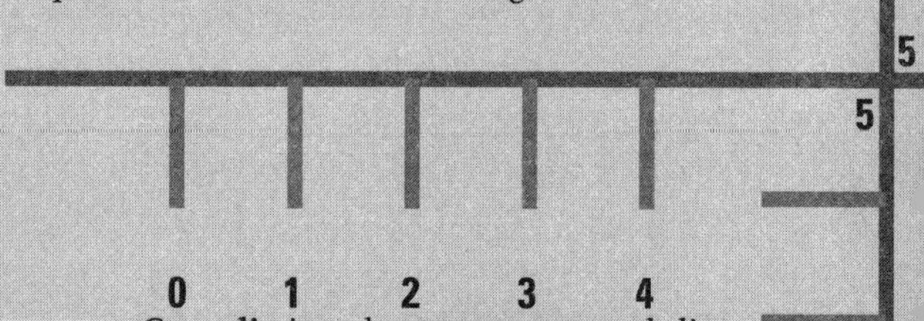

Cornelia ist sehr angespannt und distanziert. An einem Tag würde sie ihren Kindern selbst Mord und Totschlag durchgehen lassen, aber schon am nächsten Tag verliert sie vielleicht die Kontrolle und schlägt ihre Kinder. Und am dritten Tag wiederum bereut sie ihr Verhalten und wird wieder nachgiebig. (Mit der Hilfe guter Freunde und eines Therapeuten lernt sie im Moment, sich zu entspannen und sich selbst zu lieben, damit sie auch andere lieben kann.)

Kalt und nicht sehr fest

Arbeiten Sie Kapitel 2 und 3 durch. Wenden Sie sich an einen verantwortungsvollen Familientherapeuten, wenn Sie sich unsicher fühlen.

... interpretieren können

Petra ist warmherzig und liebevoll. Sie hat klare Vorstellungen von Disziplin und davon, wann und in welchem Maße sie nötig ist. Ihre Kinder wissen, daß sie sich an bestimmte Regeln halten müssen, und übernehmen auch Verantwortung. Aber sie fühlen sich sicher und geliebt. Alle Mitglieder dieser Familie haben Spaß miteinander, umarmen sich häufig und lachen viel.

Warmherzig und fest

Großartig!

Ich möchte mich bei allen Claudias, Michaels, Petras und Cornelias entschuldigen, die sich hier falsch charakterisiert finden. Alle Ähnlichkeiten mit lebenden oder verstorbenen Personen sind natürlich völlig unbeabsichtigt.

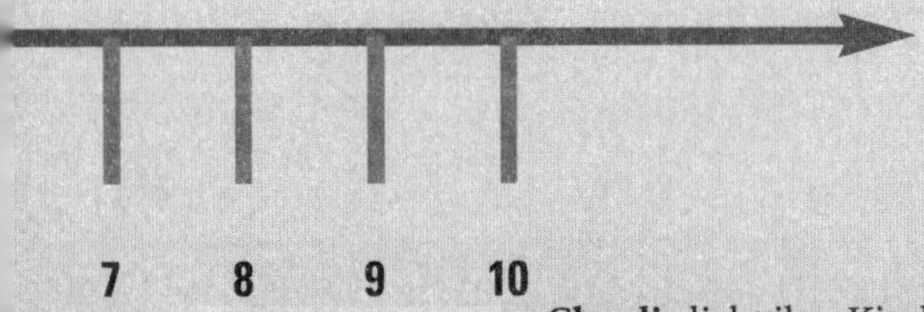

Claudia liebt ihre Kinder und verbringt viel Zeit mit ihnen, soviel, daß ihr keine Minute mehr für sich selbst bleibt. Die Kinder lassen ihr kaum Luft zum Atmen und verlangen immer noch mehr. Claudia ist am Ende ihrer Kräfte und wird der Situation trotz all ihrer Bemühungen nicht mehr Herr. (Sie besucht seit einiger Zeit eine Elternhilfegruppe und erfährt einiges über Festigkeit.)

Liebevoll, aber nicht sehr fest

Arbeiten Sie an Ihrer Fähigkeit zur Standfesten Liebe entsprechend den in Kapitel 3 beschriebenen Vorschlägen.

Sanfte Liebe

Finden Sie den Weg zum Herzen Ihres Kindes

Alle Eltern lieben ihre Kinder. Die entscheidende Frage ist nur: Erreichen sie ihre Kinder mit ihrer Liebe?

Kapitel 2

Es dämmert, Stille legt sich über den See, nur in der Ferne ist noch ein einsamer Vogel zu hören. In einem Häuschen am Wasser lieben sich ein Mann und eine Frau. Sie haben keine Eile und lassen sich Zeit, genießen die Vorfreude und das allmähliche Abfallen der Spannungen und Sorgen des Alltags.

Sie lernen sich erneut kennen, obwohl sie schon seit Jahren ein Paar sind. Allmählich steigert sich die Leidenschaft, ihr Lachen verbindet sich mit seinem Mannesdrang und findet schließlich freudige Erfüllung. Später ruhen sich die beiden aus und schmiegen sich schläfrig aneinander.

Im Körper der Frau macht sich ein Spermium auf den Weg zu einem mondförmigen, empfängniswilligen Ei, und ein neues Leben beginnt.

Das Leben in sich lieben

Wie sind Sie zu Eltern geworden? Durch eine Schwangerschaft natürlich!

War sie auch gewollt? Wer weiß! – Ihr Körper jedenfalls war dafür bereit! Für Ihren Verstand jedoch kann die Nachricht von der Schwangerschaft auch ein Schock sein. Selbst eine minutiös geplante Schwangerschaft kann dieses Gefühl auslösen, ganz zu schweigen von einer völlig »zufälligen« Schwangerschaft. Und wenn man dann den Teststreifen in der Hand hält, kann einem schon ein »Oh nein, worauf hab' ich mich da eingelassen!« durch den Kopf schießen.

Eine Schwangerschaft stellt Sie vor die Wahl. Sie können das neue Leben in Ihnen mit Liebe annehmen oder sich ihm aus Angst verschließen. Wenn Ihr Baby im Körper heranwächst, wenn es zur Welt gekommen ist und wenn es zu einem jungen Erwachsenen entwickelt – immer wieder werden Sie sich entscheiden müssen, ob Sie hartherzig und distanziert reagieren oder ob Sie sich öffnen und Ihrem Kind mit dem begegnen wollen, was wir in diesem Buch Sanfte Liebe nennen.

Sanfte Liebe, die Bereitschaft zu Zärtlichkeit, Großzügigkeit und Wärme, ist jedem Menschen mitgegeben. Sie kann in Ihnen leuchten wie ein ständiges Licht oder leise vor sich hin glimmen wie ein Span, der noch darauf wartet, entfacht zu werden.

Alle frischgebackenen Eltern tragen dieses Fünkchen in sich. Wissenschaftler haben festgestellt, daß Väter, die bei der Geburt ihres Kindes dabei waren oder ganz früh an seiner Pflege beteiligt wurden, geradezu in Sanfter Liebe »schwimmen«. Sie wollen gerne viel Zeit mit ihrem Baby verbringen und auch in der Lage sein, es zu versorgen. Und das selbst dann, wenn sie nicht der leibliche Vater des Kindes sind. Was zählt, ist einzig und allein, daß man von Anfang an dabei gewesen ist.

Durch den Körperkontakt zwischen Mutter und Kind beim Stillen und Schlafen wird im Körper der Mutter die

Einige Worte zum Thema Stillen

Muttermilch enthält nachweislich eine große Anzahl von Antikörpern und Nährstoffen und ist daher jeder anderen Art von Milch vorzuziehen. Manchmal kann eine Mutter aus medizinischen Gründen nicht stillen. Unter solchen Umständen sollte sie dafür sorgen, daß beim Füttern des Fläschchens die Intimität zwischen Mutter und Kind gewahrt bleibt. Sie sollte Haut- und Augenkontakt mit ihrem Baby herstellen und versuchen, sich zu entspannen.

Stillen ist eine Kunst, und manchmal brauchen junge Mütter Unterstützung, um sie zu erlernen. Dabei gibt es ein paar simple Tricks, die Wunder wirken können. Wenden Sie sich an eine Stillgruppe oder Hebammenvereinigung. Dort wird man Ihnen gerne weiterhelfen.

Produktion starker Hormone in Gang gesetzt und der Mutterinstinkt geweckt. Diese sogenannten Prolaktine bewirken, daß die Mutter sich entspannt und in der Gegenwart ihres Säuglings tiefe Befriedigung empfindet.

Gleichzeitig versetzen sie den Körper der Mutter in einen Zustand von Wachsamkeit und gesteigertem Bewußtsein. Prolaktine sind immer dann am Werk, wenn Sie sich dabei ertappen, daß Sie wie eine Henne glucken oder instinktiv etwas Kleines, Unschuldiges – zum Beispiel einen kleinen Hund – streicheln wollen.

Die Liebe zu unseren Kindern ist uns also mitgegeben und wartet nur darauf, geweckt zu werden. Manchmal geht das von ganz allein, manchmal muß man ein wenig nachhelfen.

Haben Sie als Kind zu lieben gelernt?

Wenn Ihnen als Baby und Kind selbst wenig Liebe zuteil wurde, so kann dies das größte Hindernis für die Entfaltung Ihrer eigenen Gefühle sein. Vielleicht haben Sie nämlich einfach nicht gelernt zu lieben. Aber es ist nie zu spät!

Auch wenn es in der Generation unserer Eltern nicht üblich war, Gefühle zu zeigen oder auszusprechen, so bedeutet das nicht, daß sie ihren Kindern weniger zugetan waren. Dennoch haben viele Eltern unserer Zeit als Babys und Kleinkinder wenig Zuneigung erfahren. In den »unterkühlten« 50er-Jahren wurden Zärtlichkeiten und Zuneigung als überflüssige »Verwöhnung« angesehen. Bei Geburt und Babypflege handelte man nach rein medizinischen Gesichtspunkten. Man riet den Eltern, ihr Kind schreien zu lassen und es nur zu festgelegten Zeiten füttern. Man redete ihnen ein, daß zu häufiges Auf-den-Arm-Nehmen sich nachteilig auf das Kind auswirken könnte. Selbst heute gibt es noch Ratgeberautoren und Kinderärzte, die solche Theorien verbreiten!

In einem Artikel in der Zeitschrift *Mothering* vertritt Jean Liedloff die These, daß es zwei Grundempfindungen gibt, die alle Menschen brauchen. Es ist das Gefühl, »willkommen« und »wertvoll« zu sein. Und gerade diese beiden Dinge waren es, die in den Familien der 50er- und 60er-Jahre vernachlässigt wurden. Die Eltern dieser Zeit beherrschten die praktische Seite der Kinderpflege recht gut, sie ernährten und kleideten uns sorgfältig und achteten auf unsere Gesundheit. Da es jedoch zu den Erziehungsmethoden der Zeit gehörte, an die Scham- und Schuldgefühle des Kindes zu appellieren, fiel es ihnen schwer, ihrem Kind zugleich Wärme und Nähe zu vermitteln. So konnte das Kind leicht zu dem Eindruck gelangen, unerwünscht und wertlos zu sein.

Einer unserer Klienten erzählte uns einmal, daß er als Teenager und junger Erwachsener häufig das Bedürfnis verspürte, freundliche ältere Leute aufzusuchen. Sie gaben ihm das Gefühl, willkommen zu sein, ein Gefühl, dem er sich ausgiebig hingab. Sie zeigten Interesse an seiner Person und schenkten ihm ein Lächeln. Durch diese Ersatzhandlung gelang es ihm, allmählich seine Defizite abzubauen. Er stellte fest, daß die Menschen seine Gegenwart schätzten, an seiner Meinung interessiert waren und ihm von ihren Sorgen erzählten – das vermittelte ihm mehr Selbstwertgefühl. Das Ergebnis dieser Erfahrungen war, daß er den Beruf eines Psychologen ergriff!

Oder die Geschichte einer alten Freundin: Sie berichtete, daß sie als kleines Mädchen jede Nacht bis Mitternacht wach lag. Wenn die anderen schliefen, schaltete sie das Radio ein, um der freundlichen, tiefen Stimme des Moderators im Nachtprogramm zu lauschen. Wenn er gute Nacht gewünscht hatte, konnte auch sie beruhigt einschlafen.

Aber es hatte auch Vorzüge, damals ein Kind zu sein. Die Familien waren für gewöhnlich kinderreich und lebten nahe bei ihren Verwandten. Immer gab es ein paar ältere Geschwister, Cousinen und Cousins, Tanten oder Großmütter, die zu Besuch waren oder mithalfen. Bevor man selbst Vater oder Mutter wurde, hatte man sich schon Übung im Um-

Wie die innere Heilung einer Mutter dem Sohn half

Die Beziehung der 38jährigen Anna zu ihrem Sohn war äußerst problematisch. Er litt an Depressionen und war selbstmordgefährdet. Wir begannen ein Gespräch darüber, wie sie miteinander umgingen. Es stellte sich heraus, daß jedes Gespräch, das sie führten, damit endete, daß Anna ihren Sohn kritisierte.

Innerlich machte sie sich Sorgen, aber nach außen wahrte sie ihre kühle Fassade und war dabei selbst zutiefst unglücklich. Nachdem sie zu mir Vertrauen gefaßt hatte, eröffnete sie mir, daß sie ihren Sohn fast nie mit Zuneigung umarmte oder berührte, sondern daß schon der Gedanke daran ihr Unbehagen bereitete.

Daß emotionale Kälte seitens der Mutter einen pubertierenden Jungen an den Rand des Selbstmords führen kann, ist bekannt, vor allem dann, wenn auch der Vater nicht in Reichweite ist. Wir erklärten also Nähe zu unserem ersten Ziel. Nach vielen aufmunternden Gesprächen begann Anna, mehr aus sich herauszugehen. Wenn sie ihrem Sohn das Essen brachte, legte sie schon einmal die Hand auf seine Schulter, oder sie machte ihm ein Kompliment über seine Frisur oder seine Kleidung. Nach ein paar Wochen schaffte sie es, ihn morgens mit einer kurzen Umarmung zur Schule zu schicken.

Es fiel Anna schwer, all dies zu tun, aber sie hielt hartnäckig daran fest. Eines Tages erzählte jemand in einem Selbsterfahrungskurs, den sie besuchte, von seiner traurigen Kindheit. Plötzlich bekam sie eine Gänsehaut und begann zu zittern. Schließlich mußte sie laut weinen. Erinnerungen an ihren Vater, der sie sexuell bedrängt hatte, als sie etwa vier Jahre alt war, brachen in ihr auf. (Gott sei Dank hatte sich ihre Mutter kurze Zeit später von diesem Mann getrennt.)

Anna hatte die Erinnerungen an diese Ereignisse nicht verloren, ihnen aber keine Bedeutung beigemessen. Aber genau darin lag jedoch die Erklärung dafür, warum Berührung und Zärtlichkeit ihr unangenehm waren.

Durch die Gespräche in der Gruppe lernte Anna sehr bald, die Anteilnahme anderer zuzulassen und mehr aus sich herauszugehen. Diese Fähigkeiten hatte sie eigentlich auch schon vorher, sie mußten aber ein Dasein im Verborgenen fristen, weil das Urvertrauen eines vierjährigen Mädchens von ihrem eigenen Vater mißbraucht worden war. Annas Initiative erwies sich als Riesenerfolg, und am Ende war Sohn und Mutter geholfen.

gang mit Kindern erwerben können. (Heutzutage hat ein Viertel aller jungen Eltern vor ihrem eigenen noch nie ein Baby auf dem Arm gehalten. Kein Wunder also, daß sie zunächst unsicher reagieren.)

Damit Ihr Elternsein nicht zu einer einzigen, enormen Anstrengung wird, müssen Sie sich Unterstützung und Liebe von anderen holen. Lernen Sie zuerst, Liebe zu empfangen, denn erst dann können Sie Liebe an Ihr Kind weitergeben. Je früher Sie damit beginnen, desto besser!

Die Forschung hat herausgefunden, daß die Gegenwart eines liebevollen und besorgten Partners der Mutter bei der Geburt eines Kindes hilft und die Anzahl von Kaiserschnitten oder Epiduralanästhesien (und somit auch Zangengeburten) drastisch reduziert.

Emotionale Zuwendung, in diesem Fall für die Mutter, hat also reale physische Auswirkungen.

Liebe ist eine wirkliche, greifbare Substanz, und je mehr davon vorhanden ist, desto schöner ist das Ergebnis. Ist das Baby erst geboren, ist vor allem tätige Liebe gefragt: Massagen oder ein paar besondere Leckerbissen für die Mutter, Zeit und Fürsorge wie auch etwas Schutz vor heranstürmenden Verwandten und Freunden.

All diese verschiedenen Formen der Zuwendung werden Ihnen helfen, Ihre eigene Liebesfähigkeit zu entdecken und zu entwickeln.

Kurzgefaßt heißt das: Wenn Sie selbst eine behütete und liebevolle Kindheit erlebt haben, werden Sie ebenso mit Ihren Kindern umgehen. Aber selbst wenn Sie eine wenig liebevolle Kindheit erlebt haben – und das trifft wohl auf viele von uns zu –, können Sie den Dingen noch eine gute Wendung zum Wohle Ihrer Kinder geben.

Die Kraft der Berührung

Hat es Sie beim Lesen der Geschichte von Anna und ihrem Sohn erstaunt, daß Berührungen und Zuneigung wirklich über Leben und Tod entscheiden können? Können Zärtlichkeiten so bedeutsam sein?

Von außen betrachtet würde man nicht vermuten, daß Teenagern so viel an der Zuneigung ihrer Eltern liegt.

Aber auch Teenager waren einmal Babys, und wenn sie damals nicht geherzt und gedrückt wurden, dann hatte das möglicherweise Konsequenzen, die bis ins Erwachsenenalter hineinreichen werden. Die Folgen mangelnder Zuwendung kann man also nicht ernst genug nehmen. Tatsächlich ist es so, daß ein Baby, das an einem Mangel an Zärtlichkeit leidet, buchstäblich aus Einsamkeit sterben kann.

Zärtliche Berührungen setzen die Produktion von Wachstumshormonen in Gang, und ein Baby, dem durch Zärtlichkeit Sicherheit vermittelt wird, kann sich auf das Wachsen konzentrieren. Es ist, als habe sich das Baby für das Leben entschieden, sobald es einmal merkt, wie lebenswert die Welt sein kann. Und das läßt sich sogar medizinisch nachweisen: Zärtlichkeiten stimulieren das Immunsystem und bewirken einen deutlichen Anstieg des Hämoglobinspiegels.

Körperberührungen sind also ein »lebenswichtiges Vitamin« für den Menschen, ja sogar für alle Säugetiere. Eine neuere Untersuchung hat ergeben, daß Frühchen, die oft Wochen in Wärmebettchen verbringen müssen, deutlich schneller zunehmen, wenn sie regelmäßig von der Mutter (oder einer anderen Person) zart gestreichelt werden. Babys ohne diese Zuwendung legen im gleichen Zeitraum nur ein Viertel des Vergleichsgewichts zu und können erst Wochen später entlassen werden.

Suchen Sie immer neue Wege, Zärtlichkeit zu geben

Es gibt viele Möglichkeiten, kleinen Kindern Zuneigung zu zeigen: Sie können Ihr Kind streicheln, massieren, ihm über das Haar streichen oder es kämmen, Sie können es in den Armen wiegen oder auf den Schoß nehmen, Sie können es kitzeln, schaukeln oder in die Luft werfen. Alle diese Gesten drücken das Gleiche aus: »Wir haben dich lieb, wir freuen uns, daß du da bist, und wir schätzen dich.«

Ältere Kinder durchlaufen manchmal Phasen, in denen sie Berührungen ablehnen. Sie wollen damit Unabhängigkeit demonstrieren. Aber selbst Sechzehnjährige suchen hie und da noch Schutz in einer elterlichen Umarmung, und – wie uns eine teenagergeprüfte Mutter bestätigte – wir tun gut daran, die Arme weiterhin offen zu halten.

Wenn man kontinuierlich Zuneigung zeigt, lernt ein Kind zu vertrauen, und frühkindliche Entbehrungen und Mängel können geheilt werden. Auch Adoptivkinder können die schwierige erste Zeit besser bewältigen, wenn man ihnen genügend Zeit und Fürsorge widmet. Ich habe mit vielen Erwachsenen daran gearbeitet, die schlechten Erfahrungen ihrer Kindheit zu bewältigen, und vielen von ihnen ist dies auch gelungen. Aber ist es nicht viel besser, es gleich richtig zu machen?

Die Kraft des Lobes

Wenn Kinder älter werden, haben wir noch mehr Möglichkeiten, ihnen unsere Liebe mitzuteilen. Am einfachsten geht es mit Worten. Wir prägen ihre Persönlichkeit, indem wir sagen: Du bist wunderbar, mit dir kann man Spaß haben, und es ist schön, daß du da bist. Kinder, die zu hören bekommen, daß sie ihren Eltern Freude machen, werden das auch tun.

Wir müssen Kindern zweierlei Arten von Lob vermitteln. Die erste ist das bedingungslose Lob. Dabei geben wir dem Kind zu verstehen: »Ich habe dich lieb, weil du so bist, wie du bist«. Diese Liebe muß das Kind sich nicht verdienen und es kann sie auch niemals verlieren. Stellen Sie sich nur vor, was für ein herrliches Gefühl es sein muß, ohne Einschränkung geliebt zu werden, nur weil man da ist.

Die zweite ist das bedingte Lob. Dabei teilen wir dem Kind mit: »Es ist toll, was du tust, und es gefällt uns«. Wir könnten beispielsweise sagen: »Es war schön, wie du dich um deine kleine Schwester gekümmert hast, als das Telefon klingelte.« Oder: »Was für schöne Bilder du gemalt hast!« Oder: »Du singst sehr schön« und so fort.

Es ist auch in Ordnung, wenn Sie Ihre Kinder wissen lassen, was Ihnen nicht so gut gefällt, solange Sie sie nicht beschimpfen. »Du hast deine Kleider aber nicht schön aufgeräumt, hier liegen immer noch acht T-Shirts und siebzehn

Socken herum!« ist besser als «He, du Faulpelz, räum Deine Sachen endlich auf!»

Manchmal müssen Eltern erst lernen, positive Dinge überhaupt zu erkennen. Unsere Wahrnehmung ist ein kraftvolles Instrument, denn es beeinflußt Kinder ungemein, worauf wir unsere Aufmerksamkeit lenken. Einer meiner Lehrer hat es folgendermaßen ausgedrückt: »Sie bekommen immer das, was Sie selbst heraufbeschwören.« In manchen Familien richten die Eltern ihr Augenmerk ausschließlich auf Krankheiten und müssen sich ständig mit kranken Kindern herumplagen. Andere jammern unablässig, weil sie es allen recht machen wollen, mit dem Erfolg, daß ihre Kinder

Charaktereigenschaft der Woche

Hier ist eine kleine Übung für Sie und Ihre Kinder.

1 Wählen Sie drei Charaktereigenschaften, die Ihnen besonders am Herzen liegen. (Welche – sei es Höflichkeit, Geduld, Sanftmut, Beständigkeit, Kooperation, Kreativität oder Selbständigkeit –, bleibt Ihnen überlassen).

2 Erklären Sie eine dieser Eigenschaften zum Übungsziel der Woche.

3 Notieren Sie es jedes Mal, wenn Ihre Kinder diese Eigenschaft zeigen. Kommentieren Sie es manchmal und nehmen Sie es ansonsten zur Kenntnis. Verzichten Sie auf negative Bemerkungen. Sie können sicher sein, daß diese Eigenschaft bei Ihren Kindern gegen Ende der Woche deutlich stärker ausgeprägt ist. Gehen Sie dann zur nächsten Charaktereigenschaft über. Sie können die Wahl auch Ihren Kindern überlassen und während der Woche gemeinsam darauf achten.

Äußern Sie sich auch jetzt nur im Positiven und ignorieren Sie Ausrutscher.

ständig schlecht gelaunt sind. Wenn Sie nur das Negative suchen und zum Gesprächsgegenstand machen (wofür manche Väter eine ausgesprochene Vorliebe zu hegen scheinen), so wird Negatives die Folge sein.

Sie können sich statt dessen aber auch auf viel erfreulichere Dinge konzentrieren. Wenn Sie Ihrem Kind zu verstehen geben, daß Sie seine Bemühungen wahrnehmen, und sie auch kommentieren, dann tun Sie genau das Richtige; so wird das Positive schließlich überwiegen.

Zeit

Es gibt eine unabdingbare Voraussetzung für eine von Sanfter Liebe geprägte Beziehung zu Ihrem Kind: Zeit. Sie müssen für Ihr Kind gegenwärtig und so oft wie möglich ansprechbar sein, und das geht nur, wenn Sie genügend Zeit für Ihr Kind haben.

Sie können Ihrem Kind hundertmal sagen, wie sehr Sie es lieben; wenn Sie nie Zeit für Ihr Kind haben, werden Ihre

Worte sich als Lügen entpuppen. Bei Kindern zählen Taten und nicht Worte.

Ein besonderer Fall sind dabei leider oft die Väter: Häufig verlassen sie morgens um halb acht das Haus und kommen abends um halb acht oder später wieder heim. Wahrscheinlich sind sie keine besonders guten Väter, und wenn, nur um den Preis übermenschlicher Anstrengungen am Wochenende.

Daran sind meistens noch nicht einmal die Väter selbst schuld. Leider wird am Arbeitsplatz wenig Rücksicht auf die Bedürfnisse einer Familie genommen. Wenn also Eltern in der Steinzeit ihre Kinder vor Tigern oder Mammuts schützen mußten, so müssen wir im Computerzeitalter vielleicht hier und da unsere Chefs verscheuchen – und das ist kein minder gefährliches Unternehmen!

Aber auch Mütter lassen sich nur allzu leicht irreführen und glauben, den Bedürfnissen ihres Kindes zu genügen, wenn sie sich zu genau festgelegten Zeiten mit ihm beschäftigen. (Zu meiner Schande muß ich gestehen, daß ich dies in früheren Arbeiten selbst empfohlen habe!)

Man kann aber nicht auf Befehl, nach Plan und pünktlich Kinderstunde halten. Menschliche Beziehungen sind eine höchst sensible Angelegenheit. Was Kinder fühlen, wenn ihre Eltern so mit ihnen verfahren, kann eine Frau nachvollziehen, deren Ehemann, nachdem er sie den ganzen Abend ignoriert hat, um halb elf plötzlich die Zeitung zur Seite legt oder den Fernseher abschaltet, um sich ihr mit amourösen Absichten zuzuwenden.

Natürlich muß es auch Zeiten geben, die für bestimmte Tätigkeiten reserviert sind, und sei es nur für ein gemeinsames Frühstück oder Abendessen. Auf diese Weise können alle Familienmitglieder zwanglos zusammenfinden, sich austauschen und den Fernseher getrost ausgeschaltet lassen. Leider wird dies im modernen Familienleben viel zu selten praktiziert.

Kinder beziehen ihr Selbstwertgefühl zu großen Teilen aus der Wertschätzung, die Sie, die Eltern, ihnen entgegenbringen. Babys und Kleinkinder sind dann glücklich, wenn sie spüren, daß sie ihren Eltern das Teuerste auf der Welt sind.

Sie sollen zwar nicht die ganze Familie mit ihren Ansprüchen tyrannisieren, aber sie haben ein Recht darauf, daß ihre Belange ernst genommen werden. Und dies gilt, wenn auch in abgeschwächter Form, selbst noch für Teenager.

Steigern Sie Ihre Liebesfähigkeit

Wie können Sie am schnellsten eine liebevolle und positive Grundstimmung in Ihrer Familie erzeugen? Sie können mit einem kleinen Kunstgriff beginnen, den alle liebevollen Menschen – oft völlig unbewußt – beherrschen. Es ist die Fähigkeit, in der Gegenwart zu leben!

In der Gegenwart nämlich leben alle Kinder, die Zukunft ist ihnen unfaßbar fern. Sie leben im »Hier und Jetzt«. In Ihrer Kindheit war das nicht anders! Können Sie sich daran erinnern, wie lang ein einziger Tag war und daß sechs Wochen Sommerferien wie eine Ewigkeit erschienen?

Erwachsene, die – wenigstens zeitweise – im Hier und Jetzt leben, kommen bei Kindern immer gut an. Alte Menschen besitzen häufiger diese Fähigkeit, weil sie es nicht mehr eilig haben. Aber Eltern, die diese Begabung eigentlich am dringendsten bräuchten, sind mit ihren Köpfen meistens anderswo unterwegs. (Als junger Vater war ich ein Paradebeispiel dafür. Während ich mit meinen Kindern spielte, waren meine Gedanken mit tausend anderen Dingen befaßt, bis mein dreijähriger Sohn sich mit einem kleinen Schubser meine Aufmerksamkeit zurückholte.)

Die Fähigkeit, einfach nur »da zu sein«, scheinen viele Menschen verloren zu haben. Besonders trifft dies auf die Bewohner von Großstädten zu, die fernab vom Rhythmus der Natur leben.

Oder, was genauso schlimm ist, sie halten es für vergeudete Zeit, wenn ein Tag einfach vergangen ist, ohne daß sie etwas »erreicht« haben. Wenn Sie aber zu Ihren Kindern durchdringen wollen, sei es, um ihnen Ihre Liebe zu zeigen, oder auch, um ihnen etwas beizubringen, so müssen Sie in die Gegenwart zurückkehren. Wie Sie das am besten anstellen, will ich Ihnen im folgenden erklären.

Holen Sie Ihre Gedanken nach Hause

Die meisten Probleme im Leben beschert uns unser Gehirn. Das ist nicht bloß irgendein Organ, denn seine besondere Leistungsfähigkeit macht uns erst zu Menschen und hebt uns von anderen Lebewesen ab. Aber das menschliche Gehirn ist eben auch entsetzlich anfällig für Sorgen und verquere Gedanken, die keinem Hund, keiner Katze und keinem Wellensittich jemals in den Sinn kämen. (Eine Mutter in einem meiner Seminare sagte einmal besorgt: » Hoffentlich finden meine Kinder jemals einen Job!« Als ich sie nach dem Alter ihrer Kinder fragte, antwortete sie: »Oh, ich habe noch gar keine Kinder«. Sie war gekommen, um sich auf ihre Elternrolle vorzubereiten! »Großartig!«, dachte eine Hälfte von mir, aber die andere sagte sich: »Mädchen, du solltest dich lieber amüsieren gehen!«)

Das ganze Unglück liegt darin, daß unser Hirn ständig unkontrolliert davonhastet und wir den Wald vor lauter

Bäumen nicht mehr sehen. Typischerweise äußert sich dieser Hang zu unnötiger und belastender Grübelei in einer der folgenden drei Varianten:

1 In der Vergangenheit herumstochern

Es kann sehr schön sein, die Vergangenheit Revue passieren zu lassen, aber die meisten Leute beschwören alte Versäumnisse (verpaßte Gelegenheiten), alte Schuldgefühle (Dinge, die sie lieber nicht zu verantworten hätten) und alte Rechnungen (was andere ihnen noch schulden) herauf.

Die Beschäftigung mit der Vergangenheit ist für gewöhnlich reine Zeitverschwendung – besonders, wenn wir uns mit Dingen belasten, an denen wir nichts mehr ändern können. Dennoch macht diese Tätigkeit rund die Hälfte unserer gesamten Hirntätigkeit aus.

2 In die Zukunft vorauseilen

Die Zukunft eignet sich bestens zum Träumen, aber meistens sorgen sich die Menschen nur darum, was al-

les schiefgehen kann, und plagen sich damit ab, allen erdenklichen Gefahren und Risiken vorbeugen zu wollen. Und so beschäftigen sie sich dann immer wieder nur mit der Frage, was im schlimmsten Fall passieren kann.

Wer jedoch immer das Schlimmste befürchtet, läuft Gefahr, entweder in totale Lähmung zu verfallen oder aber völlig übertrieben auf die Dinge zu reagieren.

Man übersieht das Positive, weil es nicht in das Katastrophenschema paßt. Die Schönheit der Rosen entgeht uns, weil wir fürchten, uns an ihren Dornen mit Tetanus zu infizieren.

3 Sich an einen anderen Ort wünschen

Viele Menschen machen sich selbst unglücklich, weil sie nachträglich ihre Entscheidungen anzweifeln: Wäre der andere Job vielleicht doch besser gewesen, die andere Fortbildung effektiver, hätten sie jemand anderen heiraten, in einer anderen Stadt leben und dieses Baby besser nicht bekommen sollen? Frei nach dem Motto: Nachbars Rasen ist grüner. Natürlich ist jeder einmal anfällig dafür, aber vernünftige Leute würden diese Energie darauf verwenden, etwas zu verändern, einen Urlaub zu planen oder ihre Zukunft so zu gestalten, daß sie ihren Träumen näherkommt. Anderen gelingt es nie, diesem Muster zu entrinnen, und sie jammern weiterhin: »Wenn es doch nur so und so gewesen wäre, dann ...«

Während wir uns aber mit derlei »wichtigen« Gedanken beschäftigen, machen wir uns selbst unglücklich und vernachlässigen unsere Kinder.

Kindliche Unbeschwertheit lebt in der Gegenwart

Falls es Ihnen noch nicht aufgefallen ist: Die schönsten Erlebnisse stellen sich oft von ganz allein ein und folgen keinem festgelegten Plan! (Ausnahmen sind natürlich geplante Urlaubsreisen oder Ausflüge, Familienfeste oder ein wohlverdienter Abend im Restaurant oder im Kino). Aber auf jedes geplante glückliche Ereignis kommen zehn andere, die einfach so passieren. Das einzige, was Sie tun müssen, ist, dem Glück Platz zu lassen und im richtigen Moment danach zu greifen.

Denn mit dem Glück verhält es sich so wie mit einem Schmetterling: Sie müssen stehen bleiben, damit er sich auf Ihrer Schulter niederlassen kann.

Magische Augenblicke

Das Leben beschenkt uns dann, wenn wir es am wenigsten erwarten (eine Wahrheit, die von der Fernsehwerbung nur allzu gern ausgenutzt wird).

Man kennt diese Momente: Gerade haben Sie sich noch vergeblich damit abgemüht, mit Ihren Kindern im Park einen Drachen steigen zu lassen. Dann, ganz plötzlich und unerwartet, erfaßt der Wind das Spielzeug. Ihre Kinder kommen Ihnen mit dem flatternden Drachen entgegengelaufen, während hoch am Himmel eine Lerche trillert und die Sonne die Wolken durchbricht und einen goldenen Strahlenkranz um das Haar Ihrer Kinder legt. Auf einmal läuft alles im Zeitlupentempo, Ihr Partner lächelt Sie liebevoll an, und sind da nicht auch noch Geigen zu hören? Unversehens finden Sie sich im Siebten Himmel und wollen mit nichts und niemandem auf der Welt tauschen.

Kinder heben solche Momente sorgsam in ihrer Erinnerung auf. Wenn es mal ruhig ist, oder auf langen Autofahrten, werden sie »Weißt du noch ...« spielen und sich bis in jede Einzelheit daran erinnern, wo und wann sie ein schönes Erlebnis hatten. Dies stärkt ihr Zusammengehörigkeitsgefühl und ihr Vertrauen in die Zukunft.

Können Sie sich an die magischen Augenblicke in Ihrer Kindheit erinnern? Mir fällt ein eisiger Nachmittag mit meinem Vater im Fußballstadion ein. Ich war das Spiel über in seinen Mantel gehüllt und spürte seine wohlige Wärme.

Oder eine andere Erinnerung: Wenn ich als Vierjähriger auf die Toilette mußte, setzte meine Mutter sich immer mir gegenüber auf einen Wäschekorb, und ich konnte mich an ihr festhalten. Wahrscheinlich wollte sie mich davor bewahren, in die Toilettenschüssel zu fallen. Wie auch immer, mir gefiel es und ich kostete diese Momente möglichst aus.

Jeden Tag gut beschließen

In einer Familie aus unserem Bekanntenkreis mit einem fünfjährigen Sohn und einer zweijährigen Tochter findet jeden Abend ein besonderes Ritual statt.

Anstatt eine Gute-Nacht-Geschichte vorzulesen, lassen Vater oder Mutter noch einmal die Ereignisse des Tages Revue passieren und erzählen, welches Ereignis für sie am schönsten war. Dann fragen sie die Kinder: »Und was hat euch am besten gefallen?« Sie hören genau zu, was ihre Sprößlinge zu sagen haben, und geben ihnen dann einen Gutenachtkuß.

Das ist eine sehr schöne Art, den Tag zu beschließen, und eine äußerst wirkungsvolle Methode, die Energien auf das Positive zu lenken.

Auf den Boden zurückkommen – ein Weg zu mehr innerer Ruhe

Auf den Boden zurückzukommen, sich zu »erden«, ist eine einfache und wirksame Methode, das Bewußtsein zur Ruhe zu bringen und sich auf das Hier und Jetzt zu konzentrieren. Dabei spielt es keine Rolle, ob Sie im Auto sitzen, abspülen, den Korridor auf und ab gehen oder ob Sie sich lieben.

Der ganz normale Wahnsinn

Das Familienleben ähnelt heutzutage nur allzu häufig dem organisierten Wahnsinn. Die Eltern stehen vor sechs Uhr morgens auf, schlingen ihr Frühstück hinunter, scheuchen ihre Kinder in die Frühbetreuung, von dort geht es in die Schule und danach in den Hort. Nach Büroschluß holen sie sie ab, essen eine Kleinigkeit, und dann ist »Kinderstunde« (ha, ha!).

Später erledigen sie den Haushalt und noch ein paar »Hausaufgaben«, und lange nach Mitternacht fallen sie völlig erschöpft ins Bett.

Viele Familien haben heute zwar ein eigenes Haus, aber für die dafür übernommenen Schulden müssen beide Eltern 30 Jahre lang arbeiten. Manche Eltern verbringen ein Viertel ihrer wachen Zeit in einem Fahrzeug. Viele Väter arbeiten Tag und Nacht, um Geld für eine Eliteausbildung ihres Nachwuchses zurückzulegen, die Kinder aber leiden längst an Drogenproblemen und Minderwertigkeitskomplexen, weil ihre Väter nie zu Hause sind. Ehen zerbrechen an Vernachlässigung und Erschöpfung, und beide Partner machen »Kommunikationsprobleme« dafür verantwortlich, während sie mit Kollegen im Büro die ausführlichsten Gespräche führen. Die moderne Familie scheint am Streß zugrundezugehen.

Warum beginnen wir nicht gleich, während Sie dieses Buch lesen? Wie fühlen Ihre Muskeln sich an und was spielt sich im Inneren Ihres Körpers ab? Versuchen Sie diese Körperempfindungen wahrzunehmen, wie schwach sie auch sein mögen. Wenden Sie sich jetzt dem zu, was Sie gerade berühren: das Buch, das Sie in der Hand halten (Sind Ihre Schultern entspannt?), die Stuhllehne in Ihrem Rücken und die Kleider auf Ihrer Haut. Versuchen Sie, alle Gefühle zu erfassen und zu intensivieren.

Nach einer Weile lenken Sie Ihre Aufmerksamkeit auf Ihre Umgebung. Gebrauchen Sie Ihre fünf Sinne, schauen Sie sich um und versuchen Sie, die Gerüche und Geräusche um Sie herum einzufangen. Machen Sie sich ganz genau bewußt, was Sie umgibt.

Sie werden feststellen, daß es drei klar abgegrenzte Erfahrungsbereiche gibt:

1 **das Innere Ihres Körpers** – sind Sie müde oder hellwach, entspannt oder verkrampft?
2 **das Äußere Ihres Körpers** – das Buch, das Sie berühren, oder die Luft auf Ihrem Gesicht;
3 **die Umgebung Ihres Körpers** – was geschieht gerade um Sie herum, welche Farben, welche Geräusche und welche Bewegungen können Sie wahrnehmen?

Während Sie damit beschäftigt sind, diese drei Bereiche abzutasten, werden Sie mehrere Effekte spüren:

1 Ihr Bewußtsein legt eine langsamere Gangart ein.
2 Sie können die Schönheit und Fülle des Augenblicks intensiver empfinden.
3 Ihr Körper macht sich deutlicher bemerkbar und signalisiert Ihnen vielleicht das Bedürfnis, sich einmal zu strecken, etwas zu essen oder auch nur auf die Toilette zu gehen.

Es passiert uns allen manchmal, daß unser Gehirn einfach mit uns durchgeht. Man fängt es am besten wieder ein, indem man sich auf etwas Konkretes und Gegenwärtiges konzentriert. Achten Sie z.B. auf die Beschaffenheit des Lenkrades, wenn Sie gerade Auto fahren, oder auf die Oberflächenstruktur des Porzellans, falls Sie soeben die Spülmaschine einräumen, oder versuchen Sie, die Körperwärme Ihres Kindes zu spüren, wenn es auf Ihrem Schoß sitzt.

Im Gegensatz zur Entspannung kann man »Erdung«, ein Gefühl der Verbundenheit mit dem Boden, überall und in wenigen Sekunden bekommen. Man braucht etwas Übung und Klarsicht, um sie sich zunutze machen zu können, aber der Vorgang ist so natürlich wie das Atmen und wird Ihnen zuverlässig helfen, sich aus schwierigen Gemütszuständen zu befreien.

Probieren Sie es! Kleine Kinder oder Leute, die sehr bodenständig und im Einklang mit dem Rhythmus der Natur leben, verfügen für gewöhnlich über eine gute »Erdung«. Sie können von Ihnen lernen, indem Sie einfach nur ihre Nähe und Ausstrahlung genießen. Sobald Sie einmal gelernt haben, den Kontakt zum Konkreten über längere Zeit hinweg aufrechtzuerhalten, werden Sie immer mehr den Wunsch verspüren, diesen Zustand zu bewahren, und Sie werden es frühzeitig bemerken, wenn Sie in Hast oder Aufregung geraten oder in Bewegungslosigkeit oder Depression verfallen.

Und es wird Ihnen immer gelingen, sich sanft wieder in das viel angenehmere Hier und Jetzt zurückzubefördern.

Alle Eltern brauchen Zeit für sich selbst

Sie können nicht einen anderen Menschen lieben, wenn Sie keinen Sinn, kein Empfinden für sich selbst haben. Das können Sie aber nur erreichen, wenn Sie sich genügend Platz einräumen, Sie selbst zu sein. Nehmen Sie sich jeden Tag etwas Zeit für sich selbst.

Manche Leute stehen morgens früher auf oder gehen abends später zu Bett, um sich diese Zeit zu geben. Andere

DER BAUM DES

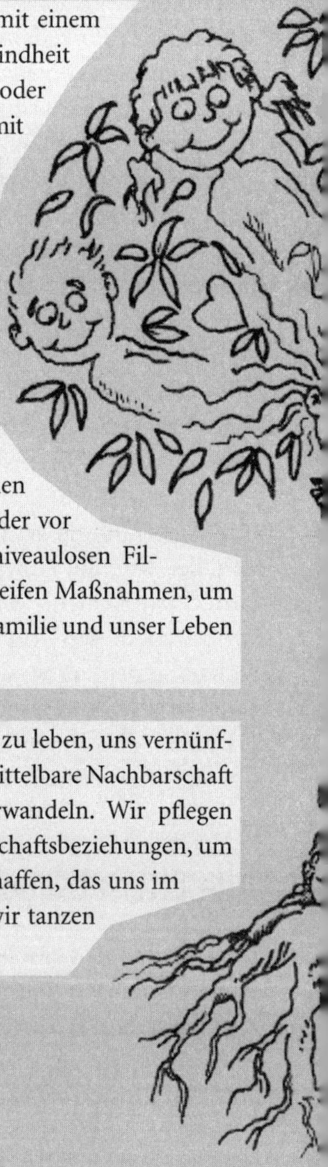

Mit unserer Familie verhält es sich wie mit einem Baum. Die Wurzeln sind unsere eigene Kindheit und Haltung zu uns selbst. Unsere Ehe oder Partnerschaft und unsere Verbundenheit mit unseren Kindern bilden den Stamm. Unsere täglichen Handlungen und die Entscheidungen, auf denen sie basieren, bringen die Zweige hervor, und die Kinder sind die Blüten und Früchte.

Wir habe feste Vorstellungen davon, wie unsere Kinder sich zu benehmen haben, besonders, wenn es um den Respekt gegenüber den Rechten und Gefühlen anderer geht. Wir versuchen, unsere Kinder vor gefährlichen Menschen und brutalen, niveaulosen Filmen oder Büchern zu schützen. Wir ergreifen Maßnahmen, um den Einfluß unseres Berufes auf unsere Familie und unser Leben zu begrenzen.

Wir versuchen, so natürlich wie möglich zu leben, uns vernünftig zu ernähren und unsere Welt und unmittelbare Nachbarschaft in schönere und sicherere Orte zu verwandeln. Wir pflegen Freundschaften, Familien- und Nachbarschaftsbeziehungen, um uns ein zuverlässiges soziales Netz zu schaffen, das uns im Leben unterstützt. Wir machen Musik, wir tanzen und singen.

(FAMILIEN-)LEBENS

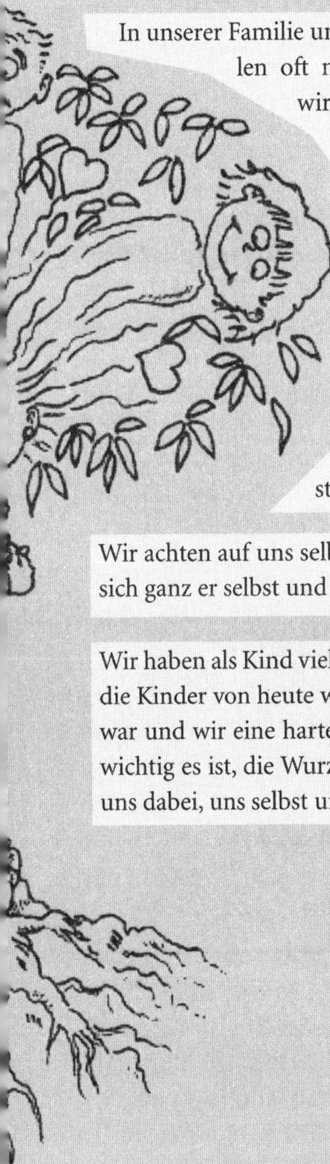

In unserer Familie umarmen wir uns oft, wir lachen und spielen oft miteinander. Wir mögen unsere Kinder wirklich sehr und genießen ihre Gesellschaft. Sie vermitteln uns ein positives Gefühl (meistens zumindest).

Wir arbeiten an unserer Ehe und nehmen uns die Zeit, einander kennenzulernen, um unser selbst und um unserer Kinder willen.

Wir wollen lieber Zeit für unsere Kinder haben und arm sein als reich und ständig von ihnen getrennt.

Wir achten auf uns selbst und nehmen uns Zeit, damit jeder für sich ganz er selbst und ganz bei sich sein kann.

Wir haben als Kind viel Liebe bekommen und geben sie gerne an die Kinder von heute weiter. Und selbst wenn dies nicht der Fall war und wir eine harte Kindheit erlebt haben – wir wissen, wie wichtig es ist, die Wurzeln zu »gießen« und zu pflegen; das hilft uns dabei, uns selbst und anderen Gutes zu tun.

arrangieren sich mit ihrem Partner, so daß beiden etwas eigene Zeit zur Verfügung steht.

Die Zeit, die man allein verbringt, ist noch wichtiger als die zu zweit. Denn Sie können sich Ihrem Partner nur dann zuwenden, wenn Sie in sich selbst ruhen. Ist dieser Zustand erst hergestellt, dann verspüren Sie ganz von selbst das Bedürfnis nach Nähe.

Zeit für sich selbst bedeutet aber nicht »Ach, endlich kann ich den Berg an Hausarbeit erledigen, der schon seit Tagen auf mich wartet!«, auch wenn ein Großputz sehr befriedigend sein kann, während sich gerade jemand anderes um die Kinder kümmert. Treffen Sie sich lieber mit Freunden! Fernsehen hat den gegenteiligen Effekt, Sie verlieren sich dabei eher, als daß Sie zu sich finden. Briefe zu schreiben oder ein Tagebuch zu führen ist dagegen sehr wirkungsvoll. Wenn Sie ein spirituelle Neigung haben, dann sind Gebete oder Medi-

tationen gut geeignet, und auch Lesen ist eine sinnvolle Alternative. Legen Sie sich mit einem Glas Sherry und einer Zeitschrift in die Badewanne, gehen Sie in den Wald oder oder in den Garten oder führen Sie Ihren Hund aus, ganz wie es Ihnen behagt – die Hauptsache ist, daß Sie überhaupt Zeit mit sich selbst verbringen, und zwar regelmäßig!

Kinder Kinder sein lassen

Den vielleicht größten und nachhaltigsten Schaden haben wir unseren Kindern in den letzen zwanzig Jahren zugefügt, indem wir ihnen nach und nach die Kindheit weggenommen haben. Und das ging auf verschiedenen Wegen vor sich:

1 **Das Bombardement der Medien**

Horror, Angst und Schrecken sind die Ingredienzen, aus denen sich die täglichen Nachrichten wie auch die sogenannte »Unterhaltung« zusammensetzen. Da das Fernsehen nur über einen kleinen Bildschirm in unsere Wohnungen kommt, meint man bei den Fernsehsendern, mit großen Effekten arbeiten zu müssen, um die Aufmerksamkeit der Zuschauer zu erhalten.

Außerdem übermitteln die Medien Kleinkindern wie Sechzigjährigen die gleichen Botschaften. Dabei werden

> **Vor vielen Jahren arbeitete ich an einer Schule** mit verhaltensauffälligen Kindern. Als sich eines Tages während der Pause ein Grüppchen meiner Zwölfjährigen hinter einem Gerümpelhaufen versteckte und ich nur noch ihr Kichern und Rumoren hören konnte, vermutete ich, daß sie etwas Übles im Schilde führten. Ich kroch ihnen also hinterher und mußte zu meiner Schande feststellen, daß sie sich bloß eine Hütte gebaut hatten und dabei waren, ihr Essen und ihre Getränke miteinander zu teilen. Sie luden mich sogar dazu ein, ich konnte aber nur kläglich grinsen und krabbelte beschämt wieder davon.

unsere Kinder sinnlos überhäuft mit negativen Dingen, die in ihrer Welt keinen Platz haben und für die sie auch nicht gewappnet sind.

2 Ein total verplantes Leben

Ich weiß von vielen Familien, die ihre Nachmittage und Wochenenden damit verbringen, ihre Kinder von einer Aktivität zur nächsten zu schleppen: Sportverein, Musikunterricht, Nachhilfe, Kindertheater usw. Wenn dazu noch Hausaufgaben in größerem Umfang kommen, dann bleibt unseren Sprößlingen nur noch wenig Zeit, ein Kind zu sein.

Nie zuvor hat es eine Generation gegeben, deren Leben ähnlich verplant war. Die einfache Regel »Ein Kind, eine Aktivität« ist dazu sicherlich eine gute Alternative.

3 Die Wettbewerbsneurose

Die oben beschriebene Überhäufung mit Aktivitäten kann Kindern schnell das Gefühl vermitteln, das Leben sei ein verzweifelter Wettkampf. Die Schule, selbst der Kindergarten, wird zu einem gefürchteten Ort, wo nur Leistung zählt.

Anstatt zu spielen, betreiben Kinder oft noch einen straff organisierten und vielfach kostspieligen Sport, bei dem der Wettkampf im Vordergrund steht. Siebenjährige vergleichen ihre Wertungen, machen sich Gedanken über ihre Leistung und beten dafür, ins Wettkampfteam aufgenommen zu werden. Und das ist schierer Wahnsinn.

4 Überarbeitete Eltern

Da wir so beschäftigt sind, unseren Kindern alle diese Vergnügungen zu ermöglichen, bleibt uns wenig Zeit und Energie, zu ihnen eine tragfähige Beziehung aufzubauen. Wir sind angespannt und launisch und damit erbärmliche Vertrauenspersonen für unsere Kinder.

Je schuldiger wir uns fühlen, desto mehr glauben wir bieten zu müssen. Mit dem Effekt, daß wir noch mehr arbeiten müssen, um all das zu finanzieren.

5 Eine gefährliche Welt

Während die Kinder in den 50er-Jahren frei und ungebunden in Wäldern und Wiesen umherstromerten und zwischen Frühstück und Abendessen nur selten zu Hause auftauchten, müssen wir sie heutzutage ständig in unserer Nähe behalten, um sie so vor den Gefahren des Straßenverkehrs und vor Verbrechen zu schützen.

Ihre Freiheit und Ungebundenheit ist eingeschränkt, ihr Körper bekommt nicht genügend Bewegung, und sie lernen erst spät, etwas auf eigene Faust zu unternehmen.

Es ist zwar eine konservative Forderung, aber dennoch: Wir müssen die Kindheit wiederherstellen! Wir müssen das naturnahe und ungebändigte Element in unseren Kindern wieder wachrufen und bewahren.

Und – wir müssen aktiv werden, unnötigen Druck und andere Beeinträchtigungen abwehren und das Leben unserer Kinder entgiften!

Einige mögliche Auswege

- ✗ Sorgen Sie dafür, daß immer genügend Zeit, Platz und Material für einfache Spiele zur Verfügung stehen. Plastikspielzeug ist zwar billig und sauber, aber Matsch, Papierfetzen, Ton und Wasser sind mit den sinnlichen Erfahrungen, die sie ermöglichen, nicht zu überbieten.

  Sie erlauben dem Kind, seine Phantasie und seine Neigungen frei zu entfalten.

- ✗ Schaffen Sie »fördernde Langeweile«. Kinder, die Unterhaltung durch Computer, Videos oder geplante Aktivitäten gewohnt sind, brauchen vielleicht eine Weile, um zum eigenen, selbstgesteuerten Spiel zurückzufinden. Bis dahin müssen Sie sich auf einiges Genörgel gefaßt machen.

  Aber das fehlende Angebot an Unterhaltung wird sie zwingen, selbst aktiv zu werden, und gerade das ist für ein Kind gesund. Denn wie Psychologen feststellten, ist eigenständiges Spielen ein wichtiger Prozeß, der Kindern dazu dient, ihre Welt zu verstehen, Wünsche auszudrücken, Ängste zu überwinden und Kontakt aufzunehmen. Spielen ist die Quelle von Kreativität und Erfindungsgeist. Große Musiker, Wissenschaftler, Liebhaber, Künstler und sogar Manager haben sich die Fähigkeit bewahrt, ihren Geist spielen zu lassen.

✗ Versuchen Sie selbst, wieder zu spielen. Oft finden Erwachsene, die sich in einer Krise befinden, neue Kraft durch kreative Beschäftigung, durch Musik, die Natur oder durch Bewegung an frischer Luft.

✗ Verzichten Sie auf die Abendnachrichten. Lassen Sie den Fernseher nicht einfach laufen, sondern wählen Sie sich Ihr Programm bewußt aus und schalten Sie ihn wieder ab, wenn die von Ihnen ausgesuchte Sendung vorbei ist.
Gewähren Sie Ihren Kindern nur eine Fernsehstunde pro Tag und lassen Sie sie selbst entscheiden, was sie sich ansehen.

✗ Betrachten Sie Ihr Leben unter folgendem Gesichtspunkt: Gefällt es Ihnen, wo Sie leben, wie Sie leben und welcher Arbeit Sie nachgehen? Oder gibt es Alternativen, die Ihr Leben fröhlicher, einfacher und dennoch inspirierend und reich gestalten könnten?
Vielleicht leben wir in einer Zeit, in der die ganze Welt einen Gang zurückschalten sollte. Kinder sind ein guter Anlaß, damit anzufangen!

Die Ankunft eines Babys zum Beispiel: Sie versetzt uns manchmal in einen Zustand von übertriebener Aktivität – wir renovieren die Wohnung, machen Überstunden, um Reserven anzulegen, und versuchen, herbeizuschaffen, was wir für notwendig erachten. Dabei braucht das Baby nur uns!

Durch meine Arbeit mit krisengeschüttelten Familien habe ich in sehr eindringlicher Form gelernt, meine Zeit nicht mit künstlicher Geschäftigkeit zu verschwenden.

Manche Kinder sterben früh – und wenn wir dann feststellen, daß wir ihre Gegenwart gar nicht mitbekommen haben, weil wir zu sehr mit der Zukunft beschäftigt waren, dann wird der Schmerz über den Verlust im buchstäblichen Sinne unerträglich groß.

Das Beste, was wir für unsere Kinder tun können, ist also, uns an ihnen zu erfreuen.

Neue Vitamine für Kinder

Wir wissen alle, wie wertvoll die Vitamine A, B, C, D etc. sind. Sie müssen in der täglichen Kost unserer Kinder enthalten sein, damit sie wachsen und gedeihen. Nun wollen Wissenschaftler einige neue Vitamine entdeckt haben, die mindestens ebenso bedeutend sind. Hier sind sie:

Vitamin M für Musik

Kommt natürlich bei allen jungen Eltern vor und kann der Familienkost umgehend zugesetzt werden. Legen Sie gute Musik auf und tanzen Sie mit Ihren Kindern im Wohnzimmer – möglichst oft. Nehmen Sie sie auf den Arm, wenn sie noch zu klein sind.

Singen Sie auf Autofahrten und stellen Sie Lieblingskassetten zusammen. Auch ein paar einfache Musikinstrumente sollten zur Verfügung stehen. Wenn Sie Ihre Kinder zum Musikunterricht schicken, so versichern Sie sich, daß sie auch wirklich Freude daran haben.

Achtung: Die Wirkung wird durch unablässigen Radio- oder Fernsehlärm gefährdet – Kinder lernen so, nicht zuzuhören.

Vitamin P für Poesie

Bringen Sie Kleinkindern kurze Liedchen und Reime bei. Ältere Kinder können Gedichte lernen und anläßlich von Familienfeiern rezitieren. Hören Sie sich Gedichte und Geschichten auf Tonband an und erfreuen Sie sich am gesprochenen Wort.

Vitamin N für Natur:

Geben Sie Ihrem Kind Gelegenheit, sich in verwildertem, naturnahem Gelände umzutun. Bei kleineren Kindern reicht noch der

Garten mit seinen Insekten und Krabbeltieren und den Büschen und Bäumen, in denen die Vögel von Ast zu Ast springen. Wann immer es Ihnen aber möglich ist, sollten Sie sich in die freie Natur begeben und zum Beispiel Waldspaziergänge unternehmen. Beobachten Sie Sonnenuntergänge und zelten Sie im Freien.

Es besteht eine enge Verwandtschaft mit Vitamin S1 für Spiritualität. Verträgt sich nicht mit Computerspielen, dem Leben in der Stadt, dem Besuch zu vieler Vergnügungsparks und der Auffassung, daß Spaß etwas ist, das man kaufen kann.

Vitamin S1 für Spiritualität

Wenn Sie Bedarf an diesem Vitamin haben, dann suchen Sie Kontakt zu Gemeinden oder anderen spirituellen Kreisen. Dieses Vitamin wird Ihr Leben vertiefen.

Vitamin S2 für Spaß

Überall enthalten, überträgt sich von Kindern auf Erwachsene und umgekehrt. Das weitverbreitetste Vitamin der Welt. Am Arbeitsplatz kommt es natürlich nicht vor, kann aber eingeschmuggelt werden.

Gefährdet durch das Tragen einer Uhr.

Vitamin H für Hoffnung

Kommt natürlich vor, sollte vor dem Kontakt mit Giften geschützt werden. Vermeiden Sie es tunlichst, die Welt nur passiv durch Zeitungen oder Fernsehnachrichten zu betrachten, und verzichten Sie auf Schwarzseherei in der Gegenwart von Kindern, insbesondere von Teenagern.

Unterstützen Sie eine Sache von Belang, Greenpeace, BUND, World Wildlife Fund oder ein Nachbarschaftshilfeprojekt. Forschungen haben gezeigt, daß die Kinder von nur halbwegs engagierten Eltern psychisch gesünder sind, eine positivere Einstellung zur Welt und zur Zukunft haben und auch bereit sind, mehr dafür zu tun, als Kinder passiver Eltern.

Vitamin V für Vertrauen

Ein Depot dieses Vitamins wird in der Kindheit aufgebaut, wenn das Kind die Erfahrung macht, daß es sich auf seine Eltern verlassen kann, und daß seine Eltern – und es selbst mit Hilfe seiner Eltern – mit Schwierigkeiten fertig werden.

Eine spätere Zufuhr durch Freunde oder Therapeuten ist begrenzt möglich.

Eng verwandt mit Vitamin H, kann dieses vor Zerstörung schützen.

Standfeste Liebe

Das Geheimnis von wohlerzogenen Kinder

Kapitel 3

Es ist ein Zeichen unserer Zeit, daß das Wort »Disziplin« in unseren Sprachgebrauch zurückgefunden hat. Für diejenigen, die die 60er-Jahre bewußt miterlebt haben, ist das eine sehr erstaunliche Wendung.

In den letzten zwanzig Jahren wurde das Wort vorwiegend im Zusammenhang mit militärischen Themen gebraucht. Aber es steht heute auch wieder in Erziehungsfragen auf der Tagesordnung. Das ist unschwer zu erkennen, wenn man sich Bücherregale und Elternzeitschriften ansieht.

Und es ist auch höchste Zeit! Denn wenn auf den Plänen für ein modernes Einfamilienhaus heutzutage ganz selbstverständlich ein Rückzugsort für die Eltern miteingeplant wird, dann ist Handlungsbedarf dringend gegeben.

Schließlich wollen wir Eltern uns nicht bloß mit einer Elternecke begnügen, sondern das ganze Haus für uns zurückgewinnen!

Warum Disziplin?

Oh, weh! Da kommen sie schon! Ihre beste Freundin und ihr vierjähriger Sohn – eine Höllenausgeburt von einem Kind! Er schmiert Marmelade auf Ihr Sofa, kritzelt auf den Vorhängen herum und kann selbst Bulldoggen in Angst und Schrecken versetzen. Sollten Sie sich nicht doch lieber verstecken und so tun, als seien Sie nicht zu Hause?

Disziplin ist schon eine merkwürdige Sache: Man bemerkt sie am ehesten dann, wenn sie nicht vorhanden ist.

Wir alle kennen Eltern, die ihre Kinder überhaupt nicht im Griff haben, und vielen von uns ergeht es auch manchmal so. Fast alle Eltern müssen von Zeit zu Zeit um die Kooperationsbereitschaft ihrer Kinder kämpfen und haben oft genug Probleme mit ihrem eigenen Verständnis von Disziplin.

Eine Minderheit von Eltern scheint jedoch bestens mit dem Problem der Diziplin klarzukommen. Was ist ihr Geheimnis? Wenn sie ihre Kinder rufen, kommen sie tatsächlich. Es kann einem der Mund vor Staunen offen stehen, wenn man bei ihnen zuhause die Zehnjährigen für die Familie Kaffee kochen sieht und wenn die Teenager anrufen, um mitzuteilen, daß sie bald nach Hause kommen.

Diese Kinder sind keine verängstigten grauen Mäuschen, sondern fröhlich, optimistisch und unverkrampft. Was ist das Rezept ihrer Eltern?

Der Grund, weshalb wir uns alle disziplinierte Kinder wünschen, ist denkbar einfach: Es macht das Leben leichter. Immer nachzugeben hat nicht diesen Effekt. Eltern, die ihren Kindern keine Grenzen setzen, werden feststellen, daß das Verhalten ihrer Kinder sich verschlechtert. Ohne klare Regeln können Sie einen ganzen Tag mit Diskussionen verbringen, an dessen Ende weder Sie noch Ihr Kind glücklich sind.

Arbeiten Sie aber mit einer effektiven Disziplinierungsmethode, so sind die Probleme schnell gelöst und Sie können sich wieder angenehmeren Dingen zuwenden.

Aber das ist nicht alles! Wir disziplinieren unsere Kinder nicht, damit wieder »Gesetz und Ordnung« herrschen. Um das zu erreichen, ist es am besten, keine Kinder zu haben. Das eigentliche Ziel ist, ihnen beizubringen, wie sie heiter und gelöst mit den Anforderungen des Lebens fertig werden können.

Aber ohne eine gewisse Standfestigkeit auf seiten der Eltern entwickeln Kinder keine Selbstkontrolle und benehmen sich mit fünf, fünfzehn oder fünfundzwanzig immer noch wie Zweijährige.

Ihr Leben ist ein Chaos, weil sie keine Selbstdisziplin kennen. Eltern, die ihre Kinder tun lassen, was sie wollen, legen ihnen ein großes Hindernis in den Weg hinaus in die rauhe Wirklichkeit. Bei Kindern solcher Eltern ist die Gefahr viel größer, daß sie in Unglück, Arbeitslosigkeit, Ehelosigkeit, Einsamkeit, Verbitterung oder sogar im Gefängnis enden, als bei Kindern, die ihre Eltern als feste und starke Persönlich-

keiten erlebt haben. Ein Kind, das Selbstdisziplin gelernt hat, kann mit der Welt umgehen und sich Probleme vom Hals halten, es ist wirklich frei!

Disziplin erleichtert es, mit sich selbst und anderen zurechtzukommen. Nach der Liebe ist Disziplin das Allerwichtigste, was Sie Ihren Kindern mit auf den Weg geben können. Aber natürlich meine ich nicht die Art von Disziplin, die man landläufig mit diesem Wort verbindet.

Die Vorgehensweise, die wir favorisieren, heißt Standfeste Liebe – standfestes Eingreifen aus Liebe zum Kind.

Eltern, die zur Standfesten Liebe fähig sind, sagen: »Ich liebe dich, und gerade deswegen erlaube ich dir nicht, dich so aufzuführen.« Sie verbinden Liebe und Standfestigkeit, sie schlagen nicht, sie verletzen nicht und sie beschuldigen nicht, aber sie sind unerschütterlich in ihrer Haltung.

»Stillstehen und nachdenken« und »Das Problem lösen«

An dieser Stelle wollen Sie sicherlich wissen, mit welchem Zaubermittel Sie Ihre Kinder dazu bringen, sich kooperativ zu verhalten. Standfeste Liebe basiert auf zwei Kerntechniken. Die erste ist Stillstehen und nachdenken und die zweite das Problem lösen. Sie können vom Kleinkindalter an und – mit einigen Abwandlungen und Modifizierungen – über die Jugend bis ins Erwachsenenalter hinein eingesetzt werden. Die Fähigkeit, »stillzustehen und nachzudenken« und dann »das Problem zu lösen«, wird sich, wenn Ihre Kinder erwachsen geworden sind, zu einer inneren Qualität entwickelt haben.

Sie wird ihnen zu Reife, Reflexion und Klugheit in ihren Handlungen verhelfen. Lassen Sie uns herausfinden, wie man diese zwei Techniken einsetzt.

Lucia findet ihren Meister

Die zwanzig Monate alte Lucia spielt mit dem Stromkabel der Stereoanlage. Sie tut das nicht etwa heimlich oder versteckt, sondern unter den Augen ihrer Eltern, die gerade in eine Unterhaltung vertieft sind. Ihre Mutter sieht sie und ruft: »Finger weg vom Stromkabel, spiel' lieber mit deinen Spielsachen!«

Lucia zeigt keinerlei Reaktion, also steht ihre Mutter auf und geht zu ihr: »Lucia, Hände weg vom Stecker!«

Lucia schaut zu ihr auf und wirft ihr einen Blick zu, einen von der Sorte: »Was willst du schon dagegen unternehmen?«.

Die Mutter startet einen letzten Versuch: »Komm' weg von den Steckern, oder du mußt in der Ecke stehen!«

Lucia wendet sich erneut der Stereoanlage zu und murmelt »Nein, nein, nein« vor sich hin.

Bis zu diesem Zeitpunkt hatte Lucia nie ein ähnlich aufsässiges Verhalten an den Tag gelegt. Sie ließ sich immer durch Ablenkung oder Überredung von ihrem Vorhaben abbringen. Nun aber wird sie ihre erste Erfahrung mit der Disziplin machen. Sie fordert die Eltern zu einer Kraftprobe heraus, weil sie es braucht.

Jetzt ist es Zeit zu handeln. Lucias Mutter schreitet energisch ein und packt die Kleine mit beiden Hände von hinten um den Bauch, hebt sie hoch und befördert sie in eine freie Ecke des Zimmers. (Jedes Wohnzimmer sollte übrigens so eine freie Ecke haben!) Lucia findet das gar nicht komisch, sie schreit und kreischt, sie schlägt um sich und strampelt. Ihre Mutter hält sie weiterhin fest und sagt: »Wenn du dich beruhigt hast, kannst du wieder aus der Ecke kommen.«

Lucia versucht es mit allen Mitteln: Spucken, Beißen und Treten. Andere Kinder halten die Luft an oder beschimpfen ihre Eltern. Lucia hat nie eine Ohrfeige bekommen, deshalb hat sie auch keine Angst, sie ist nur wütend.

Wie kann irgend jemand es wagen, sich in ihr Spiel einzumischen! Sie blickt sich nach ihrem Vater um, der sich im Hintergrund hält.

»Papi, Lucia helfen!« Ihr Vater kommt hinzu und hilft, sie festzuhalten, während er mit ruhiger, aber fester Stimme wiederholt, was die Mutter gesagt hat: »Du darfst nicht mit den Stromkabeln spielen.«

Nach kurzer Zeit beruhigt Lucia sich und hört auf zu kämpfen. Ihre Mutter hatte ständig wiederholt: »Wenn du dich beruhigt hast, kannst du wieder aus der Ecke kommen.« Jetzt fragt sie sie geradeheraus: »So, läßt du jetzt die Finger von den Stromkabeln?« – »Ja, Mami!«

»Brav«, sagen die Eltern, richten sich auf und beobachten Lucia, um zu sehen, was sie nun vorhat. Lucia schaut abwechselnd zur Steckdose und zu ihren Eltern und wendet sich schließlich ihren Spielsachen zu. Ihre Eltern seufzen vor Erleichterung und kehren zu ihrer Unterhaltung zurück. In den nächsten Wochen wird Lucia zwar noch einige Male an den Steckern herumfingern, aber sie wird auch auf ein Wort der Mutter hin sofort wieder damit aufhören.

Lucia wird noch viele Male in der Ecke landen, bis sie fünf Jahre alt ist. Mit zweieinhalb wird sie noch öfter stillstehen und nachdenken müssen. Mit fünf aber wird sie in der Lage sein, wohlüberlegt zu handeln und die Gefühle anderer zu berücksichtigen, und dennoch wird sie ein spontanes und unkompliziertes Kind sein.

Kein Schmerz, keine Schuld, keine Angst

Daß sie davongetragen wurde, um stillzustehen und nachzudenken, überraschte Lucia zwar sehr, aber es verletzte nur ihren Stolz und auch das nur für einige Minuten. Kleine Kinder verstehen manchmal nur die Sprache des Körpers. Dann müssen wir sie mit festem Griff, aber ohne sie zu er-

schrecken, anfassen. Wir müssen ihnen physisch klarmachen, daß »etwas nicht läuft«, und die schreienden Kleinen gegen ihren Willen aus dem Supermarkt tragen, sie daran hindern, dem schlafenden Hund Limonade ins Ohr zu gießen oder die Spielgruppe aufzumischen. Bei Kleinkindern müssen wir den Worten durch Taten Nachdruck verleihen.

Bewegen Sie sich immer ruhig und ohne Ihrem Kind weh zu tun, auch wenn Sie zornig sind. Es ist sowieso am besten zu handeln, bevor die Sicherungen durchbrennen. Wenn Sie zu aufgeregt sind, verzichten Sie auf den zweiten Schritt und verfrachten Sie die Kleinen in ihr Zimmer, bis Sie sich selbst wieder beruhigt haben.

Schon bald wird Ihr Kind gelernt haben, daß es an einer bestimmten Stelle stillstehen und nachdenken muß, wenn Sie es ihm sagen. Es wird auf Sie hören, weil es weiß, daß es keine Alternative gibt, aber auch, weil es weiß, daß das Ganze nicht lange dauern wird und im Grunde keine große Affäre oder Strafe ist. Es ist nur eine Methode, mit einem Problem umzugehen, die den Sinn hat, daß das Kind selbst zu einer akzeptablen Lösung findet.

Ist es Mutwilligkeit oder überschüssige Energie?

Man muß den menschlichen Körper nur einmal anschauen, um zu erkennen, daß er wie geschaffen ist für Bewegung und Aktivität. Zum Beispiel die Buschmänner und -frauen in der Kalahari, von denen Bruce Chatwln in seinem wunderbaren Buch »Traumpfade« berichtet: Sie tragen ihre Babys durchschnittlich 4000 Kilometer weit, bis die Kleinen selber laufen können.

Unsere Körper sind so gebaut, daß sie täglich große Entfernungen zurücklegen können. Aber wenn wir uns nicht vom Fleck rühren, entsteht bei Kindern wie auch bei Erwachsenen Langeweile und Trägheit. Noch schlimmer wird es, wenn die Zeit mit Computerspielen oder Fernsehen totgeschlagen wird. Dann setzt der Körper nämlich Adrenalin frei, kann es aber nicht in gesteigerte Aktivität umsetzen.

Kein Wunder also, wenn Kinder, die den ganzen Tag nur in der Wohnung sitzen und sich kaum bewegen, ungehalten, launisch und aggressiv werden. Es ist die überschüssige Energie, die sie so umtreibt. Damit wird eines klar: Kinder gehören ins Freie und brauchen täglich jede Menge Bewegung!

Die Bewegungstherapeutin Kerry Ann Brown vermutet, daß Rennen, Klettern, Hüpfen, Fangen und der riesige tägliche Energieverbrauch kleiner Kinder eng mit späteren Fertigkeiten wie Lesen, Schreiben, Körperhaltung und Koordination zusammenhängen. Diese frühe Aktivität strukturiert das Gehirn und fördert die Feinmotorik, die zum Beispiel beim Halten eines Füllers benötigt wird. Babys in Rückentragen oder Tragetüchern zu befördern wirkt sich ebenso positiv aus wie die Raufereien, die Papis mit ihren Sprößlingen auf dem Wohnzimmerteppich veranstalten.

Daneben ist ein Trampolin eine sinnvolle Anschaffung, wie auch alle anderen sicheren und durchdachten Kletter- oder Schaukelgeräte nicht mit Gold aufgewogen werden können.

Parks sind ebenfalls Einrichtungen von unschätzbarem Wert. Machen Sie sich in Ihrer Gemeinde stark dafür, daß viele Spielplätze an windgeschützten, warmen Flecken mit schattenspendenden Bäumen und Sitzgelegenheiten für Erwachsene gebaut werden. Sie sollten sich in der Nähe von Wohngebieten und nicht in unsicheren Gegenden befinden, damit junge Mütter sich nicht ängstigen. Außerdem sollten die Spielplätze von einem Zaun umgeben sein, damit man auch einmal in Ruhe etwas lesen kann, ohne daß die Kinder »ausbüchsen« können. Sinnvoll wäre auch ein funktionierende und saubere Toilette.

Generell gilt: Wenn Ihnen die Decke auf den Kopf fällt, machen Sie mit Ihren Kindern irgend etwas, das Ihnen allen Bewegung und frische Luft verschafft. Machen Sie einen Spaziergang oder gehen Sie auf den Spielplatz. Ich habe viele Sonntage »im Sandkasten« verbracht. Mit ein wenig Verpflegung war das eine sehr preisgünstige Methode, die Kinder zufriedenzustellen.

Die Erziehungsmethoden entrümpeln

In den letzten hundert Jahren gab es im wesentlichen drei Verfahrensweisen, Kinder zu disziplinieren. Traditionell wurden die Kinder durch Angst vor Schlägen und Schmerzen konditioniert. Später, als körperliche Züchtigung geächtet wurde, setzten Eltern ihre Erziehungsziele mit Hilfe von Tadel und Schuldzuweisungen durch. Zuletzt versuchte man es damit, den »Delinquenten« zu isolieren. Wie man aus Erfahrungen mit erwachsenen Häftlingen weiß, führt das jedoch zu nichts, und der pädagogische Effekt ist gleich null.

Echte Disziplin aber ist eine Sache, die man seinen Kindern aktiv beibringen muß und die man nicht durch Strafen erreichen kann. Deshalb geht die Standfeste Liebe über den traditionellen Erziehungskatalog hinaus, und sie hat zudem den großen Vorzug, daß Sie Ihr Kind niemals ohrfeigen müssen – statt dessen können Sie einfach die Methode »Stillstehen und nachdenken und dann das Problem lösen« anwenden.

Mit der Hilfe dieser Methode werden Ihre – und vielleicht eines Tages alle – Kinder ohne Furcht vor ihren Eltern aufwachsen. Stellen Sie sich nur vor, welch wunderbares Gefühl das sein wird!

Natürlich bedeutet Standfeste Liebe auch, daß die Kinder mit weniger angenehmen Dingen konfrontiert werden. Aber niemals wird ihnen Schaden zugefügt. Das einzige Ziel der Standfesten Liebe ist es, Kinder auf einen guten Weg zu führen.

Schauen wir uns ein weiteres Beispiel an.

Daniel ißt Erbsen

Vier Jahre nach der Geburt ihres Kindes beschließen David und Louisa, daß sie nun abends wieder essen gehen wollen – zusammen mit ihrem Sohn Daniel. Sie sehen keinen Grund, warum es nicht möglich sein soll, auch mit einem Kind einen schönen Abend in einem besseren Restaurant (mit Tischdecken!) zu verbringen.

Bald ist ein Restaurant gefunden, und das Essen wird aufgetragen. Der kleine Daniel hat Langeweile, weil die Eltern miteinander und nicht mit ihm beschäftigt sind. Er schnippt mit dem Finger eine Erbse über den Tisch. Sein Vater flüstert ihm eine Warnung zu: »Hör' auf, mit den Erbsen zu spielen!« Aber für Daniel klingt es eher wie: »Bitte nicht hier, nicht vor all diesen Leuten!« und eine weitere Erbse verläßt seinen Teller. Der Vater tauscht einen Blick mit der Mutter, es steht einiges auf dem Spiel.

David wird nun energisch: »Iß' anständig, oder du mußt in der Ecke stehen!« Daniel schickt ungerührt die nächste Erbse auf den Weg. Er will wissen, wieviel Rückgrat sein Vater wirklich hat und ob er zu seinem Wort steht. Aber David läßt keine Zweifel aufkommen – mit festem Schritt führt er Daniel an etwa vierzig mehr als erstaunten Restaurantbesuchern vorbei in die gegenüberliegende Ecke des Restaurants. »Ich hole dich wieder ab, wenn ich sehe, daß du bereit bist, vernünftig zu essen.« Mit diesen Worten kehrt er seelenruhig an den Tisch zurück.

Daniel ist zunächst einigermaßen verblüfft. Nach einer Weile jedoch sacken seine Schultern herab und er wirft unsichere Blicke in den Raum. David geht zu ihm und fragt: »Bist du jetzt wieder vernünftig?« – »Ja.« – »Was hast du falsch gemacht?« – »Meine Erbsen über den Tisch geschnippt.« – »Wie geht es nun weiter?« – »Ich esse anständig.« – »Okay, gut gemacht.« Damit setzen sich beide wieder an den Tisch.

Ein Raunen ist aus den Reihen der anderen Gäste zu vernehmen und Eltern, die 50 Mark pro Abend in einen Babysitter investieren, kritzeln kleine Notizen auf ihre Servietten.

Wäre Daniel nicht daran gewöhnt gewesen, »stillzustehen und nachzudenken«, dann wäre es besser gewesen, mit ihm vor die Tür zu gehen. Er hätte schreien und kreischen können, und in so einem Fall ist es für die Eltern wie auch für die anderen Gäste angenehmer, die Sache draußen auszumachen.

Lassen Sie Ihr Kind aber nicht allein. Eine klare Sprache und der plötzliche Ortswechsel bringen Kinder für gewöhnlich zum Einlenken. Es ist ein nicht ganz einfacher Lernprozeß, aber er lohnt sich – schließlich hängt davon ab, ob man künftig gemeinsam (und ohne Babysitter-Kosten) ein Restaurant besuchen kann.

Wie man »Stillstehen und nachdenken« und »Das Problem lösen« anwendet

1 Vorbereitung – Stellen Sie sich die Frage: Was ist falsch gelaufen, was soll das Kind besser machen? D.h., setzen Sie sich ein klares Ziel, bevor Sie loslegen.

2 »Stillstehen und nachdenken« als solches muß auch gelernt werden. Bei Kleinkindern ist es ausreichend, sie an eine bestimmte Stelle zu setzen und einen Augenblick verstreichen zu lassen.

Sagen Sie: »Du mußt hierbleiben, bis wir uns einig geworden sind. Wenn du wieder friedlich bist, kannst du weiterspielen.« Wenn Sie es festhalten müssen, dann sagen Sie: »Ich lasse dich los, wenn du dich wieder beruhigt hast«. In diesem Alter können Sie sich damit zufrieden geben, wenn Sie ein Einlenken spüren oder eine zähneknirschende Entschuldigung hören. Helfen Sie dem Kind, die Dinge richtig zu machen. Wenn z. B. ein Spielzeug an die Wand geflogen ist, dann holen Sie die Kiste herbei, damit Ihr Kind es einräumen kann.

3 Bei größeren Kindern (vom Alter von drei Jahren an) wird das Gespräch, das Sie führen, immer wichtiger. Vergessen Sie nicht, Ihr Kind muß Sie davon überzeugen, daß es sich in Zukunft besser verhalten wird. Es muß die Situation im Gespräch lösen und zeigen, daß es auch anders kann. Eine Bezeichnung dafür ist »Das Problem lösen«. Das lernt Ihr Kind hier.

Sagen Sie dem Kind, was seine Aufgabe ist: »Steh' still und denke darüber nach, wie du dir den Ärger eingebrockt hast. Wenn du es weißt und ich soweit bin, dann komme ich zurück und wir reden darüber.«

4 Führen Sie folgendes Gespräch, wenn Ihr Kind »Das Problem lösen« will.

a »Erzähl' mir, was hast du gemacht?« Diese Frage zeigt Ihrem Kind, daß es wichtig ist, Verantwortung für das eigene Handeln zu übernehmen.

b »Was hast du dir dabei gedacht bzw. gefühlt oder was hast du dir gewünscht?«

c »Was hättest du anders machen können, um dein Ziel zu erreichen?« Vielleicht kennt Ihr Kind bereits selbst einen besseren Weg, oder vielleicht haben Sie die gleiche Diskussion schon einmal geführt, dann kann Ihr Kind diese Frage schon selbst beantworten.

Vielleicht müssen Sie Ihrem Kind aber auch erst zeigen, wie es seine Sache besser machen kann, wie es sich z.B. am Spiel anderer beteiligen kann, wie man eine Stoppuhr benutzt, damit jedes Kind die gleiche Zeit zur Verfügung hat, um mit einem begehrten Spielzeug zu spielen, oder wo es seine Spielsachen vor ganz kleinen Kindern in Sicherheit bringen kann.

d »Wie willst Du die Sache in Zukunft anpacken?« Verlangen Sie hier einen konkreten Vorschlag und ein eindeutiges Versprechen, eine Zusicherung.

c »Zeig' es mir jetzt!« Machen Sie Ihrem Kind klar, daß Sie ihm die Gelegenheit geben möchten, die Sache, die zuvor zum Konflikt geführt hat, noch einmal zu wiederholen und diesmal richtig zu machen.

5 Führen Sie die Sache zu einem guten Ende. Das Schöne am »Das Problem lösen« ist, daß das Problem damit aus der Welt geschafft ist. Sie müssen zwar momentan ein bißchen Zeit investieren, aber dann nie wieder (schlimmstenfalls noch ein- oder zweimal). Am Ende fühlen sich alle Beteiligten wohler und sind wieder versöhnt.

Ein ganz neuer Ansatz

Diese Art von Disziplin unterscheidet sich ganz erheblich von der »Disziplin« früherer Zeiten. Wenn wir uns an unsere eigene Kindheit erinnern, so verbinden wir Disziplin mit recht negativen Gefühlen. Die Geschichte der Erziehung seit der industriellen Revolution war für die Kinder oft grausam und jammervoll.

Früher waren viele Eltern den Herausforderungen der Kindererziehung nicht gewachsen und wiederholten schlicht die Methoden, die sie selbst gehaßt hatten.

Wenn Disziplin jedoch als konsequentes Verhalten verstanden wird, als eine tragende Säule liebevoller Erziehung, dann erübrigen sich Schmerz, Scham und Furcht. Gerade diese Art von Disziplin ist eines der zentralen Merkmale der Standfesten Liebe.

Standfeste Liebe bedeutet, seinen Kindern gegenüber respektvoll und gewaltlos zu handeln, ohne sich dabei jedoch das Heft aus der Hand nehmen zu lassen.

Wir sind fest davon überzeugt, daß dieses Vorgehen zu einer Revolution in der Kindererziehung führen wird. Den Eltern wird es leichter fallen, aus ihren Kindern starke, liebevolle und stabile junge Erwachsene zu machen, und sie werden die Erziehung als eine vergnüglichere Aufgabe empfinden, eine Aufgabe, die voller Freuden ist.

Drei »Tricks«, mit denen man Kinder dazu bringt, kooperativ zu sein

Man kann vielen Konflikten vorbeugen. Mit ein bißchen Voraussicht lassen sie sich abwenden, bevor es zu einer Konfrontation kommt. Am Anfang werden Sie kleinen Kindern ein Dutzendmal oder öfter »Stillstehen und nachdenken« verordnen müssen. Bald jedoch werden sie lernen, nach einer Warnung, oder wenn Sie bis drei gezählt haben, zu reagieren. Erfahrenen Eltern gelingt es mit ein wenig Umsicht, Schwierigkeiten von vornherein zu umschiffen oder so abzuschwächen, daß der Konflikt nicht aus dem Ruder läuft.

Wenn Ihre Kinder drei oder vier Jahre alt sind, werden Sie so weit sein, Ihre Vorräte an Standfester Liebe und Ihre Energie für die ein oder zwei Anlässe am Tag aufsparen zu können, bei denen Sie wirklich wichtige Lektionen vermitteln müssen.

Wenn es Ihnen selbst noch nicht gelingt, die Fälle von Konfrontationen zu verringern und schwierige Punkte von vorneherein zu »umschiffen«, können Ihnen vielleicht folgende Tips hilfreich sein:

Vorbeugen

Viel Ärger mit Kindern beruht auf Überanstrengung, Hunger oder Müdigkeit.

Sorgen Sie für eine ordentliche Mahlzeit, bevor Sie mit Ihrem Kind das Haus verlassen, und halten Sie regelmäßig für eine kleine Erfrischung an. Sehr süße oder gefärbte Lebensmittel sollten Sie Ihren Kindern nur gelegentlich oder als besonderen Leckerbissen nach einer Mahlzeit geben. Denn nach einem »Zuckerschock« drehen die meisten Kinder auf und sind schwerer zu handhaben.

Planen Sie Ihre Unternehmungen genau und verzichten Sie auf Unwichtiges, damit Sie nicht unter Zeitdruck geraten. Gestalten Sie Ihr Leben möglichst einfach, solange Ihre Kinder klein sind. Kleinigkeiten können Sie furchtbar lang aufhalten, Sie tun sich deshalb selbst einen Gefallen, wenn Sie dies mit einkalkulieren.

Geben Sie Ihrem Tagesablauf einen angenehmen Rhythmus mit festen Ritualen, so daß die Kinder sich dieser Routine anpassen können. Verlangen Sie unter der Woche, daß Ihre Kinder sich vor dem Frühstück anziehen. So vermeiden Sie Ärger und Verspätungen in Schule oder Kindergarten. Hungrige Kinder ziehen sich schleunigst und ohne Aufhebens an. (Damit sie ordentlich frühstücken, kann man sie abends nur mit einem leichten Abendbrot ins Bett schicken Sie werden hungrig wie junge Bären aufwachen.)

Gestalten Sie das Zuhausesein fröhlich. Verrichten Sie die alltäglichen Aufgaben mit möglichst viel Spaß, legen Sie bei der Hausarbeit zum Beispiel lustige Musik auf. Sparen Sie sich Perfektionismus und seien Sie unbesorgt schlampig. Sie werden Ihre Kinder nur in den ersten fünf Jahren ganz für sich haben und in den folgenden zehn nur noch zur Hälfte. Warum also nicht die Freude voll auskosten, solange es noch geht?

Wenn kleine Kinder ruhelos und nervös sind, so fehlt ihnen meist Bewegung. Unsere moderne Welt mit winzigen Gärten, Sicherheitsgurten, langen Autofahrten und vielen Gefahren verursacht zwei Drittel der Probleme. Sandkästen, Wasserbecken, Platz zum Rennen und Klettern schaffen Abhilfe. Ein Kind, das sich ausgetobt hat, ist für gewöhnlich recht kooperativ.

Umlenken

Vermeiden Sie Ärger, indem Sie einen Handel vorschlagen, oder versuchen Sie es mit Bestechung: »Ich kaufe dir ein paar Pommes Frites an der Ecke, wenn du mir jetzt hilfst und in deinen Autositz kletterst.« So können Sie viele Konflikte umgehen. Wenn zwei Kinder um ein Spielzeug streiten, können Sie anbieten, daß jenes, das warten muß, hinterher länger damit spielen darf.

Kinder können lernen, sich abzuwechseln, sie können lernen, sich nach einer Uhr zu richten, und sie können lernen, sich auch so miteinander arrangieren, daß mehrere Kinder mitspielen können.

Manchmal ist auch Langeweile die Ursache allen Übels. Lenken Sie die Aufmerksamkeit Ihres Kindes auf etwas Neues, und bald wird es wieder »das Problem lösen«.

Ein Gutteil der »Aufsässigkeit« von Kindern kommt daher, daß sie nicht wissen, wie sie etwas besser machen können. Greifen Sie Ihre Kinder nicht an, wenn sie etwas falsch machen, sondern versuchen Sie, ihnen beizubringen, wie es richtig ist.

Stellen Sie sich mehrere Familien vor, die zusammen am Strand ein Picknick veranstalten. Ein Achtjähriger schnappt sich die letzten drei Hühnerbeine. Ein Vater verscheucht ihn lachend mit der Suppenkelle und ruft: »Behalt' bloß deine Finger bei dir«. Das ist zwar gut gemeint, wird aber kaum ein anderes Verhalten bewirken. Ein anderer sagt: »Stop, du hast nicht gefragt, ob sonst noch jemand etwas möchte. Iß erst einmal ein Hühnerbein! Später fragst du, ob du noch ein Stück haben darfst.«

Sie sind derjenige, der Ihren Kindern beibringt, was gute Manieren sind. Woher sonst sollen sie es lernen?

Notwendige Auseinandersetzungen

Wenn alle oben geschilderten Methoden nicht gefruchtet haben, so kann das bedeuten, daß Ihr Kind eine Kraftprobe sucht. Warum nicht? Kinder müssen sich immer wieder einmal neu orientieren und herausfinden, wo sie stehen und wer der »Boß« ist. Jetzt ist »Stillstehen und nachdenken« gefragt. Schließlich geht es den Kindern ziemlich gut, und es ist nur recht und billig, ihnen hier und da Mitwirkung abzuverlangen, auch wenn ihnen das nicht gefällt.

Ob es sich darum dreht, ein Spielzeug zu teilen, sanft miteinander umzugehen, Worte und nicht Hiebe zu gebrauchen, Geduld zu üben, zu helfen, in Notfällen bedingungslos zu gehorchen oder zu lernen, sich bei einem Spiel in die Gruppe einzufügen – immer wird »Stillstehen und nachdenken« und dann »Das Problem lösen« Kinder davon abhalten, ihrem allerersten Impuls zu folgen. Sie werden die Sache durchdenken und dann ein Vorgehen wählen, das zum Erfolg führt. Es geht nicht darum, sie in ihren Aktivitäten zu hemmen, sondern ihnen zu mehr Erfolg zu verhelfen.

»Du wolltest also mit den anderen spielen?« – »Ja.« – »Und deshalb hast du sie mit Steinen beworfen?« – »Ja.« – »Hast du gemerkt, daß du das Gegenteil erreicht hast, daß sie deswegen gerade nicht netter geworden sind?« – »Hm.«

Vom Kleinkind zur netten Person in nur drei Jahren

Kinder großzuziehen gestaltet sich einfacher, wenn man ein Etappenziel vor Augen hat. Denken Sie also in kleinen Schritten: Momentan arbeiten Sie daran, Ihr Kind bis zum Alter von sechs Jahren so weit geformt zu haben, daß es als zivilisiertes kleines Wesen in die Schule gehen, Freunde besuchen, mit anderen Kindern zurechtkommen und höflich mit Erwachsenen umgehen kann. Es wird dann immer noch sehr viel lernen müssen, aber es wird eine gute Grundlage dafür haben.

Ein Kleinkind, das daran gewöhnt ist, immer der Mittelpunkt der Welt zu sein, tritt mit einer Haltung wie der auf dem linken Plakat der nebenstehenden Illustration in die Welt. Bei einem Baby ist das noch vertretbar, ja sogar notwendig und gesund, aber diese Haltung kann kein Programm fürs ganze Leben sein. Das Ziel ist, diese Babys so zu erziehen, daß sie mit sechs Jahren zu einer Einstellung gegenüber sich und der Umwelt gelangen, die derjenigen auf dem rechten Plakat entspricht. Dann sind sie reif genug für die Schule.

Vergessen Sie dabei nie, daß Ihr Kind im Grunde gerne nett, freundlich und kooperativ sein will, Sie müssen ihm nur hier und da behilflich sein. Sie werden viele Schritte oft wiederholen müssen, aber gleichzeitig werden Sie bemerken, wie die Entwicklung Ihres Kindes stetig Fortschritte macht.

Und vor allem: Achten Sie bei allen Auseinandersetzungen darauf, daß der Spaß nicht zu kurz kommt, und gönnen Sie sich und Ihrem Kind auch entspannte und schöne Zeiten.

Alle Kleinkinder sind schwierig, aber muß man sich ihnen gegenüber unbedingt und in jedem Fall durchsetzen, nur weil sie voller Willenskraft stecken? Andererseits - Nachgeben ist auch nicht das Wahre, denn das vermittelt den Kindern nur den Eindruck, als ob sie nur zu weinen und zu jammern bräuchten, um ihren Willen zu bekommen. Es gilt also, liebevoll *und* standhaft zu bleiben.

Zur Standfesten Liebe finden

Hat Ihr Kind das Alter von anderthalb oder zwei Jahren erreicht, so ist in zunehmendem Maße Standfeste Liebe gefragt. Die »Aufsässigkeit«, die dann beginnt, kann für die Eltern, die immer noch auf Harmonie und Frieden programmiert sind, eine sehr unangenehme Erfahrung sein. Das süße, wenn auch anspruchsvolle Bündel von Baby verwandelt sich plötzlich in einen kleinen, wildgewordenen Kriegspanzer auf zwei Beinen.

Sie kommen nicht um einen geistigen Wandel herum. Als Eltern eines Kleinkindes müssen Sie realisieren, daß das Programm der letzten achtzehn Monate sich nun radikal ändert: Sie müssen Ihrem Baby jetzt nicht mehr nur Zufriedenheit verschaffen, sondern es, wenn Sie Ihre Erziehungsaufgabe ernst nehmen, mit Ihrer Standhaftigkeit manchmal regelrecht unglücklich machen. Am Anfang kann sich dies einige Dutzend Male täglich abspielen, begrenzen Sie aber jede Situation auf wenige Minuten.

Meistens verhilft Ihnen Ihr kleiner Racker von ganz allein zu genügend Standfestigkeit, weil er bzw. sie in der Regel ganz besonders unerhörte Einfälle hat: Wenn Sie Ihr Kind dabei ertappen, wie es den Kühlschrank komplett ausräumt oder in einen Blumentopf klettert, wird es Ihnen nicht schwerfallen, diesen Unsinn mit fester Hand zu unterbinden.

Sie brauchen eine Haltung, die nach außen unnachgiebig ist und Ihr Inneres doch entspannt sein läßt. Geben Sie Ihrem Kind nie das Gefühl, daß es süß anzusehen ist, wenn es sich trotzig oder ungezogen verhält.

Es wird Wochen dauern, bis solch ein Schaden wieder behoben ist. Senken Sie Ihre Stimme, setzten Sie eine ernste

Miene auf, aber handeln Sie mit dem guten Gefühl, daß diese Lektion Ihrem Kind nur gut tun wird.

> **Sanfte Liebe öffnet die Seele der Kinder,** Standfeste Liebe verleiht ihnen Rückgrat, so daß sie der Welt, in der sie aufwachsen, kraftvoll und mit klarem Blick begegnen können.

Nachgeben um des lieben Friedens willen?

Einmal probte meine zweijährige Tochter im Supermarkt so den Aufstand, daß ich mich kurzerhand entschloß, sie aus dem Wagen zu heben und neben mir her durch die Gänge laufen zu lassen. Das war ein fataler Fehler: Sie drehte nicht nur völlig durch, sondern sie erwartete auch das gleiche bei den nächsten vier Einkaufsfahrten. Kleinkinder haben ein Gedächtnis wie Elefanten!

Manchmal wollen wir es uns leicht machen. Aber Kinder ziehen daraus den Schluß, daß sie immer noch mehr fordern können, wenn sie nur lang und laut genug jammern und heulen. Versetzen Sie sich in die Situation eines Zweijährigen. In seinem ersten Lebensjahr drehte sich alles um ihn. Was er wollte, bekam er. Nun haben seine Wünsche jedoch eine andere Dimension angenommen.

Es genügt nicht mehr, wie früher ihn zu füttern, zu knuddeln und seine Windeln zu wechseln; statt dessen will er den Hund in Ihre Seidenstrumpfhosen stecken, mit Shampoo und Schaumfestiger das Badezimmer in eine Rutschbahn verwandeln oder mitten im brausenden Straßenverkehr spielen. Schon um seiner selbst willen müssen Sie ihm Einhalt gebieten.

Die Lektion aber, die ein Zweijähriger hierbei lernt, gehört zu den wichtigsten im Leben: »Auch wenn wir dich herzlich lieben und annehmen, dennoch du bist Teil einer Gemeinschaft und mußt dich mit den anderen Menschen deiner Umgebung arrangieren.«

Liebenswerte Kinder, Schritt für Schritt

Hanna, eine Seminarteilnehmerin, sprach es offen aus: »Ich kann Kinder nicht leiden. Ich habe zwar selbst drei, aber ich mag sie trotzdem nicht!« Hier stehen wir vor einem echten Problem. Denn wenn Hanna ihre Kinder schon unausstehlich findet, wie soll jemand anderes sie erst gerne haben? Es ist ihre Aufgabe, sie in liebenswerte Geschöpfe zu verwandeln.

Um ihr zu helfen, gingen wir ins Detail. Wie müßten sich ihre Kinder verändern, damit Hanna sie wieder liebhaben könnte?

1 Ihre Zweijährige sollte aufhören zu schlagen und zu beißen.
2 Ihr Vierjähriger sollte das Heulen und Jammern ablegen.
3 Ihr Fünfjähriger sollte lernen, bei der ersten Aufforderung zu tun, was von ihm verlangt wird.

Sanfte Liebe kommt vor Standfester Liebe, aber Hanna war zu erschöpft dafür und benötigte wenigstens einen Tag in der Woche Zeit für sich selbst und mehr Unterstützung von ihrem Ehemann. Das Paar beschloß, einander mehr Liebe und Aufmerksamkeit zu schenken und zusammen die Methoden der Standfesten Liebe zu üben, um sich so gegenseitig besser unterstützen zu können. Er würde dafür seine Arbeitszeit von fünfzig auf fünfundvierzig Stunden in der Woche reduzieren, denn auch er würde gerne mehr Zeit zu Hause verbringen, wenn seine Kinder sich gut benähmen.

Als wir Hanna nach sechs Monaten wiedertrafen, wirkte sie viel entspannter und friedlicher. Zwar bestand ihr Leben nach wie vor aus harter Arbeit, aber sie ging sanfter mit sich selber um und hatte das Gefühl, wesentlich besser mit ihren Kindern zurechtzukommen.

Wie früh kann man mit Disziplin beginnen?

Diszipliniertes Verhalten ist eine Leistung, die man einem Kind abverlangt. Je nach Alter ist das Kind mehr oder auch weniger dazu imstande. Wenn Sie das im Auge behalten und sich zugleich bewußt machen, wieviel Disziplin man in welchem Alter von einem Kind erwarten kann, werden Sie keine Schwierigkeiten mit der Disziplinierung Ihrer Kinder bekommen.

Babys

Der kleine Lukas braucht noch keine Disziplin. Er ist vier Monate alt und kann noch nicht einmal krabbeln. Er lächelt, spielt mit seiner Rassel und versucht, Gegenstände zu greifen. Er weint auch, viele Male im Laufe eines Tages, denn er ist ein ganz normales Baby, und normale Babys machen sich so bemerkbar. Seine Bedürfnisse sind einfacher Natur: Er weint, wenn er hungrig ist, sich einsam fühlt, wenn seine Windeln naß sind, wenn sein Bauch schmerzt und wenn er Langeweile hat.

Da kommt schon einiges an Tränen zusammen, aber wenn seine Eltern eine gute Antenne für ihn haben, dann wissen sie schnell, was los ist, und die Sache ist im Nu erledigt.

Lukas' Vater erzählt uns, daß er sein Baby ziemlich anstrengend fand: »Am schwierigsten war es, ihn wieder zum Schlafen zu bringen. Ich mußte ihn immer auf meine Schulter legen und einmal mit ihm um den Block spazieren. Eines nachts um vier wurde ich von einem Polizisten angehalten, der mich für einen Einbrecher mit seiner Beute hielt.«

Babys bereiten viel Arbeit, aber sie sind nicht ungezogen. Sie tun ihre Bedürfnisse kund und brauchen nicht Disziplin, sondern Verständnis. Und die Eltern solch kleiner Kinder brauchen vor allem Schlaf!

Kleinkinder

Babys entwickeln sich schnell, nach kurzer Zeit krabbeln sie, und schließlich fangen sie an zu laufen. Sie zupfen und zerren, fingern und knabbern an allem herum, was ihnen unter die Augen kommt. Das ganze untere Drittel des Hauses ist nicht mehr sicher vor ihnen. Außerdem entdecken sie, daß man mit Worten wie »Haben Teddy«, »Schmusen« oder »Flasche« Dinge in Bewegung setzen kann.

Mit seinen neuen Fähigkeiten und seiner wachsenden Mobilität fängt Ihr Kind aber auch an, Dinge zu tun oder zu verlangen, denen Sie unmöglich nachgeben können. Und schon ist sie da, die »Ungezogenheit«.

Ein Baby ist nicht absichtlich ungezogen, bei einem Kleinkind verhält es sich jedoch oftmals ganz anders. Mit einem unverfrorenen Grinsen, das soviel heißen soll wie: »Na, und was machst du jetzt?«, wird es sich wieder auf den Weg zu einem verbotenen Gegenstand oder Ort machen. Ihr »Nein« wird mit einem weiteren Lächeln quittiert: »Dann halt mich doch auf!«

Kleinkinder treffen immer ins Schwarze, finden immer Dinge, die Sie besonders aufregen, weil sie tief im Inneren gebremst werden wollen. Es ist eine unbewußte Botschaft, die lautet: »Ich brauche Grenzen, Mami und Papi, bitte bewahrt mich vor mir selbst!« (Diese Botschaft kennen wir auch von Teenagern, mit denen wir uns noch weiter unten befassen wollen.)

Es ist nicht immer nur reine Rebellion (manchmal allerdings schon). Oft sind Kleinkinder auch einfach mit den Dingen des täglichen Lebens überfordert. Sie sind hungrig oder müde, und das Beste, das man für sie tun kann, ist, ihnen etwas zu essen zu geben oder ihnen ein wenig Schlaf zu verordnen. Wenn ein Kleinkind sich gegen den Autokindersitz sträubt, so mag der Grund dafür darin liegen, daß im Garten gerade etwas viel Interessanteres passiert, und wenn es unbedingt unter den Eßtisch krabbeln muß, will es vielleicht feststellen, was der große Bruder gerade ißt.

Verständnisvolle Eltern arbeiten mit allen Tricks, um ihren Knirps bei Laune zu halten, und meistens ist auch genau das gefragt.

Eine Mutter gab mir einmal den Tip, meinem Kind im Supermarkt etwas zu essen zu geben, das gut schmeckt und es möglichst lange beschäftigt. Das schont die Nerven und verhilft einem zu zwanzig ruhigen Minuten, um einzukaufen.

Dennoch gibt es auch Situationen, in denen die Kinder ohne Wenn und Aber folgen müssen. Im Kleinkindalter hat Standfeste Liebe Hochkonjunktur.

Vorschul- und Grundschulkinder

Wenn Kinder das Kleinkindalter hinter sich gelassen haben, werden Sie (Gott sei Dank) erheblich seltener die Technik von »Stillstehen und nachdenken« einsetzen müssen. Ihr Kind wird in den meisten Fällen gleich »das Problem lösen«

wollen. Hören Sie sich seine Sicht der Dinge an, lassen Sie sich erzählen, was es gerade vorhatte oder brauchte – oft genug haben Kinder gute Gründe für ihr Handeln. Wenn Ihr Kind überzeugende Argumente hat, können Sie getrost darauf verzichten, ihm irgendwelche Dinge aufzutragen, nur damit Sie die »Oberhand« behalten.

Im Großen und Ganzen wird »Stillstehen und nachdenken« nur noch dann nötig sein, wenn ein Kind besonders »gedankenlos« oder »stur« handelt. Versuchen Sie aber immer, die Beweggründe für sein Handeln herauszufinden, und seien Sie standfest, aber wohlwollend, damit Ihr Kind weiß, daß Sie helfen und nicht strafen wollen.

Teenager

Entgegen einer weitverbreiteten Meinung sind Jugendliche wunderbare, kooperative Menschen mit interessanten und hörenswerten Ansichten. Aber sie benötigen immer noch viel Anteilnahme, die sich auch schon einmal in einer Auseinandersetzung ausdrücken kann. Es ist auf keinen Fall richtig, mit physischen Mittel vorzugehen, außer in echten Notfällen und dann mit professioneller Hilfe. Aus »Stillstehen und nachdenken« wird »Zusammensitzen und reden«. Und daraus könnte sich folgender Dialog entwickeln:

»Wann bist du gestern nach Hause gekommen?«

»Hm, so gegen eins.«

»Das habe ich gemerkt. Was hatten wir denn ausgemacht?«

»Zwölf Uhr, glaube ich, aber ich konnte keine Mitfahrgelegenheit finden. Die anderen wollten unbedingt noch bleiben.«

»Also, du konntest keine Mitfahrgelegenheit finden und hast dich deshalb verspätet?«

»Ja, kann ich jetzt fernsehen?«

»Immer mit der Ruhe! Wieso hast du mir etwas versprochen, was du nicht einhalten konntest?«

»Ich kann die anderen doch nicht dazu zwingen, mich nach Hause zu bringen!«

»War dir das klar, als du mir das Versprechen gegeben hast?«

»Hm, na ja, so klar war mir das nicht.«

»Also hast du ein Versprechen gegeben, das du nicht wirklich einhalten konntest.«

»Ja, sieht wohl so aus.«

»Also, wie können wir das in Zukunft regeln? Du willst doch weiterhin abends ausgehen, oder?«

»Ja, schon!«

Und so fort ...
Im Gehirn eines etwa dreizehnjährigen Teenagers wird so ziemlich alles noch einmal neugeordnet. Die Pubertät setzt

ein und macht ihn in gewisser Weise noch einmal zu einem Neugeborenen. Er wird vergeßlich und wirr und scheint »neben sich zu stehen«. Der positive Aspekt dieser Veränderungen ist, daß ein solcher junger Mensch auch »weicher« wird. Dreizehnjährige können liebevoll und zutraulich sein – und man hat die Chance, sich ihnen zu nähern und neue Bande zu knüpfen.

Vor allem, wenn Sie diesem jungen Menschen nicht viel Zeit widmen konnten, als er noch ein Baby war, ist dies die Gelegenheit, mehr Nähe herzustellen.

Genießen Sie diese Phase, denn die etwas orientierungslosen und anlehnungsbedürftigen Dreizehnjährigen verwandeln sich in Kürze in stürmische Vierzehnjährige. In ihrem emotionalen Verhalten erinnern Vierzehnjährige an Kleinkinder; sie testen ihre Grenzen, fordern Sie heraus und brauchen Sie als Reibungswiderstand. Sie dürfen sie auf keinen Fall ignorieren. Zwar verlangen sie nun Unabhängigkeit, aber gleichzeitig müssen sie lernen, verantwortungsvoll und umsichtig zu handeln. Hierbei ist Ihre Mitwirkung entscheidender als je zuvor.

Bei den Vierzehnjährigen wird Standfeste Liebe also wieder unbedingt gebraucht, nur die Inhalte sind andere. Jetzt geht es darum, abends pünktlich nach Haus zu kommen, die Kleider ordentlich aufzuräumen, hier und da mal für die Familie zu kochen und Versprechen und Abmachungen einzuhalten.

Die Methoden, die Sie einsetzen, sind zwar andere als bei Kleinkindern, aber das Prinzip bleibt das gleiche: Sie denken: »Ich habe eine feste Haltung, damit du lernst, wie ein verantwortungsvoller Mensch zu handeln und in der Wirklichkeit zu bestehen«, und Sie sagen: »Wer nicht spült, bekommt kein Essen!«

Der Umgang mit Teenagern ist ein weites Thema, und wir können es hier nur an der Oberfläche berühren. Wenn Sie Ihren Kindern jedoch vom Kleinkindalter an mit Sanfter Liebe und mit Standfester Liebe begegnet sind, dann stehen Sie auf festem Boden und können den Stürmen der Jugend gelassen entgegensehen.

Typische Fragen von Eltern zu »Stillstehen und nachdenken« und »Das Problem lösen«

Frage Was kann ich tun, wenn ich es bisher versäumt habe, meinem Kind Disziplin beizubringen, und es sich furchtbar ungezogen aufführt? Ich habe alles versucht, aber ohne Erfolg.

Antwort Wenn Sie »Stillstehen und nachdenken« bei einem sehr ungehorsamen Kind einführen wollen, dann lassen Sie sich Zeit, bis Sie so weit sind. Handeln Sie, wenn Sie sich im Vollbesitz Ihrer Kräfte befinden, genau wissen, was Sie erreichen wollen und ein Helfer zugegen ist.

Wenn ein Problem auftritt, so geben Sie zuerst dem Kind Gelegenheit, es zu beheben. Wenn es nicht dazu bereit ist, so erklären Sie ihm, daß Probleme ab heute auf eine neue Weise gelöst werden. Führen Sie es zu der Stelle, die Sie ausgewählt haben, und sagen Sie etwas wie: »Du hast deine Schwester gehauen / mit Kuchen um Dich geworfen /... und mußt jetzt hier stehen und darüber nachdenken.« Halten Sie das Kind fest, wenn es sich davonmachen will.

Stellen Sie sich auf einige Szenen ein. Für ein älteres Kind, das gewohnt ist, seinen Kopf mit aller Gewalt durchzusetzen, ist das ein ordentlicher Schock. Aber bleiben Sie trotz allen Geschreis und aller Kämpfe standfest, und ignorieren Sie die Schweißperlen, die sich auf Ihrer Stirn bilden. Bleiben Sie fest, ohne dem Kind weh zu tun. Sagen Sie: »Ich lasse dich sofort los, wenn du friedlich bist«, und handeln Sie auch entsprechend, sobald es einlenkt.

Machen Sie es dem Kind nicht zu schwer und geben Sie sich beim ersten Mal mit einem kleinen Zugeständnis zufrieden – einer kurzen Entschuldigung oder einem echten Versuch dazu. Es wird sich wieder beruhigen und mitmachen, und anschließend können Sie es für sein neues Verhalten loben. Erholen auch Sie sich von der Strapaze und legen Sie sich einen Augenblick hin, wenn Ihnen danach ist. Beim nächsten Mal wird es schon viel besser gehen, und bald wird Ihr Kind dieses Stadium hinter sich lassen. Dann genügt ein kurzer Aufruf zum Nachdenken, und es wird tun, was von ihm erwartet wird.

Frage Soll ich mein Kind festhalten, wenn es nicht in der Zimmerecke stehen bleiben will?

Antwort Erlauben Sie ihm zu sitzen oder zu liegen, wenn es sehr klein ist (anderthalb oder zwei Jahre alt) – solange es sich nicht vom Fleck rührt. Bleiben Sie in der Nähe und fangen Sie es gegebenenfalls wieder ein. Das wird jedoch höchstens ein- oder zweimal nötig sein. Wenn Ihr Kind gesprächsbereit ist, bitten Sie es aufzustehen und sich zu Ihnen umzudrehen. Ein älteres Kind sollte mit dem Gesicht zur Wand stehen und nicht anlehnt sein. Das hilft ihm physisch, bei der Sache zubleiben. So kann es sich im wahrsten Sinne des Wortes nicht um die Aufgabe »herumdrücken«, sondern muß sich ihr aufrecht stellen. Erklären

Sie, daß Sie nur unter diesen Bedingungen bereit sind, mit ihm zu reden.

Frage Wie alt sollte ein Kind sein, wenn man die Methode des »Stillstehen und nachdenken« anwenden will?

Antwort Damit Sie diese Methode sinnvoll anwenden können, sollte Ihr Kind über ein gewisses Sprach- und Verständnisvermögen verfügen. Wenn es »Entschuldigung« oder »Nicht hauen!« sagen kann, dann hat es verstanden. Sagen Sie ihm, daß es nun hervorkommen und sich mit etwas Schönerem beschäftigen darf. Sie können es auch kurz in den Arm nehmen und beruhigen, aber machen Sie kein zu großes Aufhebens davon. Die Sache ist vorüber, und das Leben geht weiter. Bis das Kind diese Sprachfähigkeit hat, müssen noch Baby-Methoden angewendet werden, z. B. »Umlenken«.

Frage Warum soll das Kind stehen und warum in einer Ecke?

Antwort Die Gründe dafür sind simpel. Mit dem Gesicht zur Wand in der Ecke zu stehen schützt vor Ablenkung und hilft dem Kind, sich zu konzentrieren. Es ist langweilig, eine Wand anzuschauen, und die Beine werden binnen einer Minute müde, wenn man nur stillsteht.

Sinn der Übung ist es nicht, dem Kind Demütigung oder Schmerz zuzufügen, vielmehr soll das Kind dazu motiviert werden, das Problem selbst zu lösen, um sich aus seiner Zwangslage zu befreien. Sagen Sie zu ihm: »Du brauchst dich überhaupt nicht schlecht zu fühlen, du sollst nur darüber nachdenken, was du hättest besser machen können. Wenn du das herausgefunden hast, reden wir miteinander, und du kannst aus der Ecke hervorkommen.«

Ist es für Ihr Kind erst selbstverständlich geworden, daß es stillstehen muß, wenn Sie es verlangen, so können Sie auf die Wand oder Ecke verzichten, wenn Sie nicht zu Hause sind. Sagen Sie ihm einfach: »Steh' hier still und denk' nach!«

Frage — Mein Kind entschuldigt sich zuerst, macht dann aber ungerührt mit derselben Sache weiter.

Antwort — Mit zunehmendem Alter wird ein Kind immer raffinierter – das ist ein Zeichen von Klugheit. Machen Sie sich auf folgende Versuche, sich der Auseinandersetzung mit Ihnen zu entziehen, gefaßt: »Ich kann nicht stillstehen und nachdenken, ich muß auf die Toilette.« – »Du verstehst mich nicht.« – »Du hast mich nicht lieb.« – »Ich hab's vergessen.«

Lassen Sie sich nicht an der Nase herumführen! Das Kind muß Sie davon überzeugen (bevor Sie es gehen lassen), daß es den Vorfall wirk-

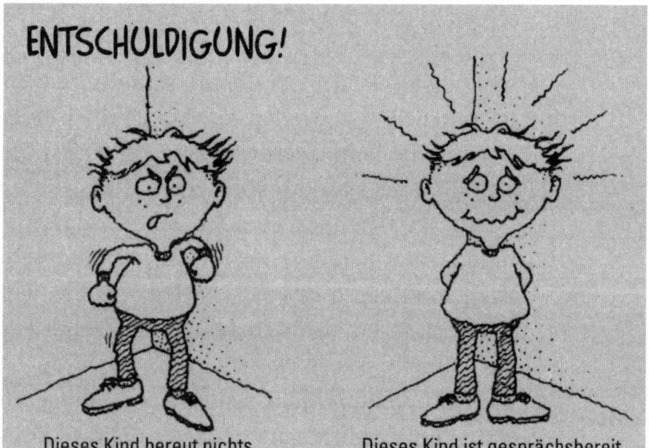

Dieses Kind bereut nichts.

Dieses Kind ist gesprächsbereit.

lich bereut und sich bessern wird. Achten Sie auf seine Körpersprache und hören Sie beim »Das Problem lösen« gut zu, dann werden Sie bald wissen, woran Sie sind.

Frage Kann man diese Methode auch in Schulen anwenden?

Antwort Ja, aber nur mit einigen wesentlichen Modifizierungen. »Stillstehen und nachdenken« wäre demütigend vor anderen Menschen als denen im eigenen familiären Umfeld. Viele Grundschulen, denen wir das Konzept vorgestellt haben, arbeiten mit einem »Denkplätzchen«. Das kann ein Stuhl, eine Matte, ein Hocker oder ein Strohsack sein. Das Denkplätzchen ist nicht weiter bemerkenswert und sollte auch keinen herabsetzenden Namen wie »der böse Stuhl« tragen. Vom Denkplätzchen wird in gleicher Weise Gebrauch gemacht wie von der Ecke. Es entfernt das Kind vom Ort seiner Handlung, gibt ihm Zeit und Motivation nachzudenken. Gleichzeitig sollte es aber nah genug sein, damit man an der Körpersprache des Kindes erkennen kann, ob es gesprächsbereit ist.

Dann sollte sich möglichst bald ein Lehrer oder eine andere Autoritätsperson mit dem betreffenden Kind befassen, denn es dient keine Strafe ab. Ein Kind, das sich aufspielt, braucht Ihre Aufmerksamkeit. Entsprechen Sie diesem Bedürfnis, indem Sie mit ihm über das Vorgefallene sprechen. Schenken Sie ihm Ihre Aufmerksamkeit, vor allem bei dem Bemühen, eine Sache richtig zu machen.

In der Schule kann auch ein Gesprächsrunde mit allen beteiligten Kindern auf einer Decke oder an einem Tisch hilfreich sein. So kann man die Fähigkeit, Konflikte zu lösen, schulen.

Was ist von den alten Disziplinierungstechniken zu halten?

In den letzten fünfzig Jahren hat es eine allmähliche Weiterentwicklung von Disziplinierungstechniken gegeben. Vier typische Vorgehensweisen prägten und prägen die Art der Erziehung bis in unsere Zeit:

Schlagen und wehtun

Dies war die traditionelle Erziehungsmethode. Kinder wurden in Angst und Schrecken versetzt und jede Form von Zuneigung wurde im Keim zu erstickt.

Kinder, die häufig geschlagen wurden, endeten als verängstigte oder gebrochene Wesen oder sie wurden so wütend, daß sie zurückschlugen. Oftmals bekamen später auch ihre Kinder und Frauen die Wut, die sich in ihnen aufgestaut hatte, zu spüren.

Methoden körperlicher Gewaltanwendung sind schädlich und wirkungslos. In manchen Ländern sind sie per Gesetz verboten.

Schuldzuweisungen und Vorwürfe

Als Eltern in den fünfziger Jahren mit Recht begannen, körperliche Züchtigungen als Erziehungsmittel abzulehnen, mangelte es ihnen an Ersatztechniken und oft auch an der Fähigkeit, ein konstruktives Gespräch zu führen. Also versuchten sie es mit Schuldzuweisungen und Vorwürfen, sie beschimpften ihre Kinder als die nichtswürdigsten Wesen unter der Sonne und flößten ihnen Angst ein. Die jungen Erwachsenen wurden mit einem angeschlagenen Selbstbewußtsein und einer tief verletzten Seele ins Leben entlassen.

Dieses Vorgehen führte sich selbst ad absurdum. Oft nahmen die Kinder genau das an, was ihnen ihre Eltern vorgeworfen hatten – sie wurden faul, dumm, egoistisch, fett und vieles Negatives mehr. Kinder, die eine solche Erziehung durchlebt hatten, entwickelten sich entweder zu deprimierten und schuldbeladenen oder rebellischen und boshaften Erwachsenen.

Belohnungen und das Erfahren von Konsequenzen

Eine viel liebevollere und auch zielführendere Methode ist die der Belohnung und der spürbaren Konsequenzen. Viele Eltern unserer Zeit setzen sie inzwischen sehr erfolgreich ein.

Mit der Methode der Belohnung kann man versuchen, sein Kind in seinem positiven, d.h. erwünschten Verhalten zu bestärken. Das Kind wird dieses Verhalten mit der elterlichen Anerkennung in Verbindung bringen und sich in seinem zukünftigen Verhalten an dieser Erfahrung orientieren.

Ein hübsches Beispiel für Belohnungen ist das Verteilen sogenannter »Sternchen«. Immer wenn ein Kind das gewünschte Verhalten zeigt, bekommt es ein solches Sternchen. Am Ende eines festgesetzten Zeitraumes gibt es eine kleine Belohnung.

Diese Methode ist in vielerlei Hinsicht effektiv, weil sie einerseits das Augenmerk der Eltern auf das Positive lenkt und andererseits dem Kind ein greifbares Ziel vor Augen führt. Bei manchen Kindern kann man damit sehr gute Resultate erzielen. Man kann zu ebenso guten Ergebnissen kommen, wenn man sein Kind in ein Netz von Belohnung und Pflicht einbindet, wenn man ihm also die Gelegenheit gibt, sich neben den häuslichen Aufgaben, die immer erledigt werden müssen, mit kleinen Extrajobs das Taschengeld aufzubessern. Dieser Weg wird in vielen Familien mit Erfolg praktiziert und ist so etwas wie ein Training für die reale Welt.

Ebenso wirkungsvoll kann es sein, wenn das Kind deutlich die praktischen Konsequenzen seines Fehlverhaltens zu spüren bekommt: Selbst die Laken zu wechseln, wenn es ins Bett gemacht hat, oder die Standpauke über sich ergehen lassen zu müssen, wenn es zu spät zur Schule kommt.

Mit zunehmendem Alter lernen Kinder, aus den Folgen ihres Handelns Schlüsse zu ziehen. Dabei ist es aber von großer Bedeutung, daß die Eltern das auch zulassen.

Aber auch dieses Vorgehen hat natürlich seine Grenzen. Ein Kind die Folgen davon spüren zu lassen, daß es auf die Straße läuft, ist selbstredend kein guter Einfall!

»Timeout«

Die Methode des »Timeout» schließlich ist die jüngste Methode der modernen Erziehung. Sie wird von vielen Erziehungsfachleuten empfohlen. Mit »Timeouts« sind die Minuten gemeint, für die man ein Kind in sein Zimmer schickt, damit es sich wieder beruhigen kann. In der Tat hat dieses Verfahren manches Kinderleben geschont, denn es gibt auch den Eltern Gelegenheit, ihre Fassung zurückzugewinnen. Es ist also ein strategisches Mittel, das irgendwann jedem von Nutzen sein kann. Ich wende es bei Kleinkindern an, wenn ich zornig bin und ein wenig Ruhe brauche. Aber unter pädagogischen Gesichtspunkten taugt es wenig, denn das Kind kann dabei nichts lernen und wird auch nicht zum Nachdenken angeregt.

Damit Sie sich ein besseres Bild von dieser Methode machen können, habe ich Ihnen hier die Äußerungen einiger Eltern zusammengestellt: »Die Methode des ›Timeout‹ funktioniert nicht, weil mein Kind sich im Kinderzimmer mit seinen Spielsachen bestens amüsiert.« – »Wenn wir unser Kind für ein ›Timeout‹ ins Zimmer schicken, haut es alles kurz und klein und klettert dann aus dem Fenster.« –

Die wesentlichen Unterschiede zwischen »Timeout« und »Stillstehen und nachdenken« sind:

1. »Stillstehen und nachdenken« wirkt schneller. Wenn Sie sich in dem Raum aufhalten, in dem Ihr Kind in der Ecke steht, können Sie sofort erkennen, wann der Denkprozeß abgeschlossen ist. Das fördert eine zügige Lösung des Problems.
2. Es gibt keine Ablenkungen. Das Kind bleibt am Fleck, bis es die Denkaufgabe, die Sie ihm gestellt haben, gelöst hat. Auf diese Art und Weise kann es sich dem Problem nicht entziehen.
3. »Stillstehen und nachdenken« ist keine Strafe. Es ist eine Zeit zum Nachdenken und Lernen. Es ruft keine Ablehnung hervor, und es liegt in der Hand des Kindes, die Sache zu beenden, indem es Kooperationsbereitschaft signalisiert. Das dauert meistens nur ein oder zwei Minuten.
4. »Das Problem lösen« stellt Nähe her und nicht Distanz. Ungezogene Kinder brauchen keine Isolation. Für gewöhnlich fehlt ihnen intensiverer Kontakt. Das »Vernünftigsein«-Gespräch macht Ihrem Kind deutlich, daß Sie Anteil nehmen und zur Lösung des Problems beitragen wollen.

»Die ›Timeouts‹ sind gut für mich, weil ich mich wieder beruhigen kann, aber das Verhalten meines Kindes ändert sich dadurch nicht und wiederholt sich bei nächster Gelegenheit.«

Es zeigt sich, daß auch das Verfahren des »Timeout« keine vollständige Lösung darstellt.

Wir empfehlen, nur dann mit Timeouts zu arbeiten, wenn die Gefahr besteht, daß Sie Ihr Kind schlagen, oder wenn Sie aus anderen Gründen unbedingt eine Unterbrechung brauchen. Sie können diese Methode benutzen, um Schlimmeres zu verhindern: »Ich glaube, wir beruhigen uns erst mal. Geh' bitte in dein Zimmer und spiel' leise für dich allein.«

Anschließend können Sie immer noch ein »Das Problem lösen«-Gespräch führen, um sicherzustellen, daß sich in Zukunft etwas ändert.

Älteren Kindern bei Gewissensentscheidungen helfen

Ältere Kinder haben manchmal weniger mit Fragen der Disziplin als mit moralischen Problemen zu kämpfen. Ihnen liegt natürlich daran, daß Ihr Kind selbst die richtige Entscheidung trifft. Sie können Ihrem Kind nicht Ihre Werte verordnen, aber Sie können ihm helfen, alle Aspekte seines Verhaltens zu erfassen. Langfristig wird es dann auch ohne Ihre Hilfe in der Lage sein, richtig zu handeln, weil es selbst an diese Werte glaubt.

Die neunjährige Sarah wurde von einer Freundin zu einer Pyjamaparty eingeladen und nahm die Einladung freudig an. Die eher schüchterne Freundin freute sich sehr über Sarah Zusage – denn es waren nur drei Mädchen eingeladen.

Völlig unerwartet erhielt Sarah von einer anderen Freundin eine zweite Einladung – zu einem Zeltwochenende –, die sich zeitlich mit der ersten überschnitt. Sarah wäre liebend gerne zum Zelten gefahren, aber dann hätte sie dem anderen Mädchen absagen müssen. Ihre Eltern übten keinen Druck auf Sarah aus, denn sie wußten wohl, daß das nur Schmollen zur Folge gehabt hätte. Statt dessen besprachen sie den Kern des Problems mit ihrer Tochter, nämlich, daß man

1. die Gefühle einer Freundin respektieren muß und
2. daß man eine einmal vereinbarte Verabredung einhalten sollte.

Die Eltern führten Sarah sanft vor Augen, daß die Aussicht auf etwas Besseres kein Grund dafür sein kann, jemanden zu enttäuschen, der auf einen zählt. Dennoch überließen sie Sarah die Entscheidung und versprachen, ihren Entschluß zu respektieren. Obwohl es ihr schwerfiel, sagte Sarah das Zeltwochenende ab und hatte dann viel Spaß bei der Pyjamaparty. Ihre Eltern waren stolz auf sie, weil sie echten Charakter bewiesen hatte.

Kinder und Teenager entscheiden nicht immer so, wie Sie es wünschen. Aber Fehler zu begehen gehört zum Lernprozeß. Und – wir wollen es doch einmal nüchtern betrachten! – besteht nicht auch die vage Möglichkeit, daß Sie selbst sich irren?

Ohrfeigen und Schläge? Eine wichtige Entscheidung, die alle Eltern fällen müssen

Es dämmert, und auf der Durchfahrtsstraße herrscht reger Abendberufsverkehr. Die Leute auf dem Gehsteig legen einen Schritt zu, weil es gerade zu regnen beginnt. Ein Kinderschrei erregt meine Aufmerksamkeit, und ich sehe eine junge Frau in einer Telephonzelle, die gleichzeitig versucht, ein Gespräch zu führen und ihren dreijährigen Knirps unter Kontrolle zu halten. Er will unbedingt mit dem plätschernden Regenwasser im Gully spielen, aber die Autos und Lastwagen fahren gefährlich nah an ihm vorbei.

Man spürt, wie frustriert die Frau ist, während sie abwechselnd mit ihrem Gesprächspartner am Telefon streitet und ihren kleinen Sohn anschreit, sie werde ihm schon noch »Benehmen beibringen«. Der Kleine kreischt und strampelt, bis der Mutter der Kragen platzt. Sie packt ihn an der Kapuze seines Anoraks und verpaßt ihm eine Ohrfeige, daß ihm ganz schwindelig wird.

Ein Einstellungswandel

Vor fünfzig Jahren war es ein alltäglicher Anblick, daß Kinder von ihren Eltern geschlagen wurden. Es geschah in der Öffentlichkeit, und kaum jemand nahm Notiz davon. Wenn heute Erwachsene ihre Kinder verprügeln, wird das genauso hart verurteilt, wie wenn Männer ihre Frauen schlagen. Ein blaugeprügeltes Kind ist heutzutage ein Fall für die Polizei, und achtzig Prozent aller Eltern sagen, daß sie ihrem Kind zwar gelegentlich ein Klaps geben, aber lieber darauf verzichten würden.

Es gibt aber immer noch Leute (mehrheitlich Männer), die einen Klaps oder auch einen etwas kräftigeren Schlag für durchaus angemessen halten, um schnelle Ergebnisse zu erzielen. Vielleicht ist es aber an der Zeit, daß jeder diese Erziehungsmethode neu überdenkt – insbesondere, da inzwischen Alternativen zur Verfügung stehen. Wir sind fest davon überzeugt, daß alle Eltern auf Klapse und Ohrfeigen verzichten würden, wenn ihnen bessere Methoden bekannt wären.

Sind Schläge und Klapse das gleiche? Ist ein Klaps nicht nur ein Mittel, um ein bißchen nachzuhelfen? Wenn ich einen Vortrag über Disziplin halte, begegnen mir häufig Beiträge folgender Art: »Ich habe oft Prügel bekommen, als ich klein war, aber es hat mir nicht geschadet.« Wenn ich mir anhöre, in welchem Brustton der Überzeugung dies vorgetragen wird, glaube ich aber eher, daß diese Schläge sehr wohl tiefe Spuren hinterlassen haben, die auch heute noch schmerzen. Vorzugeben, etwas täte nicht weh, ist die erste Reaktion eines Kindes, wenn es gedemütigt wurde. Und der Zorn, den es verbirgt, tritt später in vielfältiger anderer Form wieder zutage.

Wir wollen die Sache einmal ehrlich betrachten. Aus der Sicht des Kindes sind Schläge furchteinflößend und demütigend. Und für die Eltern ist es eine riskante Angelegenheit, weil die Grenze zwischen Klapsen und Prügeln so schmal ist und weil immer ein Gefühl der Unsicherheit besteht, denn kann man denn überhaupt mit Sicherheit sagen, daß man an seinem hilflosen Kind nicht nur eigene Aggressionen abreagiert? Wie können wir wissen, wann es genug ist?

Können wir ernsthaft behaupten, wir verprügelten ein Kind zu seinem Wohle? Und wenn wir es nur tun, um uns selbst Erleichterung zu verschaffen? Oder um uns zu rächen? Können wir guten Gewissens sagen, daß wir nur dem Kind böse sind, oder spielen sich nicht auch noch ganz andere Dinge in uns ab?

Die Wahrheit ist, daß Klapse oder Ohrfeigen zu keinem Ergebnis führen und bestenfalls eine kurzfristige Wirkung haben. Im Gegenteil, sie zerstören Liebe und Vertrauen und lassen das Kind nur noch schwieriger werden. Ich habe viele Kinder erlebt, die trotzig antworteten: »Hat ja gar nicht weh getan!« oder » Ist mir doch egal!« und unempfindlich gegenüber Schlägen geworden waren. Eltern, die auf offener Straße oder im Supermarkt auf ihre Kinder einschlagen, gewinnen nicht die Kontrolle über ihre Kinder, sondern verlieren sie.

Warum prügeln Eltern ihre Kinder?

Wenn wir ehrlich sind, so legen wir Hand an unsere Kinder, weil wir selbst es brauchen. Wir fürchten, daß wir die Kontrolle über sie verlieren. Und wenn sie noch sehr klein sind, so verläßt uns manchmal schlicht die Kraft. Wir sind erschöpft, übermüdet und unausgeglichen, weil wir keine Minute für uns selbst haben.

Mit der Ohrfeige setzt sich unser eigenes Ich zur Wehr: »Und wo bleiben meine Bedürfnisse?« Manchmal kann auch ein reflexartige Reaktion des Selbstschutzes dahinter stekken, z.B. wenn Ihr Kleinkind Ihnen beim Anlegen der Kindersitzgurte ins Auge gefaßt oder beim Umbinden des Lätzchens einen Löffel auf den Kopf gehauen hat.

In diesem Alter kann ein Kind die Bedeutung unserer Worte und Gefühle oftmals noch nicht erfassen. Dennoch fühlen wir einen starken Drang, uns bemerkbar zu machen und sein Verhalten zu steuern. Es ist deshalb fast eine logische Folge, wenn wir diesem Kind einen Klaps geben, damit es uns wahrnimmt. Wir müssen dieser Versuchung unbedingt widerstehen. Das wird uns auch nicht schwerfallen, wenn es uns gelingt, einen besseren Kontakt zu unserem Kind aufzubauen.

Manche Befürworter der »Klaps-Methode« sind einfühlsame und teilnahmsvolle Menschen. Sie argumentieren damit, daß Kinder, die nicht durch einen kleinen Klaps zur rechten Zeit gebremst worden sind, später so aufsässig werden, daß ihre Eltern dann endgültig die Kontrolle verlieren und mit echten Prügeln reagieren. Ihre Theorie ist, daß man mit kleinen Schlägen große Prügel vermeiden kann. Meine Erfahrung allerdings zeigt, daß Leute, die kleine Klapse verteilen, zu großen übergehen, wenn die kleinen nicht mehr wirken. Kinder werden dann ablehnend, prügeln ihre Brüder oder Schwestern oder schlagen sogar zurück.

Es wichtig, eine klare Linie zu ziehen, und die beginnt zwangsläufig bei uns selbst. Wenn wir uns entscheiden, unsere Kinder niemals zu schlagen – wie ich und viele andere Eltern es getan haben –, dann sind wir entschlossen, einen besseren Weg zu finden.

Disziplin ohne Ohrfeigen

Kinder müssen gebändigt werden, und mit Worten allein schafft man es bei den ganz Kleinen manchmal nicht. Zweifelsohne ist es manchmal unumgänglich, sie festzuhalten und an ihrem Tun zu hindern, damit sie zu Ruhe und angemessenem Betragen zurückfinden. Das kann man aber durch kontrolliertes Handeln erreichen. Tausende von Eltern wenden erfolgreich »Stillstehen und Nachdenken« an. Man kann es Kindern beim Heranwachsen antrainieren, aber trotzdem wird es immer noch die völlig »unmöglichen« Situationen mitten auf der Straße im strömendem Regen geben. Dann gilt es, seinen Humor zu bewahren, das Kind einfach unter den Arm zu klemmen und sich darüber zu freuen, daß Kleinkinder »bewegliche Ware« sind.

Wenn Kinder zu Jugendlichen heranwachsen, sollten Angst und Einschüchterung ausgedient haben. Wenn sie von zu Hause ausreißen oder mit Gewalt trotzen, dann bedeutet dies für gewöhnlich, daß der Kommunikationsfaden schon Jahre vorher abgerissen ist und die Eltern eher mit Aggression als mit einer Mischung aus Liebe und Bestimmtheit gearbeitet haben.

Viele Menschen verdrängen den Schmerz, den sie als Kinder empfunden haben, und fügen ihrem Nachwuchs den gleichen zu. Als Therapeut weiß ich, um welche Art von Schmerz es sich dabei handelt. Ich habe viele Menschen unter Tränen erzählen hören, wie sehr sie sich gedemütigt fühlten, wenn ihre Eltern die Kontrolle verloren. Meine Patienten zeigen mir geplatzte Adern, die durch Schläge entstanden sind. Friseure berichten von Beulen, Narben und kahlen Stellen auf den Köpfen ihrer Kunden, Zeugnisse einer von Gewalt geprägten Kindheit. Viel schlimmer sind jedoch die inneren Narben – wie soll ein Kind, das sich bei seinen Eltern nicht sicher fühlt, sich jemals sicher in der Außenwelt bewegen?

Schließlich gibt es noch einen anderen Grund, Kinder nicht zu schlagen. Es erweist sich nämlich immer öfter, daß Kinder, die sich sicher fühlen, ihre Eltern ins Vertrauen ziehen, wenn sie etwas Schlimmes erlebt haben – zum Beispiel, wenn sie sexuell mißbraucht worden sind.

Wenn die Erziehungsmethoden der Eltern jedoch auf Angst und Schuldgefühlen basieren, dann fürchtet ihr Kind sich vor ihrer Reaktion und bleibt stumm. Kinder, die niemals von ihren Eltern erschreckt oder verletzt wurden, werden sie immer zuerst als Beschützer sehen. Sie werden schon vorher drohen: »Ich sage es meinen Eltern!« und sich so von vornherein vor Mißbrauch schützen.

Die Entscheidung treffen

Wir glauben, es ist an der Zeit, Schläge als Methode elterlicher Kontrolle abzuschaffen.

Der erste Schritt ist einfach. Sie verpflichten sich selbst, nie wieder ein Kind zu schlagen. Als logische Folge müssen Sie nun gewaltlose Erziehungsmethoden suchen, die ebenso effektiv sind. Diese Methoden existieren und sind lernbar.

Als wir unser erstes Kind großzogen, verteilten wir Klapse für bestimmte kleine Vergehen, z.B. wenn unser Sohn versuchte, den Wasserkocher anzufassen. Willensstark wie unser Sohn war, ließ er sich davon nicht beeindrucken und machte sich einen Spaß daraus, es immer wieder zu tun. Wir wollten ihn jedoch nicht weinen sehen und fanden, daß er dabei auch nichts lernen würde. Also suchten wir nach Alternativen und entdeckten, daß viele Eltern ihren Kindern nie einen Klaps gaben und daß dies sogar in manchen Ländern gegen das Gesetz verstieß. Wir erlernten also die Methoden, die dieses Buch vorstellt und die von vielen anderen Eltern weltweit angewandt werden, und setzten sie zu Hause in die Praxis um. Wir werden immer und ewig dankbar sein dafür, daß wir einen besseren Weg gefunden haben.

Wir alle sehnen uns nach einer friedvolleren Welt, in der Konflikte gewaltlos gelöst werden. Um das zu erreichen, müssen wir an der Wurzel ansetzen. Denn wie wollen wir den Frieden im Nahen Osten verwirklichen, wenn wir schon in unseren eigenen vier Wänden nicht dazu in der Lage sind?

Wenn Sie innerlich zustimmen, dann können Sie sich diese Verpflichtung auch auferlegen. Ihr Kind wird dann wissen, daß seine Mutter und sein Vater ihm niemals physischen Schmerz zufügen werden und daß es zu Hause sicher ist. Welch schönes Lebensgefühl!

Ein abschließendes Wort

Mit Standfester Liebe gewinnen Sie in zweierlei Hinsicht. Sie können auf Ohrfeigen und Schimpfen verzichten; niemandem gefällt so etwas. Trotzdem können Sie in einer Familie leben, in der die Erwachsenen die Oberhand haben und Kinder so handeln, wie es von ihnen verlangt wird. Ihre Kinder bleiben dabei ganz normal: »arbeitsintensiv« als Zweijährige und stürmisch als Vierzehnjährige. Da Sie aber damit umzugehen verstehen, können Sie diesen Zeiten gelassen entgegensehen und sich ansonsten den angenehmen Seiten des Familienlebens widmen.

Vergessen Sie nicht: Gehen Sie immer nur so vor, wie es für Sie am besten ist. »Stillstehen und nachdenken« und »Das Problem lösen« sind nur ein paar weitere Methoden aus Ihrem Repertoire, aber sie können einiges bewirken. Ein Beispiel zeigt der folgende Brief:

Liebe Shaaron, lieber Steve,

Euer Seminar im Oktober hat uns viel gegeben, und wir haben immer noch Kontakt mit einer anderen Teilnehmerin. Die Begegnung mit Ihnen kam gerade im richtigen Augenblick, weil wir unseren kleinen Sohn wirklich nicht schlagen wollten, aber zu der Zeit mit seiner Ungezogenheit ziemlich überfordert waren. Inzwischen stellt sich Carey, der jetzt achtundzwanzig Monate alt ist, selbst in die Ecke und sagt: »Ich denke darüber nach«. Wir müssen uns zusammennehmen, um nicht lauthals vor Rührung loszuschluchzen.

Marion und David

Wer zieht Ihre Kinder groß?

Sorgfalt bei der Kinderbetreuung

Kapitel 4

Montagmorgen, halb zehn – das Telefon läutet. Am anderen Ende ist eine junge berufstätige Frau, die ich nur flüchtig kenne. Unter Tränen erzählt sie mir, daß sie soeben von der Kinderkrippe kommt, in der sie ihren weinenden, vier Monate alten Sohn unter größten innerlichen Zweifeln zurückgelassen hat. Heute ist ihr erster Arbeitstag nach der Geburt des Kleinen, aber sie kann sich nicht auf ihre Arbeit konzentrieren, weil sie immerzu an ihr Baby denken muß, das in seinem kurzen Leben kaum jemals von ihr getrennt war. Was soll sie tun?

Folgen Sie Ihrem Herzen

Viele Leute würden versuchen, die junge Mutter zu beruhigen, und sie würden sagen: »Das gibt sich schon. Bald wird der Kleine sich daran gewöhnt haben.« Schließlich könne dies auch noch bei einem Fünfjährigen am ersten Kindergartentag nach den Ferien vorkommen. Aber auch dies ginge vorüber und das Kind sei bald wieder mit Freude bei der Sache.

Hätte die junge Frau also nicht lieber darüber hinweggehen und sich auf ihre Arbeit und ihre Kollegen konzentrieren sollen?

Im Laufe des Gespräches stellte sich jedoch heraus, daß es sich um mehr als einen tränenreichen Abschied handelte. Die Gefühle der jungen Frau hinsichtlich ihrer Rückkehr ins Berufsleben waren äußerst gespalten.

Wir sprachen über die Zwänge, unter denen sie stand, und versuchten herauszufinden, was ihre eigenen und was die Wünsche anderer waren. Es zeigte sich, daß viele ihrer Freundinnen ihre Babys in Krippen untergebracht hatten und nun wieder arbeiteten, daß ihr Ehemann wünschte, sie möge zum Unterhalt der Familie beitragen und daß ihr Arbeitgeber sie gerne wieder einstellen wollte.

Aber während sie erzählte, trat ihr ganzes Unglück zutage, denn ihr eigener Wunsch war schlicht, bei ihrem Kind zu sein. Nach und nach entwickelte sie also einen Plan. Dann sprach sie mit ihrem Chef, erklärte ihm ihren Sinneswandel und entschuldigte sich bei ihm.

Nach einigen Verhandlungen konnten sie sich schließlich sogar darauf einigen, daß sie noch ein Jahr zu Hause bleiben und dann eine Teilzeitstelle bekommen würde. Sie hatte das große Glück, frei entscheiden zu können, weil sie selbst qualifiziert genug war und ihr Ehemann den Familienunterhalt auch alleine bestreiten konnte.

Die junge Frau jedenfalls war überglücklich, den ganzen Ballast abgeworfen zu haben und der Stimme ihres Herzens gefolgt zu sein.

Kinderbetreuung – eine moderne Erfindung

Seit ewigen Zeiten sind Kinder zu Hause oder unweit davon großgezogen worden. Daran beteiligten sich neben den Eltern nahe Verwandte aus dem Dorf oder der Nachbarschaft. Und man teilte Freud und Leid der Kindererziehung. In ländlichen Gegenden oder in anderen Regionen der Erde verbringen Eltern und Kinder auch heute noch ihre Tage gemeinsam. Mütter tragen bei der Arbeit ihre Babys in Tüchern auf dem Rücken, und Männer nehmen kleine Kinder mit zur Feldarbeit. Nur in der westlichen Welt schließen wir unsere Kinder (und unsere Alten) von der Mitte unseres Lebens aus.

Vor hundert Jahren noch arbeiteten alle Männer unweit ihrer Kinder und Frauen, auf den Feldern rund herum oder maximal im nächstgelegenen Dorf. Im Zuge der Industrialisierung wurden die Entfernungen größer, und die Männer ließen ihre Frauen und Kinder allein und isoliert zu Hause zurück. In den 60er-Jahren begannen auch die Frauen zu arbeiten – und waren nun ebenso fern von ihrem Zuhause wie ihre Männer.

Sinkende Löhne, Arbeitslosigkeit und Trennungen haben dazu geführt, daß Frauen arbeiten und eine Familie versorgen müssen. Um diesen Wandel zu ermöglichen, sind Kinderbetreuungseinrichtungen wie Pilze aus dem Boden geschossen. Heute sprechen wir sogar von einer »Kinderbetreuungsindustrie« und wissen, daß dieses Thema allen Eltern sehr am Herzen liegt.

Eltern können heute also eine Wahl treffen, die in der Vergangenheit nur wenigen, äußerst vermögenden Familien offenstand. Sie können ihre Kinder gegen Bezahlung den ganzen Tag von Fachkräften betreuen lassen. Wenn Wartelisten, lange Stadtfahrten und ihre eigenen Zweifel sie nicht davon abbringen, so haben sie die Möglichkeit, ihr Kind von der Geburt bis zur Volljährigkeit ausnahmslos von Fremden betreuen zu lassen. Staat und Gesellschaft fördern dies finan-

ziell wie auch ideell als ein Recht, das jedem zusteht. Hat Ihr Kind einmal das Schulalter erreicht, so stehen Vor- und Nachbetreuung, Ferienbetreuung und Wochenendveranstaltungen zur Verfügung, und Sie brauchen es fast nie zu sehen!

Die zweitwichtigste Entscheidung, die Eltern fällen müssen

Der Entschluß, Kinder zu bekommen, ist vermutlich die bedeutsamste Entscheidung Ihres Lebens. Wer sie großziehen soll, ist die zweitwichtigste. Die ersten fünf Lebensjahre sind bekanntermaßen die Zeit des größten intellektuellen und emotionalen Wachstums. Ein Kind, das mit drei Monaten für sieben bis acht Stunden täglich in eine Betreuungseinrichtung gegeben wird, verbringt den Großteil seiner Kindheit mit Fremden. Sein Charakter wird in vielen Bereichen das Resultat der vielen unterschiedlichen Einflüsse sein, denen das Kind ausgesetzt war.

Es wird sich diesen Einflüssen zweifelsohne anpassen können, wird es aber auch zu Nähe fähig sein? Wie kann es all die verschiedenen Botschaften in sich vereinen?

Die beiden großen Fragen, ob man Kinder bekommt und wer sie betreut, stehen in einem engen Zusammenhang, doch nicht allen Elternpaaren scheint dies bewußt zu sein. Viele Krippenleiter stellen sich, nachdem sie noch mehr Eltern mit immer jüngeren Kindern abgewiesen haben, im Stillen zurecht die Frage: »Warum setzen diese Leute überhaupt Kinder in die Welt?«

Die »Kuckuckskultur«

In den letzten zehn Jahren hat sich eine Familienkultur durchgesetzt, die zutreffend mit dem Namen »Kuckuckskultur« beschrieben werden kann – denn wie der Kuckuck, der sein Ei einem anderen Vogel ins Nest legt, geben heutzutage viele Eltern wie selbstverständlich ihre Kinder sobald wie möglich in die Hände Fremder, damit diese sich um sie kümmern. Frauenmagazine und das Rollenverständnis, das die Medien verbreiten, fördern diesen Trend. In manchen Kreisen wird es als Zeichen von gesellschaftlichem Erfolg ge wertet, als wünschenswerte Norm, wenn man jemand anderen mit der Erziehung der eigenen Kinder beauftragt.

Unsere Gesellschaft hat sich der »Freiheit« verschrieben, und das beinhaltet offensichtlich auch, daß man sich möglichst von den Mühen der Kinderziehung zu befreien sucht. Am äußersten Ende des gesellschaftlichen Spektrums befinden sich Schichten, in denen Kinder zu nicht viel mehr als einem modischen Accessoire degradiert sind, das hier und da für einen Phototermin hervorgekramt und dann gleich wieder in anderer Leute Hände gelegt wird. Es ist »schick«, Kinder zu haben, nicht aber, das eigene Leben von ihnen beeinträchtigen zu lassen.

Wir Menschen ordnen uns gerne dem Herdentrieb unter, und die Tatsache, daß es »alle so machen«, läßt die Entscheidung für eine Betreuung der eigenen Kinder durch fremde Menschen harmlos, ja sogar vorteilhaft erscheinen. Es sind also auch modische Trends, die die Entscheidung darüber, wer unsere Kinder erziehen soll, beeinflussen.

Glücklicherweise aber will immer noch die Mehrheit aller Eltern ihre Kinder selbst großziehen, auch wenn die »Erziehung aus zweiter Hand« zunehmend an Bedeutung gewinnt. Diese Eltern wollen ihr Bestes geben und sind bereit, zu diesem Zwecke Karriere, Freizeit und gesellschaftliche Ambitionen zu opfern. Selbst Männer in hohen Positionen entscheiden sich immer häufiger für ihre Kinder und gegen die Karriere.

Leider sind viele Eltern aus finanziellen Gründen gezwungen, ins Arbeitsleben zurückzukehren, lange bevor ihre Kinder groß sind – und sie sind darüber äußerst betrübt. Andere sind verwirrt. Einerseits wollen sie ein schönes Zuhause schaffen, ihre Kinder auf eine gute Schule schicken und ihnen schönes Spielzeug schenken, andererseits wollen sie nicht auf die gemeinsame Zeit mit ihren Kindern verzichten.

Welche Gründe es auch sein mögen, in jedem Falle sollten wir uns über die wahren Kosten der jeweiligen Lösung klar werden, bevor wir eine Entscheidung treffen.

Eine persönliche Ansicht

Ich hatte ursprünglich vor, in diesem Kapitel die Alternativen, zwischen denen Eltern wählen können, objektiv zu beleuchten. Das ist die unverfänglichste Methode. Ich hätte die verschiedenen Argumente in dieser langen und besorgniserregenden Diskussion zusammenstellen und Sie Ihre eigenen Schlüsse ziehen lassen können.

Mir wurde jedoch schnell klar, daß dies nicht der richtige Weg gewesen wäre. Als Eltern treffen wir unsere Entscheidungen nicht anhand von Studien und Statistiken. Wir nehmen sie zwar zur Kenntnis, aber wenn es darauf ankommt, dann handeln wir nach unserem Gefühl. Schließlich ist es die Fähigkeit, der eigenen Intuition zu folgen, die gute Eltern von schlechten unterscheidet. Ich denke, daß Sie als Leser meine ehrliche Meinung halbwissenschaftlichen Ausflüchten vorziehen.

Ich habe größte Bedenken gegenüber der Art und Weise, wie Eltern heutzutage von Einrichtungen zur Kinderbetreuung Gebrauch machen, und ich glaube, daß die nur schwer nachweisbaren Schäden, die dadurch entstehen, eine langfristige Wirkung haben.

Mit dieser Ansicht stehe ich nicht allein da. Professor Jay Belsky, der wohl renommierteste Fachmann auf diesem Gebiet, hält die Schäden durch zuviel Fremdbetreuung ebenfalls für subtil, aber nachhaltig – so nachhaltig, daß er 1986 seine zuvor bejahende Haltung gegenüber der Fremdbetreuung von Kindern unter drei Jahren in Krippen grundsätzlich revidierte.

Anfang 1994 löste die weltweit bekannte Elternratgeber-Autorin Dr. Penelope Leach einen Sturm der Entrüstung aus, als sie sich in ihrem Buch »Die ersten Jahre deines Kindes« ebenfalls gegen die Betreuung von Kleinkindern durch Fremde aussprach. Ich selbst habe beim Anblick von Babys und Kleinkindern in Krippen schon immer ein Unbehagen verspürt, und je mehr Gespräche ich mit Eltern, Betreuungspersonal und zurückblickenden Erwachsenen führte, desto stärker wurde meine Überzeugung.

Bevor ich Ihnen meine Argumente darlege, muß ich betonen, daß es keinerlei Beweise für sie gibt. Die Forschungen auf diesem Gebiet stehen noch aus, aber da ich – wie alle anderen Eltern auch – nicht einfach auf deren Ergebnisse warten konnte, erlaube ich mir hier, meine persönlichen Ansichten darzulegen. Es bleibt Ihnen überlassen, ob Sie mir zustimmen wollen oder nicht oder ob Sie die Antwort offen lassen wollen.

Es ist meine Überzeugung, daß ...

1 ... Ganztagsbetreuung im Rahmen einer Kinderkrippe oder in einer ähnlichen Einrichtung bei Kindern un-

ter drei Jahren erhebliche Defizite hinterlassen wird. Je kleiner die Kinder sind und je mehr Zeit sie dort verbringen, desto größer werden die Mangelerscheinungen sein.

2 ... eine solche Betreuung sich vor allem auf die innere Stabilität, das Vertrauen und die Beziehungsfähigkeit des Kindes negativ auswirken wird. Die mit der Fremdbetreuung verbundenen frühen Erfahrungen werden es dem Kind erschweren, später im Leben Gelassenheit und seelischen Frieden zu finden.

Dieses Defizit wird durch einen oberflächlichen Gewinn an sozialen Fähigkeiten und praktischer Intelligenz kaschiert, die jedoch nichts anderes als reine Überlebensstrategien eines hilflosen Kindes sind.

3 ... diese Defizite auf Dauer gesehen vor allem die Fähigkeit zu langfristigen und stabilen Bindungen beeinträchtigen werden. Die allgemeine seelische und körperliche Verfassung des Kindes wird darunter leiden, und wenn es erwachsen ist, wird es ihm schwerfallen, zu seinen eigenen Kindern eine von Zuneigung geprägte Beziehung aufzubauen.

Um es kurz zu fassen: Abgesehen von Fällen, in denen es die ökonomische, gesundheitliche oder psychische Situation den Eltern tatsächlich unmöglich macht, die Erziehung ihrer Kinder selbst in die Hand zu nehmen, bin ich fest davon überzeugt, daß es einem kleinen Kind prinzipiell besser bekommt, wenn es von einem bestimmten Menschen umsorgt wird, der in einem engen emotionalen Verhältnis zu ihm steht.

Gut ausgebildetes Personal und ein positives Umfeld sind wichtig, treten aber im Vergleich zur Liebe zum Kind in den Hintergrund. Man kann kleine Kinder sicher unterbringen und für eine anregende Umgebung sorgen, aber ihre tieferen und subtileren Bedürfnisse kann nur jemand befriedigen, der eine feste, unerschütterliche Bindung zu ihnen eingegangen ist. Und genau das kann man mit Geld nicht kaufen!

Die Vorzüge der Kinderbetreuung

Fairerweise muß man aber neben den Gefahren auch die Vorzüge der Kinderbetreuung nennen. Jeder, der in irgendeiner Form mit Familien zu tun hat, weiß, daß ...

- ... alle Eltern von Zeit zu Zeit Erholung und Abstand brauchen, um die Situation der unnatürlichen Abkapselung vom Rest der Welt, in die man durch die Betreuung der Kinder zuhause gerät, besser verkraften zu können.
- ... Frauen das gleiche Recht auf Karriere und finanzielle Unabhängigkeit haben wie Männer.
- ... Kinder in Betreuungseinrichtungen soziale Fähigkeiten erlernen und vielfältige Anregungen erhalten, so daß sie die Zeit in der Krippe oder auch bei der Tagesmutter genießen.
- ... manche Eltern so schlechte Voraussetzungen (materieller oder persönlicher Natur) für die Erziehung ihrer Kinder mitbringen, daß die Kinder unter professioneller Aufsicht tatsächlich besser aufgehoben sind.

Diese Vorteile sind bestens dokumentiert und auch weithin anerkannt.

Den Tatsachen furchtlos ins Auge sehen

Bei all den positiven Seiten der Kinderbetreuung – die negativen Aspekte sind nicht zu übersehen. Über diese negativen Seiten wurde lange Zeit nur hinter vorgehaltener Hand diskutiert, einerseits, weil man den Eltern, die ihre Kinder in Krippen oder Kindergärten untergebracht haben, Schuldgefühle ersparen wollte, andererseits, weil die »Kinderbetreuungsbranche« aus verständlichen Gründen kein Interesse an eingehenderen Untersuchungen hatte. Ersteres halte ich für überheblich, und Letzteres ist einfach unredlich.

Das Betreuungspersonal erliegt häufig dem gutgemeinten, meines Erachtens jedoch fehlgeleiteten Bestreben, Eltern Sorgen ersparen zu wollen. In Australien haben Erziehungsfachleute und die Regierung eine lange und wichtige Kampagne initiiert, um nationale Standards für Kinderbetreuungseinrichtungen zu entwickeln. Die privat betriebenen Einrichtungen setzten sich dagegen vehement mit allen Mitteln zur Wehr.

Eine Mitarbeiterin der Kampagne sagte einmal: »Als wir die Fälle bekanntmachten, in denen unausgebildete Fünfzehnjährige mit 45 Kindern alleine gelassen wurden, ging es uns nicht darum, Hysterie auszulösen.« Das klang zunächst nach einer löblichen Absicht. Aber letztlich zeigte diese Äußerung auch, daß man in den Betreuungseinrichtungen und bei den Behörden besorgte Eltern eigentlich nur für hysterisch und lästig hält und sie in ihren Wünschen und Forderungen nicht ernst nimmt.

Aber ist es nicht ein ganz natürliches Verlangen, wenn Eltern ein starkes Interesse am Wohle ihrer Kinder haben? Man kann den Eltern einfach nicht das Recht abstreiten, über die Zustände in den Betreuungseinrichtungen informiert zu werden!

Ist die rasant zunehmende und weitverbreitete Akzeptanz der Kinderbetreuung durch Dritte beängstigend? Oder ist das endlich der Durchbruch, der den Eltern die Möglichkeit verschafft, mehr vom Leben zu haben? Ist es nicht angesichts der Tatsache, daß wir weit entfernt von Großeltern und Verwandten leben, eine Wohltat für Kinder, daß es nun Profis gibt, die Mamis und Papis amateurhafte Stümperei ersetzen?

Oder nehmen wir mit einer Betreuung unserer Kinder durch Dritte nicht doch in Kauf, daß unsere Kinder einen ernsthaften Verlust an Intimität und individueller Zuneigung erfahren? Gibt es einen Mittelweg, bei dem auch ein Kleinkind von einer Fremdbetreuung profitieren kann? Wie auch immer wir es betrachten, der Boom in der Kinderbetreuungsbranche ist ein unkontrolliertes gesellschaftliches Experiment und sollte mit wachen Augen verfolgt werden.

In den folgenden Abschnitten werden wir die Motive betrachten, die Eltern kleiner Kinder dazu veranlassen, ins Berufsleben zurückkehren, und wir werden diskutieren, wie berechtigt diese Gründe sind. Wir werden uns darüber hinaus mit der Frage auseinandersetzen, ob es nicht sinnvoller wäre und mehr Freude brächte, wenn man als Vater oder Mutter kleiner Kinder ein paar Jahre länger zu Hause zu bleibt und sich um die Kinder kümmert, bis sie ein gewisses Alter erreicht haben.

Dann werden wir einen Blick darauf werfen, welche Arten von Betreuung es gibt, damit Sie später eine wohlüberlegte Entscheidung treffen können. Wir werden außerdem untersuchen, welche Risiken die Kinderbetreuung in sich birgt, damit Sie feststellen können, ob Ihr Kind Schaden nimmt. Wenn Sie dann mit all diesen Informationen ausgestattet sind, werden Sie eher in der Lage sein, so zu entscheiden, wie es für Sie persönlich richtig ist.

»Aber ich habe keine Wahl« – Mütter, die arbeiten müssen

Mütter, deren Partner nur ein niedriges Einkommen haben oder arbeitslos sind, und Alleinerziehende haben schlicht keine Wahl; sie müssen ihre Kinder in Krippen und Kindergärten betreuen lassen und arbeiten gehen, auch wenn sie viel lieber mit ihren Kindern zuhause blieben. (Das ist eine Problem nationalen Ausmaßes, und in dem Kapitel über ein »Elterngehalt« werden wir eine mögliche gesamtgesellschaftliche Lösung diskutieren.)

Ich glaube, daß Kinder sich schwierigen Verhältnissen anpassen können, wenn sie verstanden haben, daß die Situation auch beim besten Willen nicht zu ändern ist. Dabei ist es noch nicht einmal nötig, große Worte zu verlieren; Kinder erfassen auch intuitiv die Wahrheit. Wenn Ihre Kinder also wissen, daß Sie eigentlich lieber bei ihnen wären, aber nicht anders können, dann wird sich dies nicht so schädlich auf ihr Selbstbewußtsein auswirken; viel schwerwiegender ist es, wenn Sie tatsächlich kein Interesse an Ihren Kindern haben und grundsätzlich nicht gern in ihrer Nähe sind.

Das Selbstvertrauen junger Eltern

Manche junge Eltern begründen ihre Rückkehr in das Berufsleben damit, daß sie ohnehin keine guten Eltern abgeben würden, da sei ihr Kind in einer Betreuungseinrichtung besser aufgehoben. Aber so einfach verhält es sich nicht. Kaum jemand war vom ersten Augenblick an ein guter Vater oder eine gute Mutter. Nur durch die vielen Stunden, die Sie mit Ihrem Kind verbringen, werden Sie es. Und eben darin besteht der Unterschied zwischen einer Beziehung und einer Dienstleistung! Die Kindererziehung kann in der Tat an Ihrem Selbstvertrauen nagen, und das läßt viele Eltern ihre Situation noch negativer empfinden. Sie verlieren die Zuversicht, und es kann sogar soweit kommen, daß Sie sich Ihrem Kind entfremden. Der Betreuer scheint soviel liebevoller mit Ihrem Kind umzugehen und sehr viel attraktiver zu sein als Sie selbst. Je besser andere mit Ihrem Kind umgehen können, desto mehr sinkt Ihr Selbstbewußtsein.

In solch einem Fall ist es vernünftiger, an sich selbst zu arbeiten und sich mit der Hilfe eines Dritten nützliche Techniken und eine positive Einstellung zu erwerben. Nicht das Baby braucht hier professionelle Betreuung, sondern die Eltern sind es, die Unterstützung benötigen.

Stabilität und Kontinuität, die Pfeiler, auf denen die Welt des Kindes ruht, kann man in Betreuungseinrichtungen nicht vermitteln. Selbst bei hochqualifizierter Betreuung wird Ihr Kind, bevor es das Schulalter erreicht, mit mindestens einem Dutzend verschiedener Bezugspersonen konfrontiert werden. Schon sicherzustellen, daß der Ort der Betreuung sich nicht ändert, ist ein kaum zu realisierendes Unterfangen.

Eine jüngere Studie hat herausgefunden, daß es Familien gibt, die in einer normalen Arbeitswoche ihre Kinder an bis zu vier verschiedenen Orten unterbringen müssen, um zu gewährleisten, daß ihre Kinder während der gesamten Arbeitszeit betreut sind. Hinzu kommt, daß die Art des Umgangs mit den Kindern von Einrichtung zu Einrichtung stark schwanken kann und es dem einzelnen Kind so erschwert wird, sich zurechtzufinden.

Einen Mittelweg finden, ohne Kompromisse einzugehen

Mit einem Kleinkind isoliert in einem Vorstadthäuschen oder in einer Wohnung zu leben, kann einen Menschen auf direktem Wege in den Wahnsinn befördern, wenn nicht andere Aktivitäten und Kontakte mit Erwachsenen hier und da Abwechslung und Ablenkung von Haushalt und Kindererziehung bieten. Irgendein Weg der Betreuung muß also gefunden werden, damit das Wohlbefinden von Erwachsenen und Kindern gewährleistet ist.

Ein Netz aus Freunden, Tagesmutter und Kindergarten kann zu bestimmten Zeiten erheblich zum Funktionieren einer Familie beitragen. Die Frage ist nur, was die wahren Bedürfnisse der Kinder sind. Dieser Aspekt fehlte in der bisherigen Diskussion. Das heutige System professionalisierter Kinderbetreuung ist entstanden, um den Nöten von Erwachsenen und nicht denen von Kindern Genüge zu tun. Die kamen erst an nachgeordneter Stelle.

Jüngste Forschungsergebnisse, und auch der gesunde Menschenverstand, lassen Zweifel an der Behauptung aufkommen, daß eine Kindheit in einer Kinderkrippe eine gute Kindheit ist. Ich bin sicher, daß das nächste Jahrtausend (oder bescheidener: nächste Jahrzehnt) zu einer Umorientierung führen wird und Kinderbetreuung nicht mehr ein Ersatz, sondern eine Hilfestellung für erziehende Eltern sein wird. Außerdem sage ich voraus (und hoffe), daß die Inanspruchnahme von Betreuungseinrichtungen für Babys und

Kleinkinder drastisch sinken wird, wenn die Eltern erkennen, welche psychischen und sozialen Folgen damit verbunden sind.

Nach den »fetten« 80er-Jahren befinden wir uns nun in den »realistischen« Neunzigern. Bei vielen Fragen ist man zu neuen Erkenntnissen gekommen, und auch die Antworten auf die Frage nach dem Wert der Kindererziehung »aus zweiter Hand« wandeln sich allmählich. Menschen, die heute noch nach einem Kinderkrippenplatz anstehen, könnten bald zu jenen gehören, die sich für den anderen Weg entschieden haben.

Neueste Meldungen

»Berufstätige Mütter, die ihre kleinen Kinder in Betreuungseinrichtungen unterbringen, sind durch die Trennung stark depressionsgefährdet. Dies ist das Ergebnis einer neuen Studie. Einige Mütter sind in so tiefe Depressionen verfallen, daß sie psychiatrische Behandlung brauchten.

Ein Feldforscher der Universität Melbourne hat Interviews mit achtzig Müttern geführt, die aus finanziellen Gründen in den Beruf zurückgekehrt sind und ihre Kleinkinder in Kindertagesstätten untergebracht haben. Er stellte fest, daß sie in den ersten beiden Monaten der Trennung von ihrem Kind unter starken Ängsten litten. In einigen Fällen führte dieser Zustand zu leichteren Depressionen, vier der achtzig Frauen jedoch verfielen in so schwerwiegende Depressionen, daß sie klinisch behandelt werden mußten.

Etwas ein Drittel der Mütter erklärte, daß sie es vorzögen, zu Hause zu bleiben und ihr Kind nicht von Fremden betreuen zu lassen.

Die Mitglieder der Kontrollgruppe von weiteren achtzig Frauen, die zu Hause blieben, um sich um ihre Kinder zu kümmern, litten unter keinen vergleichbaren Angstzuständen.«

(Aus: »Berufstätige Mütter leiden unter der Trennung von ihren Kindern«, Mercury, Hobart 13. 2. 1993)

Sieben unverschämte Gründe dafür, mit kleinen Kindern zu Hause bleiben zu wollen

1 Ich bin egoistisch.

Warum sollte sich irgend jemand anderes an meinen bezaubernden Kindern erfreuen, während ich mich abplage, um denjenigen dafür auch noch bezahlen zu könne? Warum soll anderen die Freude über die ersten Schritte meines Kindes oder sein erstes Wort zufallen? Warum soll ein Fremder die ganze Zuneigung und Anhänglichkeit meines Kindes bekommen? Sie gehört (und gebührt) schließlich mir.

2 Ich bin die/der Größte.

Niemand kann meine Kinder so gut erziehen wie ich selbst, niemand liebt sie so wie ich und niemand kennt sie so gut wie ich.

3 Ich bin übervorsichtig.

Meine Ansprüche an Sicherheit, Schutz vor Mißhandlung und Respekt vor den Gefühlen meines Kindes sind extrem hoch. Indem ich mein Kind nicht allein lasse, brauche ich keine Risiken einzugehen, denn ich weiß, daß es bei mir in größtmöglicher Sicherheit ist.

4 Ich arbeite gerne im Team.

Mein Partner und ich sind ein gutes Team, wir ergänzen uns, und ich erziehe meine Kinder gern mit ihm zusammen. Es ist ein weiteres Element, das uns verbindet.

5 Ich bin arm, aber stolz.

Mein Selbstwertgefühl ist ausgeprägt genug, so daß ich weder exklusive Möbel und teure Klamotten noch ein luxuriöses Haus oder Auto benötige. Ich bin solch ein Snob, daß ich Geld nur für das Nötigste brauche. Meine Juwelen sind meine Kinder.

6 Ich bin faul.

Wenn ich jetzt meine Kinder zu selbstsicheren und seelisch gesunden Menschen heranziehe, die sich sicher und gut aufgehoben fühlen, werde ich es in der Zukunft leichter haben. Sobald meine Kinder größer sind, will ich wieder frei sein, und deshalb bringe ich ihnen bei, in unserem eigenen Haushalt mitzuhelfen.

7 Ich finde Gefallen am Zusammensein mit meinen Kindern.

Ich freue mich an den Fortschritten und der Zuneigung meiner Kinder und genieße es, meine Zeit nach eigenem Belieben zu planen. Ich treffe gern andere Eltern, spüre, wie sich die Jahreszeiten auf unsere Aktivitäten auswirken, merke, daß meine Kinder mich jung halten und ich (zumindest kurzfristig) der Mittelpunkt ihrer Welt bin.

Warum Eltern sich für Fremdbetreuung entscheiden

Es gibt vier hauptsächliche Gründe dafür, daß Eltern frühzeitig ins Berufsleben zurückzukehren.

1 Echte finanzielle Notwendigkeit

In vielen Familien müssen beide Eltern arbeiten, um zu überleben. Auch viele alleinerziehende Mütter haben keine andere Wahl, wenn sie ihre Kinder angemessen versorgen wollen. Für diese Familien sind Betreuungseinrichtungen lebenswichtig, sie entsprechen aber nicht unbedingt ihren Idealvorstellungen von einem guten Familienleben.

In einer Erhebung gaben 62 % der befragten berufstätigen Mütter an, daß sie lieber zu Hause bleiben würden, bis ihre Kinder das Schulalter erreichen, anstatt schon bald nach der Geburt wieder zur Arbeit zu gehen.

2 Eingebildete finanzielle Notwendigkeit

Viele Paare denken, daß sie arbeiten müssen, aber bei genauerer Betrachtung stellt sich heraus, daß sie es nur tun, um ihren relativ hohen Lebensstandard zu erhalten. Heutzutage heiraten Paare später und bekommen auch später Kinder. Vielleicht hatten sie sich vorher schon daran gewöhnt, über viel Geld zu verfügen.

Vor wenigen Jahrzehnten gehörte es zum Leben dazu, für Kinder auch einmal auf etwas zu verzichten, und niemand machte Aufhebens davon. Die von der Medienwelt geprägten Bilder und Erwartungen und unsere auf Konkurrenz anstelle von Hilfe und Unterstützung basierende Gesellschaft führen dazu, daß die Erwartungen an das eigene Leben wesentlich höher geschraubt werden, als es eigentlich nötig oder möglich ist.

3 Druck von außen

Viele Mütter denken, daß sie arbeiten sollten, weil das jeder tut, und daß sie einen Makel aufweisen, wenn sie sich für die Mutterrolle entscheiden. Die Vertreterinnen des Feminismus hatten eine gespaltenes Verhältnis zur Mutterschaft und haben die Kindererziehung manchmal als nichtswürdig abgetan.

Und nicht nur Frauen fühlen sich diesem Druck, den eigenen gesellschaftlichen Status nur durch aktive Berufstätigkeit aufrechterhalten zu können, ausgesetzt – mit noch mehr

> In Australien kehren 26 % aller Frauen ins Berufsleben zurück und nehmen Fremdbetreuung in Anspruch, wenn ihr Kind das erste Lebensjahr vollendet hat. 45 % arbeiten wieder, nachdem ihr jüngstes Kind vier Jahre alt geworden ist, und 59 %, wenn ihr jüngstes Kind das sechste Lebensjahr vollendet hat. Väter sind in 70 % der Familien ganztags beschäftigt und betreuen nur in 5 % der Fälle die Kinder zu Hause.

Argwohn werden Männer betrachtet, die sich für ihre Kinder und gegen den Ganztagsjob entscheiden.

4 Freude an der eigenen beruflichen Karriere

Manche Mütter finden soviel Gefallen an ihrer beruflichen Karriere, daß sie ihren Beruf über ihre Aufgaben als Mutter und Hausfrau stellen. Manchmal haben sie einen Partner, der bereit ist, die Rolle des Versorgers aufzugeben und die häuslichen Aufgaben zu übernehmen.

In anderen Fällen sind beide Partner nicht gewillt, eine größere berufliche Pause zu machen – ihre Kinder rutschen auf einen der unteren Plätze auf ihrer Prioritätenskala.

Wenn Sie durchaus mehrere Alternativen zur Wahl haben, aber das Elterndasein nicht mögen

Daß so viele Arten von Kinderbetreuung zur Verfügung stehen, führt dazu, daß manches Paar sich nur für Kinder entscheidet, weil sie wissen, daß Dritte den Großteil der Arbeit übernehmen werden. Andere Eltern wiederum sind der Meinung, daß sie ihre Aufgabe nicht gut genug erfüllen, und übertragen sie deshalb Fremden. Das aber ist eine Begründung, die man so nicht akzeptieren kann. Denn kein Mensch ist von Anfang an ein guter Vater oder eine gute Mutter.

Tatsache ist, daß nur Übung den Meister macht und niemand die Kunst der Erziehung von Anfang an beherrscht. Kinder großzuziehen ist kein Hobby und auch kein Spaziergang. Es kann sogar vorkommen, daß Sie ganze Phasen Ihres Lebens als äußerst schwierig empfinden: Nicht alle Mütter lieben Babys, mancher findet Kleinkinder unerträglich und andere können Teenager nicht ausstehen. Alle Eltern wollen irgendwann einmal die Flinte ins Korn werfen und sich auf sich selbst zurückziehen.

Dafür gibt es aber meist ganz bestimmte Ursachen, und es lohnt sich, ihnen auf den Grund zu gehen. Indem wir Krisen meistern und nicht aufgeben, lernen wir dazu und finden zu uns selbst. Dann sind wir auch in der Lage, mit unseren Kindern zufrieden und glücklich zusammenzuleben.

Schadet Fremdbetreuung meinem Kind?

Schon in den 60er-Jahren wurde die Frage gestellt, ob professionelle Kinderbetreuung Kindern schadet. Studien ergaben das ermutigende Ergebnis, daß es kaum einen Unterschied macht, ob Kinder zu Hause oder in Kinderkrippen untergebracht waren. Allenfalls zeichneten sich Kinder, die solche Einrichtungen besuchten, durch mehr Selbständigkeit und Durchsetzungsvermögen aus.

Kritiker der Untersuchungen und ihrer Methodik wiesen jedoch darauf hin, daß die Studien keineswegs repräsentativ seien, da man sie nur an Betreuungsstätten von »hoher Qualität«, für gewöhnlich an den Krippen der Universitäten, die den Forschern zugänglich waren, durchgeführt hatte.

Daher stand in den 70er-Jahren die Frage im Vordergrund, was denn unter »Qualität« zu verstehen sei und wie sich Qualitätsunterschiede auswirkten. Wie zu erwarten, fand man heraus, daß die Resultate um so besser waren, je kleiner die Gruppen, je besser ausgebildet und zahlreicher die Betreuer waren.

Man bemerkte einen Hang zu Apathie und Traurigkeit bei kleinen Kindern in großen Gruppen; außerdem stellte sich heraus, daß ältere Kinder sich zu langweilen begannen und unkontrollierbar wurden, wenn das pädagogische Konzept nicht stimmte.

In den 80er-Jahren regten sich die ersten Zweifel, ob die Art von Betreuung, die Eltern sich wünschten, in einem institutionellen Rahmen überhaupt zu realisieren sei. Immer häufiger drehte sich die Diskussion um die Problematik, eine stabile und warme Beziehung zwischen Betreuer und Kind herzustellen.

In dem Forschungsüberblick ihres Buches *Children in Australian Families* (Australian Institute of Family Studies 1992) hebt Gay Ochiltree hervor, was der häufige Personalwechsel in Betreuungseinrichtungen für Kinder bedeutet: »Der Verlust einer Bezugsperson kann für ein Kind sehr schmerzhaft sein. Halten wir uns vor Augen, daß jährlich 40 % der Bezugspersonen in öffentlichen und 60 % der Betreuer in privaten Betreuungsstätten die Stelle wechseln, dann wird uns die immense Bedeutung des Problems klar.«

Diese Zahlen stammen zwar aus den Vereinigten Staaten, weil aber die schlechte Bezahlung und das niedrige gesellschaftliche Ansehen, das der Beruf des Erziehers einbringt, in allen Industrieländern zu finden sind, ist dieser Trend zum häufigen Arbeitsplatzwechsel wohl in der ganzen westlichen Welt zu beobachten.

Jay Belsky analysiert in seinem Beitrag »Kleinkindertagesstätten – ein Grund zur Sorge« den kompletten Stand der Forschung, zusammengetragen aus hunderten von Studien aller Art weltweit. Er stellt fest, daß es in fast allen Studien Hinweise, wenn nicht sogar Beweise für Dauerschäden durch Fremdbetreuung gibt, vor allem, wenn man die Ergebnisse in der Gesamtschau betrachtet.

Bei Kindern, die in einem Alter von bis zu zwölf Monaten von ihrer Mutter getrennt worden waren, konnte er vier dokumentierte Verhaltensauffälligkeiten feststellen:

- **Abkehr von der Mutterfigur:** Das Kind wendet sich nicht spontan an seine Mutter und sucht keinen Schutz bei ihr. Die Erfahrungen in einer Krippengruppe macht diese Kleinen wütend auf die Mutter. Es ist von seiner Mutter enttäuscht worden und hat es aufgegeben, sich trostsuchend an sie zu wenden. Es hat entweder eine Beziehung zu jemand anderem aufgebaut oder überhaupt aufgegeben, eine starke Bindung zu jemandem zu entwickeln.

- **Erhöhte Aggressivität:** Das Kind zeigt jetzt und auch im Schulalter eine Tendenz zum Schlagen, Beleidigen und Kämpfen. Es löst Konflikte nicht durch ein Gespräch, ruhiges Verhalten oder Ausweichen, sondern durch aggressive Konfrontation.

- **Aufsässigkeit:** Das Kind ignoriert die Anweisungen Erwachsener oder trotzt ihnen und übt durch Zuwiderhandeln den Aufstand.

- **Rückzug:** Das Kind wendet sich ab, meidet die Gesellschaft Erwachsener und zieht sich auf sich selbst zurück.

Diese vier Verhaltensauffälligkeiten zeigten sich quer durch eine große Anzahl von Studien – ob diese nun niedere, mittlere oder gehobene soziale Schichten im Visier hatten. Sie zeigten sich in gering ausgestatteten Kindertagesstätten, hochprofessionell geführten Einrichtungen und sogar bei Ganztagsbetreuung durch Babysitter zu Hause.

Diese vier Effekte kommen nicht überraschend. Kinder in durchschnittlichen Institutionen der beschriebenen Art müssen mit einer Vielzahl von anderen fremden Kindern um Aufmerksamkeit kämpfen, Erwachsene kommen und gehen, der Tag ist von ununterbrochenem Lärm erfüllt, es gibt keine privaten Rückzugsgebiete. Erwachsenen, auch den eigenen Eltern, die die meiste Zeit des Tages nicht für sie da sind, begegnen sie mit zunehmender Reserve. Die Kinder müssen selbst zusehen, wie sie durch den Tag kommen, was einigen besser gelingt als anderen.

Eltern, die sich die Frage stellen, ob die »Betreuung in Krippen Kleinkindern schadet«, können zu einer eindeutigen Antwort gelangen: Wenn Ihr Kind regelmäßig eine Kombination der vier beschriebenen Verhaltensweisen an den Tag legt, dann lautet die Antwort: »Ja«.

Kinder mit Krippenerfahrung sind anders

Während wir unsere Nachforschungen für dieses Kapitel anstellten und verschiedene Eltern interviewten, bekamen wir ein paar sehr aufschlußreiche Bemerkungen von Eltern zu hören, die gleichzeitig als Betreuer in einem Kindergarten tätig waren.

»Man sieht sofort, welche Kinder vor dem Kindergarten ein Krippe besucht haben. Sie sind ganz anders.«

»Es ist nur schwer zu beschreiben, aber sie sind irgendwie kühler und weniger an mir als Person interessiert. Sie sind aber oft Meister im Manipulieren.«

»Die meisten Kleinen kommen an Mamis Hand – sie sind ängstlich, aber nach einer Weile dehnen sie das Vertrauen zu ihrer Mutter auf dich (den Kindergärtner) aus. Sie sind zutraulich und kontaktfreudig. Kinder mit Krippenerfahrung dagegen scheinen oft irgendwie schon verhärtet zu sein – wieder ein anderer Erwachsener, wieder ein anderer Ort. Ihre Eltern trifft man nie, weil sie auch von Dritten gebracht und abgeholt werden.«

»Man gewinnt den Eindruck, daß diese Kinder vielen Erwachsenen begegnet und abgeklärt sind. Sie kommen gut zurecht, absolvieren ihr Tagesprogramm, aber sie wirken resigniert, verhärtet und fast depressiv.«

Ein Vergleich der Möglichkeiten

Es gibt viele Betreuungsmöglichkeiten für Ihr Kind. Jede hat ihre Vor– und Nachteile. Lassen Sie uns jede für sich betrachten, damit Sie die beste Wahl treffen können.

Kindertagesstätten

Kindertagesstätten sind für gewöhnlich in großen, für diesen Zweck geplanten Bauten untergebracht. Sie sind normalerweise von 8 bis 18 Uhr geöffnet, manchmal auch länger für Eltern im Schichtdienst. Sie bieten Ganztags-, Halbtags- und (vereinzelt) Springerplätze an. Die Anzahl der Kinder pro Betreuer, die Größe der Innen- und Außenflächen sowie die Ausstattung sind gesetzlich geregelt.

Meistens kümmern sich zwei Fachkräfte um 15 bis 25 Kinder. Mindestens einer der beiden Betreuer muß einen staatlich anerkannten Abschluß als Erzieher nachweisen können. In guten Kindertagesstätten wird der Tag durch ein spezielles Programm abgedeckt, so daß die Kindern unter Anleitung ihre Fähigkeiten erweitern können.

Die Kosten variieren. Staatliche, städtische oder kirchliche Einrichtungen werden staatlich gefördert, dementsprechend niedriger fällt der Elternanteil aus. Bei Elterninitiativen und anderen privaten Tagesstätten müssen die Eltern tiefer in die Tasche greifen. Wieviel Sie für die Betreuung des Kindes veranschlagen müssen, hängt von Ihren persönlichen Wünschen ab. In jedem Falle sollten Sie aber nicht vergessen, zusätzlich anfallende Kosten für öffentliche Verkehrsmittel, Benzin oder sogar ein zweites Auto einzurechnen – und die Zeit, die Sie für die Wege aufwenden müssen. Alle Kosten zusammengenommen, kann Sie die Betreuung in manchen Fällen teurer kommen, als Sie durch das zusätzliche Einkommen bezahlen können.

Eine erfreuliche Entwicklung stellt die Tatsache dar, daß immer mehr Arbeitgeber Einrichtungen auf dem Firmengelände zur Verfügung stellen. Das spart Wege, und die Eltern können ihre Kinder während der Kaffee- oder Mittagspause besuchen. Der Arbeitgeber wiederum profitiert davon, daß seine Angestellten entspannter und zufriedener sind.

Tagesmütter

Tagesmütter sind Mütter, die eine offizielle Genehmigung besitzen, bis zu fünf fremde Kinder regelmäßig in ihrer eigenen Wohnung zu betreuen. Das Alter der Kinder ist für gewöhnlich gestaffelt, und eines der Kinder kann ein Baby sein. Die Wohnung wird von Mitarbeitern des Jugendamtes auf ihre Sicherheit hin inspiziert und der Betrieb regelmäßig überprüft. Lizenzen sind nicht leicht zu bekommen und können auch wieder entzogen werden.

Achten Sie bei der Wahl der Tagesmutter darauf, wie erfahren sie ist, ob sie ihre Sache gut macht und ob sie Spaß dabei hat. Verlassen Sie sich auf Ihr Gefühl gegenüber ihrer Person und dem ganzen Haushalt und schauen Sie sich das Verhalten der anderen Kinder an.

Es gibt ein statistisch gesehen geringes, aber dennoch nicht zu unterschätzendes Risiko des Kindesmißbrauchs, sei es durch den Ehemann der Tagesmutter, ältere Jungen und Mädchen, durch Handwerker oder andere Besucher in einer Tagesstätte. (Bei Studien in verschiedenen Kliniken wurde festgestellt, daß 10 % aller ernsten Mißbrauchsfälle im Rahmen einer Betreuungssituation geschahen.) Ein Kriterium dafür, ob Ihr Kind reif für die Betreuung durch andere ist, sollte daher sein, ob es Ihnen schon deutlich mitteilen kann, wenn etwas nicht in Ordnung ist.

Der große Vorteil einer Tagesmutter ist, daß Ihr Kind in einer Art Zuhause betreut wird und mit ein bißchen Glück eine stabile Beziehung aufbaut, weil es sich als Individuum wahrgenommen fühlt. Allerdings ist für diesen Prozeß viel Zeit und Gewöhnung nötig. Aber wenn Sie Glück haben, wird diese Person eine Familienfreundin und eine liebenswerte Bereicherung im Leben Ihres Kindes.

Bei einer Tagesmutter kommt es auch für Sie selbst stärker auf die persönliche Beziehung an als bei den Betreuern in einer Tagesstätte.

Nehmen Sie sich also Zeit, lernen Sie die Tagesmutter bei einer Tasse Kaffee besser kennen und freunden Sie sich mit ihr an. Suchen Sie auch ruhig mehrere Tagesmütter auf und schauen Sie, ob es »funkt«. Diese Beziehung ist zu wichtig, um sie dem Zufall zu überlassen.

Die Kosten für eine Betreuung Ihres Kindes durch eine Tagesmutter können stark schwanken. Informieren Sie sich gegebenenfalls beim Jugendamt über die ortsüblichen Tarife.

Kindergärten

Kindergärten sind die üblichsten Einrichtungen, in denen Kinder zwischen drei und fünf langsam und spielerisch auf die Schule vorbereitet werden. Fast alle Eltern haben eine äußerst positive Einstellung dazu und bringen ihre Kinder dort unter, sowie ihr Kind die geistige und körperliche Reife dafür erreicht zu haben scheint.

Kindergärten sind eine gute Alternative zur Eigenbetreuung, weil man dort in der Regel ein pädagogisches Konzept verfolgt und nicht allein den Zweck zu erfüllen versucht, Kinder sicher unterzubringen. Kindergärten sind überwiegend halbtags, manchmal bis in den frühen Nachmittag hinein geöffnet. Die meisten Kinder besuchen ihn an weniger als fünf Tagen in der Woche. (Pädagogen unterstreichen, daß tägliche Anwesenheit für eine feste Bindung an die Gruppe und die Betreuer nicht nötig ist.)

Wegen ihrer kurzen Öffnungszeiten eignen Kindergärten sich besser für Eltern, die zu Hause sind, als für Eltern, die einer regelmäßigen Arbeit nachgehen und längere Zeiträume überbrücken müssen.

Kindermädchen

Kindermädchen werden von Ihnen angestellt, um sich ausschließlich um Ihre Kinder zu kümmern. Das ist kostspielig; zudem kann die Qualität der Betreuung von Person zu Person sehr stark schwanken. (Paßt das Kindermädchen tatsächlich auf Ihr Kind auf oder sieht es die ganze Zeit nur fern?) Die Arbeit eines Kindermädchens kann für jemanden, der nicht dazu berufen ist, eine sehr einsame Angelegenheit sein, und dann sind es letztlich Ihre Kinder, die unter der Unzufriedenheit Ihres Kindermädchens zu leiden haben.

Eine Mutter, deren einjähriger Sohn in sechs Monaten drei Kindermädchen »verschlissen« hatte, bemerkte: »Schließlich ist es kein Vergnügen für eine Siebzehnjährige, den ganzen Tag allein mit einem Baby zu verbringen.» (Aber umgekehrt, so wollen wir hinzufügen, ist es das für ein Baby genausowenig!) Es gibt jedoch auch hervorragende Kindermädchen, die eine Hilfe für die ganze Familie sind; und schließlich bietet die »Kindermädchen-Lösung« einen großen Vorteil: Ihr Kind wird zu Hause betreut.

Es gibt aber einen Nebeneffekt, der vielen Eltern bekannt sein dürfte, weil er immer dann auftritt, wenn ihr Kind gut versorgt wird: In einer Studie bei vermögenden nordamerikanischen Familien wurde festgestellt, daß ein gutes Kindermädchen die Mutter-Kind-Beziehung stark beeinträchtigen kann, weil das Kind sich naturgemäß von der Person

angezogen fühlt, die ihm Zuwendung und Wärme schenkt. Das ist ein verständliches Problem, aber es entsteht nur durch Überbeanspruchung.

Es läßt sich leicht lösen, indem man die Zeit, die Vater, Mutter und Kindermädchen mit dem Kind verbringen, gleichmäßiger verteilt. Schließlich ist es kein Fehler, mehrere Menschen zu lieben!

Familie und Freunde

Daß Großeltern, Tanten, Freunde und Nachbarn sich ebenfalls um die Kinder kümmern, ist nach wie vor eine alltägliche Erscheinung. Vor allem Familien mit ausländischer Herkunft bevorzugen diese Art der Betreuung, weil ihre familiären und kulturellen Bindungen stärker ausgeprägt sind.

Auch wenn Freunde oder Verwandte mitwirken, gilt es, ein Arrangement zu treffen, mit dem alle Beteiligten zufrieden sind – natürlich besonders die Kinder. Im allgemeinen sind Kinder allerdings für die Liebe und Fürsorge von Verwandten sehr empfänglich, denn schließlich gehören sie zur Familie. So spricht vieles für diese zeitlose Form der Kindererziehung.

Disziplin und Zuwendung – für Betreuer ein schwieriges Thema

Die wichtigste Aufgabe des Betreuers ist es, Ärger zu vermeiden und geschickt die Auseinandersetzungen zu umgehen, die sonst zwischen Kindern und Eltern stattfinden müssen, damit Kinder wichtige Lektionen lernen. Kinder, die sich in einer Gruppensituation nicht benehmen können, müssen die Betreuer abzulenken und zu beruhigen versuchen; eine Konfrontation sollten sie nach Möglichkeit vermeiden. (Es wäre auch nicht im Sinne engagierter Eltern, wenn die Betreuer zu größeren disziplinarischen Maßnahmen schritten.)

Ebenso verhält es sich mit der Zuneigung: Auch sie kann nur dosiert an die Kinder weitergegeben werden. Den Mittagsschlaf halten die Kinder auf einer Matte und nicht im Lehnstuhl auf dem Arm eines liebevollen Verwandten. Wollte das Betreuungspersonal Vergleichbares leisten (und oft würde es das gerne), so wäre das schon rein zeitlich unmöglich.

In der Kinderbetreuung kann ein Kind sich viel eher Aufmerksamkeit verschaffen, wenn es Probleme macht, denn der Betreuer kümmert sich zuerst um aggressive oder wütende Kinder. Ein friedliches Kind kann dagegen völlig untergehen. Dabei entsteht dann auch das sogenannte »Problemkind«-Syndrom, von dem viele Erzieher uns berichtet haben.

Ein Kind kann sich dieses Attribut schon in den ersten Tagen zuziehen, auch wenn es sich vielleicht nur schwertut, sich an die neue Situation zu gewöhnen. Der Ruf als Problemkind bleibt dann aber an ihm haften, von Erzieher zu Erzieher und von Jahr zu Jahr, bis es in die Schule kommt.

Eltern gehen mit ihrem Kind ganz anders um als mit irgend jemand anderem. Und das stellt Betreuer, die selbst Eltern eines Kleinkindes sind, vor manches Problem. Wir sprachen einmal mit einer Krippenleiterin, die ihr eigenes Kind in einer anderen Krippe als der, in der sie arbeitete, untergebracht hatte. Sie hielt es für unfair gegenüber den Kindern ihrer Gruppe, ihr eigenes Kind dabei zu haben, während sie sich gleichzeitig um die anderen Kinder kümmern sollte. Eine andere Betreuerin wiederum nahm genau die entgegengesetzte Haltung ein: Es wäre ihr im Traum nicht eingefallen, ihr Kind wegzugeben.

Wir Eltern hegen ein intensives Interesse an unseren Kindern. Denken Sie daran, wie Sie Ihre Freunde mit Berichten über jeden kleinen Fortschritt Ihres Kindes langweilen! Aber ist es, aus der Sicht des Kindes betrachtet, nicht auch völlig naheliegend, daß das Kind viel lieber von Menschen umgeben ist, die es lieben, die gerne sehen wollen, wie es wächst und lernt, und die persönlich Anteil nehmen und auf seine Fortschritte stolz sind? Auch wenn eine bezahlte Kraft ein echtes Interesse am Wohlbefinden und an den Fortschritten der Kinder entwickeln kann, so wird dieses Interesse doch niemals über Sympathie und eine eher allgemeine Wohlgesonnenheit hinausgehen können. Was ein professioneller Betreuer einem Kind zu bieten hat, kann sich mit der Intensität der elterlichen Anteilnahme niemals messen.

Das eigentliche Problem – isolierte Mütter

Es gibt zwei Gründe, die Mütter zur Rückkehr in die Arbeitswelt bewegen, auch wenn sie lieber zu Hause blieben.

Der eine ist finanzielle Abhängigkeit. Auf das Einkommen des Partners angewiesen zu sein kann eine Quelle von Ängsten und Zweifeln sein. Außerdem kann bei Müttern ohne eigenes Einkommen schnell das Gefühl entstehen, ihre Arbeit, die »nur« darin besteht, sich um die Kinder zu kümmern, sei wertlos.

Der zweite Grund ist, daß einem schlicht die Decke auf den Kopf fallen kann, wenn man den ganzen Tag ausschließlich in der Gesellschaft kleiner Kinder zubringt. Das ist ein echtes Problem, aber nicht die Schuld des Kindes. Der Grund ist unser Lebensstil. Unsere Vorstädte und Wohnviertel mögen hübsch aussehen, aber oft sind sie sehr einsame Orte. Wir leben in der Umgebung von Fremden, und manchmal kann sich der einzige soziale Kontakt eines Tages in einer Fahrt zum Supermarkt erschöpfen. Man kann diese Eintönigkeit durchbrechen, wenn man die lokalen Angebote in Gemeindezentren und kirchlichen Einrichtungen wahrnimmt oder sich Spielgruppen, Schwimmclubs oder anderen Organisationen anschließt. Dazu jedoch braucht man Selbstvertrauen und die Fähigkeit, sich in bestehende Gruppen einzufügen.

Man könnte also durchaus die Ansicht vertreten, daß es einem äthiopischen Bauern oder einem Slumbewohner in Kalkutta zumindest im Hinblick auf seine soziale Einbettung und sein Bedürfnis nach reiner Menschlichkeit besser geht als einem Bürger der westlichen Welt.

Auch die beste professionelle Betreuung ist immer noch Fremdbetreuung

Es wird viel darüber geredet, daß die Güte der Betreuung von entscheidender Bedeutung ist. Selbstverständlich hält niemand etwas von überfüllten Kindertagesstätten mit lieblosen und hartherzigen Betreuern. Aber »qualifizierte Betreuung« wird oftmals so betrachtet, als sei sie der elterlichen Fürsorge ebenbürtig, wenn nicht sogar ihr vorzuziehen.

Betreuung und Liebe sind zweierlei

Die Frage ist, ob Kinder von ihren erwachsenen Betreuern, zu denen sie in einer langfristigen Beziehung stehen und denen sie Liebe und Vertrauen schenken, stetige Zuneigung erfahren. Der Knackpunkt ist also die Liebe und die Frage danach, wie sich die Betreuer genügend Kraft für stetige Zuneigung bewahren können. Einiges läßt sich erreichen, wenn man daran geht, Schichtzeiten für Betreuer einzuführen, die Größe der Gruppen zu kontrollieren, eine Gruppe über längere Zeiträume hinweg von einem Betreuer führen zu lassen und die Anzahl der Erwachsenen, die mit den Kindern zu tun haben, zu beschränken.

Die Debatte um die Qualität der Betreuung kreist im allgemeinen um Themen wie Ausbildung des Personals, Ausstattung, Ernährung und pädagogisches Programm. Alle diese Punkte sind relevant, aber sie gehen an der Frage nach der Qualität der Beziehungen vorbei. Selbst in der bestmöglichen Umgebung ist das Problem, daß hier ein kleiner Mensch mit zwanzig oder dreißig verschiedenen Bezugspersonen konfrontiert wird, nicht völlig aus dem Weg zu schaffen.

Der Gebrauch des Wortes »Betreuung« an sich ist schon recht zweifelhaft, handelt es sich dabei nun um »Beaufsichtigen«, um »Ausbilden« oder um »Großziehen«. Wenn ein Baby oder Kleinkind acht oder neun Stunden täglich mit Menschen verbringt, die von Berufs wegen mit seiner Betreuung beauftragt sind, dann sind es tatsächlich diese Betreuer, die das Kind großziehen, und in nur geringem Maße die Eltern selbst. Aber niemand in der ganzen Branche denkt, daß das Betreuungspersonal in die Rolle der Eltern schlüpfen soll. Es wird immer noch vorausgesetzt, daß Eltern nach wie vor alles Notwendige leisten, auch wenn die Zeit des Eltern-Kind-Kontaktes schrumpft, schrumpft und schrumpft. Ein Kind, das fremdbetreut wird, entwickelt unter Umständen niemals die Fähigkeit zu Nähe und Intimität und läuft Gefahr, später im Leben zu scheitern.

Pädagogen haben hehre Ziele, aber die Realität sieht ganz anders aus. Viele Studenten und Berufsanfänger, mit denen wir sprachen, berichteten davon, wie sehr die Realität in einer Kindertagesstätte von den Unterrichtsidealen, die man ihnen an der Universität oder der Akademie vermittelte, abwich. Von den dort geforderten individuell zugeschnittenen Programmen für Kinder und von Eins-zu-Eins-Interaktion konnte im Berufsleben keine Rede mehr sein. Der Beruf des Erziehers ist mit sehr viel Streß verbunden, und Gesundheitsprobleme, schneller Stellenwechsel und völliges Burnout sind unter Leitern und Angestellten weit verbreitet.

Die Vorstädte wiederbeleben

Blieben mehr Eltern tagsüber zu Hause, dann würde sich die Lage in den Vorstädten schnell verbessern. Mancherorts geschieht schon etwas, es entstehen Spielgruppen und Nachbarschaftstreffpunkte oder andere formelle und informelle Netze für Männer und Frauen. Zum Teil sind sie auf Kinder ausgerichtet, andere dienen der Selbstfindung, dem Umweltschutz oder der Familienunterstützung ganz allgemein.

Wenn immer mehr Männer sich ihren Familien widmen und immer mehr Menschen (dank des Computers) von zu Hause aus oder einfach kürzer arbeiten, dann werden die Vorstädte sich von verlassenen Schlafstätten in lebendigere Orte verwandeln, in denen es sich gut und gerne leben läßt.

Auf der Suche nach der besten Lebensform

Auf einem bewaldeten Hügel, der den Hafen von Hobart überragt, steht eine kleine Gruppe von Häusern, die sich etwas von den konventionell gebauten in ihrer Nachbarschaft abheben. Sie sind in warmen Erdfarben gehalten und aus tasmanischem Holz meisterhaft gezimmert. Was mehr ins Auge fällt, ist die Tatsache, daß keine Straßen, sondern nur hübsche eingewachsene Wege zu den Häusern führen und die Parkbuchten diskret am Rand des drei Morgen großen Anwesens eingerichtet sind.

Wir schauen auf Cascade Cohouse – eine Lebensgemeinschaft von Leuten ganz verschiedenen Alters, die in Nordeuropa vielerorts schon lange mit Erfolg praktiziert wird und nun auch in Australien Fuß zu fassen beginnt. Für eine junge Familie, die in der Stadt leben muß, könnte das die perfekte Alternative sein.

Die Anlage

Cascade Cohouse besteht aus 15 Gebäuden, die sich an den Hügel schmiegen. Sie sind in einem großen Bogen angeordnet, der am gemeinschaftlich genutzten Haupthaus endet.

Ein großer, einladender »Dorfplatz« befindet sich in der Mitte der Anlage, und zwischen den Gärten und Terassesn hindurch schlängelt sich ein Spazierweg. Nach Fertigstellung werden hier etwa 40 Personen leben, und wie in jeder Eigentumswohnungsanlage werden sie einen Anteil am Gemeinschaftseigentum besitzen. Vorne grenzen die einzelnen Häuser an den gemeinschaftlich genutzten Teil, und hinter jedem Haus erstreckt sich ein Garten.

Das schönste ist jedoch, daß alle 40 Bewohner das große Gemeinschaftshaus nutzen können, mit einem Speisesaal für 40 Personen, einem Spielzimmer für Kinder, einer gut bestückten Werkstatt, Meditationsräumen, Büros und Küchen. Die Bewohner können frei wählen, ob sie in Gesellschaft oder für sich sein wollen.

Cascade Cohouse ist keine Kommune, aber eine echte Gemeinschaft. Eine der angenehmsten Errungenschaften ist das gemeinsame Abendessen. Jeder Erwachsene ist eingeteilt, ab und zu für die ganze Gemeinschaft zu kochen, zur Zeit meist einmal innerhalb von acht Wochen. Demnächst sollen diese gemeinsamen Mahlzeiten an vier Abenden in der Woche stattfinden. Für berufstätige Väter oder Mütter kann es ein große Entlastung sein, sich einfach mit der ganzen Familie an einen gedeckten Tisch zu setzen, anstatt nach der Arbeit noch selbst auf die Schnelle ein Essen produzieren zu müssen.

Ein sicherer Ort für Kinder

Ian und Jane, zwei der Gründungsmitglieder, und ihre zweijährige Tochter finden diese Lebensform geradezu ideal. Sie können, wenn sie es wünschen, zwei- oder dreimal pro Woche ausgehen und immer sicher sein, daß für ihr Mädchen bestens gesorgt wird.
Und die Kleine kann problemlos ihre gleichaltrigen Freunde besuchen. Da sich alle Mitglieder dieser »Wohngemeinschaft" schon vorher kannten, besteht eine Atmosphäre von Vertrauen und von Zusammengehörigkeitsgefühl.

Für die Eltern, die tagsüber zu Hause bleiben, ist es ein Leichtes, vor die Tür oder zum Gemeinschaftshaus zu gehen, um sich ein wenig mit den Nachbarn zu unterhalten und Gesellschaft zu finden. Und schließlich gibt es sogar eine Wohnung für Gäste.

Auch ältere Leute müssen sich nicht mehr unsicher oder einsam fühlen, sie genießen den Schutz und die Unterstützung der Gemeinschaft, ohne jedoch ihre Privatsphäre zu verlieren.

Eine kostengünstige Alternative

Der große Vorteil dieser Art von Eigentum besteht darin, daß auch große Grundstücke und Anwesen bezahlbar werden, wenn mehrere Familien zusammenlegen und viele Kosten, die jede Familie sonst alleine tragen müßte – Grundbucheintragung, Kanalanschluß etc. und gegebenenfalls auch die Baukosten – können bis zu einem Drittel eingespart werden.

Außerdem erwirbt man eine Lebensqualität, die für Geld allein nicht zu bekommen ist: Kameradschaft, Sicherheit, gemeinsame Mahlzeiten, niedrige Fahrtkosten durch Fahrgemeinschaften und vieles mehr. Manche dieser Wohngemeinschaften in Europa besitzen sogar gemeinsame Ferienhäuser und Jachten und einen eigenes Schwimmbad mit Sauna.

Konträre Ansichten – die Meinung der Experten

»Mangelnde Betreuung kann Kindern schaden. Wenn Babys oder Kleinkinder über längere Zeiträume unbeaufsichtigt oder unbeschäftigt bleiben, wenn es an Disziplin oder einem durchdachten Programm fehlt oder wenn ein weinendes Kind nicht getröstet wird, dann kann die Kinderbetreuung eine für Eltern und Kind gleichermaßen unerfreuliche Erfahrung darstellen.«

Wahlprogramm der Labor Partei, australische Bundeswahl 1993

»Ich habe Müttern, die Karriere machen wollten, nie davon abgeraten. Aber ich halte es für grausam, Mütter, die lieber bei ihrem Kind bleiben wollen, dazu zu zwingen, es Fremden anzuvertrauen. Wenn eine Mutter mit ihrem Kind zu Hause bleiben will, so sollte der Staat sie, wie es in vielen europäischen Ländern üblich ist, finanziell unterstützen.«

Benjamin Spock, Mercury, Hobart, November 1992

»Nach meiner Erfahrung ist eine intensive Betreuung in einer Gruppe nicht nur gut für jedes Kind, seine Entwicklung hängt auch maßgeblich davon ab. Fernab der Enge der Eltern-Kind-Beziehung profitieren die Kinder von der anregenden Atmosphäre des Kindergartens. Sie erfahren eine Erweiterung ihres Horizonts und lernen, mit anderen zu teilen und gemeinsam etwas anzupacken. Sie verbringen ihre Zeit mit Erwachsenen, die ihre Gegenwart schätzen und Tag für Tag auf ihre Bedürfnisse eingehen.

Ihre Kreativität und ihre Selbständigkeit entwickeln sich in zunehmendem Maße. Zugleich lernen sie die wenige Zeit schätzen, die sie mit ihren Eltern verbringen; die Gegenwart der Eltern wird seltener und dadurch wertvoller.«

Rosemary Lever, Such Sweet Sorrow

»Es ist nicht so einfach, sein Kind wirklich gut unterzubringen. Selbst wenn es Ihnen gelingt, werden Sie Ihren Tagesrhythmus nach den Bring- und Abholzeiten, die zu Ihren täglichen Pflichten hinzukommen, ausrichten müssen.

Wenn es Ihnen auch nur entfernt so geht wie mir, werden Sie außerdem damit zurechtkommen müssen, täglich zwischen den widersprüchlichsten Gefühlen hin- und hergerissen zu sein, zwischen Glück und Freude und bedrückenden Zweifeln, ob Sie die richtige Einrichtung gewählt haben, ob das Kind glücklich ist und ob Sie ihm genügend Zeit und Aufmerksamkeit widmen.«

Rosemary Lever, Such Sweet Sorrow

»Es ist eine Tatsache, daß Kinder von berufstätigen Eltern sich genauso positiv entwickeln wie Kinder von Eltern, die nicht arbeiten. Entscheidend ist nicht die Quantität, sondern die Qualität der Zeit, die Sie mit Ihrem Kind verbringen.«

Christopher Green, Toddler Taming

»Regelmäßige Abwesenheit der Eltern kann für Kinder unter drei Jahren schädlich sein. Die meisten Kinder können erst im Alter von drei bis sechs Jahren vom regelmäßigen Besuch einer qualifiziert geführten Kindergruppe profitieren. Unter Vorschulpädagogen ist man sich aber einig, daß selbst dann noch der positive Effekt geschmälert oder sogar zunichte gemacht werden kann, wenn der Kindergartentag länger als sechs Stunden dauert.«

Selma Fraiberg, Kinderpsychologin, zitiert von Karl Zinsmeister in »Hard Truths about Day Care«, Readers Digest, Januar 1989

»... Kleinkinder, die Tagesstätten besuchen, zeigen eine größere Neigung, sich ihrer Mutter zu entfremden oder eine instabile Beziehung zu ihr zu entwickeln, als Kinder, die zu Hause oder erst später in einem Kindergarten betreut werden, und sie lassen sich auch eher einmal zu Schlägen, Tritten, Drohungen und Streitereien hinreißen.

Merkmale von Kindern, die schon früh von Dritten gepflegt wurden, sind: vermehrte Aggressionen, geringere Kooperationsbereitschaft, geringere Toleranz gegenüber anderen Meinungen und gegenüber Frustrationen, häufiges Fehlverhalten und manchmal auch Rückzug auf sich selbst.«

Karl Zinsmeister, Hard Truths about Day Care, Readers Digest

»... Tatsache ist, daß Kinderbetreuung eine Erfindung für Erwachsene ist, und Untersuchungen, ob Kinder daran Schaden nehmen oder davon profitieren, stehen noch aus. Bei der Kinderbetreuung geht es um die finanzielle Lage und die Bedürfnisse und Wünsche von Erwachsenen.«

Bob Mullen, Are Mothers really necessary

»Bruner (1980) kommt zu dem Schluß, daß eine Betreuung durch Dritte in ihrer derzeitigen Form bei mindestens einem Drittel, wenn nicht sogar der Hälfte der betroffenen Kinder zu Problemen führen wird.«

Bob Mullen, Are Mothers really necessary

»Sheila Kitzinger stellt fest, daß die Kindererziehung in ein negatives Licht geraten ist und als ›Unterbrechung des echten Lebens‹ ihr gesellschaftliches Ansehen eingebüßt hat. Sie ergänzt, daß die negative Einstellung gegenüber Mutterschaft und Erziehung von einer bestimmten Sorte Mütter in die Gesellschaft getragen wird: von jenen, die Mutterglück als ein hirnloses Gefühl, sentimentale Form von Schwachsinn verdammen. Nach Kitzingers Ansicht ist die Einstellung der Frauenbewegung zur Mutterschaft zwiespältig.«

Bob Mullen, Are Mothers really necessary

»Eltern sind bei der Geburt ihres ersten Kindes oft davon überrascht, welch intensive Liebe sie für ihr Kind empfinden. Eine junge Mutter erzählte mir vor kurzem, daß sie geradezu ›umgekrempelt‹ sei. Sie bekleidete eine führende Position in einer großen Bankgesellschaft und hatte sich während ihrer Schwangerschaft schon verpflichtet, bald wieder an ihren Posten zurückzukehren.

Als ich sie traf, wunderte sie sich darüber, wie sehr die Geburt ihres Kindes sie verändert habe, welches Glück sie empfinde und wieviel mehr Liebe sie noch in sich spüre, so daß der bloße Gedanke, ihr Baby jemand anderem anzuvertrauen, ihr schon Schmerzen bereite.«

Rosemary Lever, Such Sweet Sorrow

> »Irgendwie habe ich mich ja schon mit der furchtbaren Tatsache abgefunden, daß ein ungelernter Verkäufer doppelt so viel verdient wie ein Erzieher und daß der Unternehmensberater, der unsere Firma betreut, 150$ pro Stunde für seine Expertisen und sein fachmännische Beratung in Rechnung stellt!
>
> Als ich aber der wunderbar netten Dame, die einmal auf unseren Sohn aufgepaßt hatte, zehn Dollar in die Hand drückte, wurde mir richtig übel. Beim bloßen Gedanken daran wird mir immer noch schlecht.«
>
> *Kristi Cockburn, ITA, Oktober 1989*

Unsere Empfehlungen

Entscheidungen sollten sich immer am Entwicklungsstand unserer Kinder orientieren. Wie schon oben erwähnt, gibt es noch keine aussagekräftigen Untersuchungsresultate, die man auf jedes Kind anwenden kann. Wir Eltern müssen deshalb unseren eigenen Verstand gebrauchen. Hier sind einige Leitlinien, die Ihnen bei einer Entscheidungsfindung helfen können und die ich Ihnen unbedingt ans Herz legen möchte:

Das Alter

Verzichten Sie im ersten Lebensjahr auf jede Form von organisierter Kinderbetreuung. Sorgen Sie dafür, daß immer ein Elternteil zugegen ist, und lassen Sie an Tagen, an denen Sie beide außer Haus sind, oder dann, wenn Sie abends ausgehen, Ihr Baby nur unter der Aufsicht eines vertrauenswürdigen und gut bekannten Babysitters zurück.

Wenn Sie auf organisierte Betreuung nicht verzichten können, so orientieren Sie sich an den folgenden Richtwerten.

- **Wenn Ihr Kind noch nicht ein Jahr alt ist:** bis zu einem kurzen Tag, d.h. von 10–15 Uhr, pro Woche.
- **Wenn Ihr Kind ungefähr zwei Jahre alt ist:** bis zu zwei kurze Tage pro Woche.

Zu früh, zu lang, zu oft

Es soll auch in Zukunft Einrichtungen zur Kinderbetreuung geben. Wir müssen uns jedoch davor hüten, sie zu sehr in Anspruch zu nehmen. Wir haben das richtige Augenmaß verloren und uns von ökonomischen Zwängen einfangen lassen, ohne auf unser Inneres zu hören.

Als Folge davon werden Kinder zu früh, zu lang und zu oft pro Woche von Dritten betreut. Da die Versorgung mit Betreuungseinrichtungen aber immer noch unzureichend ist, müssen manche Eltern sogar mehrere Einrichtungen täglich beanspruchen, um ihren Bedarf abdecken zu können.

Erzieherische Berufe sind unterbezahlt, und es kommen immer noch zu viele Kinder auf einen Betreuer. Die Betreuung in einer Kindertagesstätte ist zu unnatürlich, zu automatisiert, um kleinen Kindern Halt zu bieten – solche Kindertagesstätten ähneln mehr einer Betreuungsfabrik.

Die Kinderbetreuung wird weiterhin ihren Platz in unserer Gesellschaft haben, aber in viel geringerem Umfang als gegenwärtig. Während heutzutage noch jeder mehr Kindergartenplätze fordert und über lange Wartelisten jammert, ist es gut möglich, daß die Nachfrage eines Tages schrumpft und es genügend Plätze für diejenigen gibt, die sie wirklich brauchen. Babys und Kleinkinder werden wieder von denjenigen gehütet, die es Jahrtausende lang taten, nämlich von den Eltern, Nachbarn und Verwandten, in den Armen und Wohnungen derer, die sie lieben.

- ✗ **Wenn Ihr Kind ungefähr drei Jahre alt ist:** bis zu drei kurze oder halbe Tage pro Woche.
- ✗ **Wenn Ihr Kind ungefähr vier Jahre alt ist:** bis zu vier kurze oder halbe Tage pro Woche.

Bei Ihrer Entscheidung sollten Sie immer die individuellen Bedürfnisse Ihres Kindes in Betracht ziehen und seine täglichen Reaktionen berücksichtigen.

Die Art der Betreuung

In unseren Augen könnte man für die verschiedenen Betreuungsmöglichkeiten für ein Kind unter drei Jahren folgende Rangliste aufstellen:

- **beste Lösung:** die Betreuung durch einen nahen Verwandten oder Freund, der Ihr Kind liebt und dem Sie vertrauen
- **zweitbeste Lösung:** eine vertrauenswürdige und freundliche Tagesmutter, die Sie persönlich kennen*
- **drittbeste Lösung:** eine qualifizierte Kinderkrippe mit stabilem Personal, zu dem Sie Vertrauen haben können.

*Wenn Sie keine Tagesmutter finden können, bei der Sie ein gutes Gefühl haben, dann ist die Kinderkrippe wahrscheinlich vorzuziehen.

Für Kinder, die älter als drei Jahre sind, kann eine gute Kindertagesstätte einen echten Wert darstellen. In diesem Alter lernen Kinder Sozialverhalten und profitieren von den gezielten Aktivitäten, dem Platz und dem Material zum Spielen, die eine solche Tagesstätte ihnen bieten kann, und von dem professionellen und motivierten Personal.

Ihr Spielraum

Wie die Bedürfnisse des Kindes müssen auch die der ganzen Familie in Betracht gezogen werden, denn das Kind wird genauso darunter leiden, wenn ein Elternteil erkrankt, eine Ehe auseinanderbricht oder eine Familie aufgrund finanzieller Schwierigkeiten das Dach über dem Kopf verliert.

Die Betreuung Ihrer Kinder durch Dritte ist Ihrer Familie zuträglich, wenn auf Sie folgende Kriterien zutreffen:

1 Sie können ohne sie finanziell nicht überleben, beispielsweise weil Sie arbeiten müssen, um materielle Grundbedürfnisse zu befriedigen.

2 Sie sind angewiesen auf die Spielräume, die Ihnen die Betreuung durch Dritte verschafft, weil Sie sich um ein anderes neugeborenes oder erkranktes Kind kümmern müssen.

3 Sie können Ihrem Kind nicht alles an Anregungen bieten, was es braucht – z.B. Spielmaterial (wenn Sie arm sind) oder Freunde (bei einem isolierten oder Einzelkind).

4 Die Betreuungseinrichtung, die Sie ausgewählt haben, entspricht Ihren Vorstellungen von Sicherheit, Disziplin und Respekt gegenüber der Persönlichkeit Ihres Kindes.

5 Die Betreuer des Kindergartens oder der Kinderkrippe, die Sie ausgesucht haben, legen Wert auf die Pflege langfristiger Beziehungen; man spürt, daß die Betreuer und die Kinder Freunde sind.

6 Die Atmosphäre in der Betreunseinrichtung ist so, daß Sie jederzeit kommen und gehen können, Ihr Kind auch mal zu Hause behalten können und besondere Wünsche und Sorgen äußern dürfen, ohne mit alledem irgend jemandem zur Last zu fallen.

Wenn man die Bedürfnisse des Kindes und eine sich wandelnde familiäre Situation gut gegeneinander abwägt, so kann es gelingen, eine wohl durchdachte und gut funktionierende Lösung zu finden.

Viel Glück dabei!

Gehälter für Eltern

Ein ungewöhnlicher Vorschlag

Kapitel 5

»Eine Gesellschaft, die Kinderbetreuung für berufstätige Eltern subventioniert, sollte in Erwägung ziehen, ein vergleichbare Summe an Eltern zu zahlen, die sich entschieden haben, ihre Vorschulkinder selbst zu Hause zu versorgen.

Es ist eine Tragödie, daß so viele Menschen widerwillig einen Beruf ausüben und ihre Kinder von Fremden großziehen lassen, während gleichzeitig so viele Arbeit suchen und nicht finden können.«

The Age, Leitartikel vom 4. Okt. 1993

Sollen Eltern bezahlt werden?

Eine radikale Idee mit dem Potential, das Leben vieler Familien drastisch zu verbessern, wird zur Zeit in meinem Heimatland Australien landesweit diskutiert. Es ist die Überlegung, daß wir, wenn wir Kinder wirklich wertschätzen und die Familie retten wollen, Vätern und Müttern, die ihr Kind selbst betreuen, ein Gehalt zahlen sollten.

Ich bin Psychologe und Vater – kein Politiker oder Wirtschaftsfachmann (Gott sei Dank!) – und habe mich bisher immer mit dem Mikrokosmos Familie, d.h. mit dem Verhalten von Kindern, mit dem Phänomen von Liebe, Ehe und Kommunikation befaßt.

Angesichts der Entwicklung der australischen Familie in den letzten zwanzig Jahren und nach Tausenden von Elterngesprächen muß ich aber aussprechen, was einfach nicht länger ignoriert werden kann: Die Familie mit doppeltem Einkommen geht am Streß zugrunde.

Sie wissen alle, wovon die Rede ist. Niemals zuvor befand sich die durchschnittliche Mittelschichtfamilie in vergleichbaren finanziellen und emotionalen Nöten, niemals zuvor entzweiten sich so viele Familien wie heute. Ehen zerbrechen unnötigerweise, weil es an der Zeit mangelt, echte Beziehungen aufzubauen. Eltern arbeiten ohne Ende, ruinieren ihre Gesundheit, vernachlässigen oder mißhandeln ihre Kinder und treiben Teenager an den Rand der Verzweiflung.

Solche Zustände herrschten nie zuvor. Schließlich haben Eltern nur drei einfache Bedürfnisse: Sie müssen in der Lage sein, für ihren Lebensunterhalt aufzukommen, sie brauchen eine Wohnung, und sie brauchen Zeit, um ihre Partnerbeziehung zu pflegen und sich um ihre Kinder zu kümmern. Bei aller Bescheidenheit: Ganz ohne zeitlichen und finanziellen Einsatz kann man diese Bedürfnisse nicht stillen; fatalerweise mangelt es uns heute, in den 90er-Jahren, an beidem – an Zeit und an Geld. In dieser Hinsicht versagen die westlichen Industriegesellschaften, und der Traum vom besseren Leben erweist sich als Schimäre.

Die Gleichgültigkeit der Gemeinschaft

Eigenverantwortlichkeit ist zwar nötig, aber manche Probleme gehen über das Lösungspotential des Einzelnen hinaus. Die Welt, in der wir leben – unsere Städte, unsere Gesellschaft – scheint sich zunehmend als furchtbare Fehlentwicklung zu entpuppen. Wir sind in eine Lebensform geschlittert, die niemand wirklich will und die unsere Gesundheit und unser Leben bedroht.

In einigen Punkten können wir jedoch aktiv werden. Wir können unsere Regierungen dazu bewegen, andere ökonomische Prioritäten zu setzen, und wir können versuchen, Einfluß zu nehmen auf die gesellschaftlichen Kräfte, die unser Leben prägen. Wir erziehen unsere Kinder nicht fernab von der Welt, sondern wir leben in einer Umwelt, die uns sowohl positiv wie auch negativ beeinflußt. Als Eltern können wir aber nur innerhalb solcher Strukturen Erfolg haben, die uns bei der Verfolgung unserer Ziele unterstützen. Unsere Gesellschaft hat sich unmerklich zu einem Giftstoff für Familien entwickelt. Und daran müssen wir etwas ändern!

Die Zeit ist reif für einen Wandel. Heutzutage sind Eltern informierter, engagierter und interessierter an ihren Kindern als früher, gleichzeitig aber so sehr mit dem Überleben beschäftigt, daß zwischen Eltern und Kindern eine Kluft entsteht. Keine Generation hat jemals so wenig Zeit auf ihre Kinder verwendet wie unsere.

Was ist schiefgelaufen?

Wissenschaftler und Politiker verschiedenster Richtungen weisen alle auf den gleichen Trend hin: Es gibt Menschen, die mit Arbeit »unterversorgt« sind, und solche, die »überversorgt« sind. Die »Unterversorgten« befinden sich am unteren Ende der sozialen Skala.

In Australien sind dies eine Million Arbeitslose. 650000 Kinder (25 % des australischen Nachwuchses) leben in Familien, in denen beide Eltern keine Arbeit haben, und es kommen täglich viele neue dazu.

Die mit Arbeit »Überversorgten« arbeiten wöchentlich 50–60 Stunden, nur um ihren Job halten zu können. Wer heute Arbeit hat, kann sich nicht sicherer fühlen als ein Arbeitsloser. Dies gilt insbesondere für Angestellte in Kleinunternehmen oder im öffentlichen Dienst und für Selbständige. Lehrer, Pflegeschwestern und Sozialarbeiter müssen zusätzlich die Aufgaben ihrer entlassenen Kollegen übernehmen, und niemand ist mehr vor Arbeitslosigkeit oder Überlastung gefeit.

Am deutlichsten zeigen sich die Auswirkungen dieser Entwicklung am Lebensstil der 300 000 Familien mit Kleinkindern, in denen beide Elternteile ganztags arbeiten. Ihr Alltag besteht aus Streß von morgens früh, wenn sie in aller Hetze ihre Kinder wegbringen, bis spät in die Nacht, wenn sie versuchen, wenigstens noch ein paar Stunden Schlaf zu ergattern. Der Verdienst übersteigt dabei die Kosten für Kinderbetreuung und Transport nur geringfügig, und was übrig bleibt, geben die Eltern aus, um ihre ewige Abwesenheit bei ihren Kindern »wiedergutzumachen«.

Die Familie mit doppeltem Einkommen versagt

Daß manche Familien von zwei Einkommen leben, ist keine Sünde, hat aber massiven Streß und wenig Zeit für das Familienleben zur Folge. Eine große Zahl junger Mütter sieht sich genötigt, in den Beruf zurückzukehren (26 % davon, bevor ihre Kinder ein Jahr alt sind). Sie geraten unter diesen Druck, weil ihre Partner entweder keine Arbeit haben oder die Kaufkraft ihres Lohnes so gesunken ist, daß sie den Lebensunterhalt für die Familie nicht allein bestreiten können. In manchen Fällen – das muß leider hinzugefügt werden – sind beide Partner auch aus bloßer Gier berufstätig und nehmen anderen, die den Verdienst dringender bräuchten, die Arbeit weg. Ähnlich handeln Leute, die ihre Kinder ihrer

Karriere zuliebe vernachlässigen. Das ist jedoch Gott sei Dank nur eine Minderheit.

Die Wirtschaft will Frauen, nicht Männer

Wir haben schon darauf hingewiesen (s. vorheriges Kapitel), daß im Zuge der letzten Rezession viele Männer ihre Jobs im produzierenden Gewerbe verloren haben. Gleichzeitig ist die Nachfrage für weibliche Arbeitskräfte in schlecht bezahlten Dienstleistungsberufen gestiegen. Das Resultat ist ein Heer von arbeitenden Müttern, die der Balanceakt zwischen Beruf und Familie fast in Stücke reißt.

Frauen haben das gleiche Recht auf Arbeit wie Männer, aber wie steht es mit dem Recht junger Mütter, bei ihren Kindern zu bleiben? Momentan können nur wenige Frauen frei wählen, und die Väter sind ja schon vor langer Zeit der Möglichkeit beraubt worden, viel Zeit mit ihren Kindern zu verbingen; sie verlassen ihre Familien früh morgens und kehren erst nach Einbruch der Dunkelheit erschöpft zurück.

Einst mußten Frauen für das Recht auf Karriere kämpfen. Heutzutage scheinen wir für das Recht eintreten zu müssen, unsere Kinder selbst großziehen zu dürfen. In der modernen Welt ist dieser Kampf auf das engste mit wirtschaftlichen und finanziellen Fragen verbunden. Die Arbeit zu Hause, die einen größeren finanziellen Wert darstellt als die ganze industrielle und landwirtschaftliche Produktion zusammen, muß endlich entsprechend gewürdigt werden.

Daraus ziehen wir den Schluß, daß Eltern ein Gehalt zusteht, das dem Wert entspricht, den sie mit der Erziehung ihrer Kinder erbringen.

Elternlöhne oder Wie man zwei Probleme gleichzeitig löst

Der Gedanke, Eltern zu bezahlen, ist nicht neu und wird von Parlamentariern in regelmäßigen Abständen wieder aufgegriffen. Er ist nicht so abwegig, wie man meint. Schließlich bezahlen wir Menschen für alle Arten von Diensten an der Gesellschaft. Es war beispielsweise eines der zentralen Anliegen aller australischen Regierungen seit der Fraser-Ära, daß Arbeitslosigkeit möglich sein muß, damit die Wirtschaft so einen heilsamen Strukturwandel erfahren kann. Wir in Australien bezahlen derzeit Arbeitslosengeld an eine Million erwerbslose Mitbürger, unter anderem dafür, daß sie uns den gesellschaftlichen Dienst erweisen, arbeitslos zu sein. Sie werden dafür entlohnt, nicht zu arbeiten!

Wir bezahlen auch die Betreuung von Kindern – vorausgesetzt, daß sie von Dritten und nicht von den Eltern selbst übernommen wird. Es herrscht zwar immer noch ein Mangel an Kindertagesstätten, aber sie werden stark subventioniert, und berufstätige Eltern erhalten wöchentlich bis zu 140$, um für die Betreuung der Kinder aufkommen zu können. Wenn Eltern sich aber selbst um ihre Kinder kümmern wollen, gehen sie leer aus.

Die Politik ist voller Widersprüche: Einerseits will unsere, d.h. die Regierung Australiens – und Australien ist dabei nur stellvertretend für alle westlichen Industrienationen – den Menschen die Teilnahme am Berufsleben ermöglichen. Sie stellt Mittel für Kinderbetreuung bereit und hat ein Steuersystem entworfen, das Familien mit zwei Einkommen stark entgegenkommt. Andererseits ist Arbeit knapp, und wir müssen Unsummen aufwenden, um die Arbeitslosen zu unterstützen und die steigende Kriminalität zu bekämpfen, und zugleich gegen die Kostenexplosion im Gesundheitswesen angehen, ganz zu schweigen von all den anderen Problemen, die unsere Gesellschaft belasten.

Was haben wir den Müttern angetan? Warum werden sie gezwungen, die höchst verantwortungsvolle und erfreuliche Aufgabe der Kindererziehung Fremden zu überlassen, während andere weniger Qualifizierte oder Bedürftigere froh wären, ihre Arbeit tun zu dürfen? Diejenigen, die lieber mit ihren Kindern zu Hause bleiben oder bereit sind, sich anderweitig für die Allgemeinheit zu engagieren, dürfen nicht weiterhin gezwungen werden, anderen die Arbeit wegzunehmen.

Unsere Diskussion zielt nicht darauf ab, die Frauen ans Haus zu fesseln. Jeder hat das Recht, sich eine sinnvolle Arbeit zu suchen und hoffentlich auch zu finden.

Männer wie Frauen brauchen die Anregung, die sozialen Kontakte und die Erfolgserlebnisse, die mit der Berufstätigkeit verbunden sind. Aber Erwerbstätigkeit muß immer ein freier Entschluß bleiben. Oft sind Frauen gezwungen, langweilige, niedere Jobs ohne Zukunft anzunehmen.

Gleichzeitig stehen sie unter Streß, haben große Kosten und Unannehmlichkeiten und ein schlechtes Gewissen, weil sie ihre Kinder in die Obhut Fremder geben müssen. Daß Frauen überhaupt bereit sind, solche Arbeiten zu übernehmen, liegt daran, daß diese Tätigkeiten oft die einzigen sind, bei denen flexible Arbeitszeiten möglich sind.

Was bedeuten Elterngehälter in der Praxis? Die Einzelheiten müssen gut durchdacht sein. Im folgenden wollen wir ein paar Vorschläge machen, die vielleicht die Diskussion in Gang bringen.

Wieviel sollen Eltern verdienen?

Die jüngsten Vorschläge für ein eventuelles Elterngehalt waren beleidigend niedrig. Wenn man zugrunde legt, daß Kinder rund um die Uhr von fremdem Personal betreut werden, so beläuft sich der Wert der Arbeit, die eine Mutter leistet, auf mehr als 100 000 DM jährlich. Eine angemessene Bezahlung für Eltern dürfte daher eigentlich kaum unter 500 DM wöchentlich liegen.

Ein bezahlbarer Betrag, der Eltern erlauben würde, mit spürbar positiver Wirkung für alle Beteiligten zu Hause zu bleiben, liegt bei ca. 250 DM pro Woche.

Als die Idee der Elternbezahlung zum ersten Mal in der Zeitschrift *Sydney's Child* publiziert wurde, kam von vielen

Natürlich müssen gewisse Vorkehrungen getroffen werden, damit der Wohlfahrtsstaat nicht in die Krise gerät. Elternbezahlung sollte also solchen Familien offenstehen, in denen einer oder beide Elternteile nicht ganztags beschäftigt sind, und entsprechend gekürzt werden, wenn der Elternteil, der als Erziehender gilt, eine Teilzeitbeschäftigung annimmt.

Erziehender Elternteil können sowohl Vater wie Mutter sein, und die Bezahlung ist immer gleich, unabhängig davon, wie viele Kinder zu einer Familie gehören. So besteht für die Eltern kein Anreiz, immer noch mehr Kinder zu bekommen – im Gegenteil. (Das letzte, was wir hier anregen wollen, ist Überbevölkerung!)

Seiten der Vorschlag, auch eine Art Ausbildung für Eltern einzuführen – ein sehr interessanter Gedanke.

Zur Frage, wie lange die Eltern für ihre Erziehungsaufgaben bezahlt werden sollen – eine volle Bezahlung bis zum Erreichen des Schulalters oder eine niedrigere Summe, bis das jüngste Kind achtzehn Jahre alt ist? – gibt es viele verschiedene Meinungen und Möglichkeiten.

Wo soll das Geld herkommen?

Eltern zu bezahlen heißt zwei Fliegen mit einer Klappe schlagen. Die Wirkung auf den Arbeitsmarkt wäre ebenso drastisch wie unmittelbar. Ich vermute, daß ca. 60 % aller jungen Mütter (und eine schwer zu schätzende Zahl von Vätern) ihren Beruf sofort aufgeben würden, wenn ihre finanzielle Situation es gestattete. Eine jüngere Studie des Australian Institute of Family Studies ergab, daß 40 %, und eine andere, daß 20 % bereit wären, eine Teilzeitstelle anzunehmen.

Wenn 40–60 % aller jungen Eltern im Zuge der Elternbezahlung ihren Beruf aufgäben, so würde auf der Stelle eine entsprechende Anzahl an Arbeitsplätzen frei. Diese könnten dann die arbeitslosen Familienversorger oder Berufsanfänger übernehmen. Da – um beim Beispiel Australien zu bleiben – Arbeitslose derzeit wöchentlich 300 DM Arbeitslo-

Schweden löst das Problem anders – es garantiert dem Elternteil, der seinen Beruf aufgibt, um das Baby zu versorgen, 18 Monate lang 90 % seines vorgeburtlichen Einkommens.

sengeld erhalten, könnte mit jeder neu vermittelten Stelle immer noch eine Ersparnis erzielt werden.

Kurzfristig betrachtet wären die Kosten für die Elternbezahlung zwar immer noch immens – 5 Milliarden DM, wenn eine halbe Million Familien mit Kindern unter 5 Jahren jeweils 12000 DM im Jahr erhalten –, aber im Vergleich zu fünf Milliarden Mark für Arbeitslose und einem Verteidigungsetat von 9 Milliarden nimmt sich die Zahl schon nicht mehr so astronomisch aus.

Erfreulicherweise wird dieses System langfristig eine ausgleichende Wirkung haben – je höher die Elternbezahlung, um so eher wird sie in Anspruch genommen, um so mehr Arbeitsplätze werden frei und um so mehr Arbeitssuchende bekommen eine Chance. Wir können ja klein anfangen und dann sehen, was passiert!

Mehr Fairneß durch Steuerreform

Elternbezahlung ist nicht der einzige Weg, der Familien dazu bringen könnte, ihre Kinder wieder selbst großzuziehen. Man kann auch die Steuerlast von Familien mit Kindern deutlich verringern. Ehegattensplitting, Kinderfreibeträge, Kindergeld und Arbeitsplatzgarantien wie sie in Deutschland bereits verwirklicht sind, halte ich für sehr gute Ansätze. Bei uns in Australien sind diese Dinge leider noch Utopie.

Zweifelsohne ist ein Vorgehen in mehreren Schritten vonnöten. Wir brauchen eine qualitative Verbesserung der Kinderbetreuung durch Dritte, vor allem in den Einrichtungen für Drei- bis Fünfjährige. Auch am Arbeitsplatz müssen einige familienfreundliche Neuerungen eingeführt werden: mehr Erziehungsurlaub, flexiblere Arbeitszeiten, Kinderbetreuung am Arbeitsplatz und Urlaub, wenn ein Kind krank wird.

Dort investieren, wo unser Herz schlägt

In unserer Gesellschaft drücken wir unsere Wertschätzung dadurch aus, wie und wofür wir unser Geld anlegen. Mütter und Väter, die zu Hause bleiben und die Kinder erziehen, fühlen sich gegenüber Karrieremännern und -frauen oft minderwertig. Es ist einer der tiefsitzenden Irrtümer, die Arbeit eines führenden Angestellten oder Industriemanagers, der selbst wenig Wertvolles herstellen mag, höher zu bewerten als die äußerst wichtige Arbeit, die Menschen (für gewöhnlich Frauen) im Haus oder in der Gemeinde ohne Bezahlung verrichten.

Die Arbeit, die zu Hause geleistet wird, hat einen monetären Wert und ist ein direkter Beitrag zum Allgemeinwohl und zum Bruttosozialprodukt. Wird diese Tätigkeit unterbewertet, so zahlen wir in anderer Form wieder drauf: im Gesundheitswesen, in der Verbrechensbekämpfung, bei Scheidungen und einer Vielzahl weiterer kostspieliger gesellschaftlicher Probleme.

Wenn wir hohe Geldsummen für Wohnungsprojekte in den Innenstädten, Jugendarbeit und Selbsthilfegruppen aufwenden, so bezahlen wir Leute dafür, nicht auf die Barrikaden zu steigen und keine Verbrechen zu begehen. Wir investieren in das Ergebnis, das wir wünschen.

Eine auch von der Industrie und Wirtschaft vertretene ökonomische These lautet, daß Investitionen in Bergbau, Landwirtschaft, Industrie und Handel (die alle aus Steuermitteln subventioniert werden) zu einem Aufschwung führen, der allmählich auch die Allgemeinheit erfaßt.

Dieses Vorgehen allein führt nicht zum Erfolg, denn es ist nur eine Seite der Medaille. Wir müssen auch in die Familie investieren! Versäumen wir das, werden die daraus resultierenden sozialen Probleme uns in die Knie zwingen.

Wie schon vorher erwähnt – ich bin kein Experte auf diesem Gebiet, aber ich bin mir sicher, daß sich die Familien in den westlichen Industrienationen in einem Krisenzustand befinden. Um das Experiment der Elternbezahlung richtig einschätzen zu können, bedarf es noch vieler Stellungnahmen und komplexerer Berechnungen, aber am Ende wird darüber abgestimmt, und dann sind Sie gefragt.

Was ist Ihre Meinung?

Jungen erziehen

Jungen – die Männer von morgen

Kapitel 6

Haben Sie eine Tochter? Wenn ja, so sieht es gut aus für sie. Dank der Siege, die Frauen in den letzten Jahrzehnten erfochten haben, steht es Ihrer Tochter gleichermaßen offen, Ärztin oder Krankenschwester, Chefin oder Sekretärin zu werden. Sie hat das Recht auf gleiche Bezahlung wie Männer und kann sich auf gesetzlichen Schutz gegen einen gewalttätigen Ehemann berufen. Niemand kann über sie verfügen.

Trotzdem liegt noch eine lange Wegstrecke vor uns. Nach wir vor hat Ihre Tochter nicht die Gewißheit, sich nachts frei und unbelästigt bewegen zu können, und sie wird im Laufe ihres Lebens auf viele Barrieren stoßen, die unsichere Männer vor ihr auftürmen. Einen Mann fürs Leben zu finden, der emotional so stark und gesund ist wie sie, wird sich als ziemlich schwierig erweisen. Deswegen müssen wir die Entwicklung, die der Feminismus in Gang gesetzt hat, vervollständigen und auch die Männer auf den Zug in die Freiheit setzen. Am besten beginnen wir damit ganz früh, bevor aus Jungen Männer werden.

Jungen ein positives Selbstbild vermitteln

Vergegenwärtige Sie sich das Leben von Jungen! Wenn Sie im Radio von Übergriffen einer Jugendbande hören, dann können Sie ziemlich sicher sein, daß Jungen daran beteiligt sind, nicht Mädchen. Ist von Selbstmorden bei Teenagern die Rede, so sind es in vier von fünf Fällen Jungen. Derjenige, der einen Unfall baut, der Urheber einer Verfolgungsjagd, das Problemkind der Klasse, der Einbrecher, der Serienmörder, der organisierte Verbrecher, der Diktator, warum ist das immer ein Mann?

Jungen haben in der Schule fünfmal so oft mit Lernschwierigkeiten zu kämpfen und legen zehnmal so häufig Problemverhalten an den Tag wie Mädchen. Wenn sie erwachsen sind, liegt ihre Autounfallrate viermal höher und sie haben neunmal so oft Gefängnisstrafen abzusitzen wie gleichaltrige Frauen.

Wenn Ihre Kinder Jungen sind, dann reicht es nicht aus, sie zu »normalen« Männern heranwachsen zu lassen, denn die Kennzeichen »normaler« Männer heutzutage sind Angespanntheit, Konkurrenzdenken und emotionales Analphabetentum. Es gilt, einen »neuen Mann« heranzuziehen.

In diesem Kapitel wollen wir darlegen, wieviel mehr Fähigkeiten Jungen entwickeln können, wenn wir unseren Horizont zu ihrem Besten erweitern.

Im ersten Schritt müssen wir uns als Eltern Klarheit darüber verschaffen, welche Art von Männern unsere Söhne werden sollen.

In dem Kasten auf der nächsten Seite sind die Eigenschaften aufgeführt, die Frauen normalerweise in Männern suchen. Es darf durchaus angenommen werden, daß die meisten Männer sich auch gerne selbst so sähen.

Wie sieht der Mann aus, den wir brauchen?

Die Teilnehmerinnen eines Wochenendseminars über Beziehungen (ihre Männer trafen sich zur gleichen Zeit in einem andern Raum) wurden vom Leiter gefragt, welche Eigenschaften sie bei einem Mann suchen. Nach einigen dahingeworfenen Witzen und nicht druckfähigen Kommentaren begannen sie, ernsthafter darüber nachzudenken. Hier ist die Liste von Eigenschaften, die sie für wesentlich hielten:

LEIDENSCHAFTLICH

SELBSTÄNDIG

TEAMFÄHIG

LIEBESFÄHIG

FÄHIG ZU TRAUERN UND ÄNGSTE ZUZUGEBEN, OHNE UNGEHALTEN ZU WERDEN

RESPEKTVOLL UND UNTERSTÜTZEND GEGENÜBER FRAUEN

FÜRSORGLICH

UNERSCHROCKEN UND STARK IM POSITIVEN SINNE

HÖFLICH ZU DRITTEN

LUSTIG, OHNE DEN NÖTIGEN ERNST ZUR RECHTEN ZEIT ZU VERGESSEN

NATÜRLICH

STABIL UND ZUVERLÄSSIG (ABER NICHT LANGWEILIG)

IN DER LAGE, EINE AUFGABE ZU ENDE ZU FÜHREN UND ETWAS ZU ERREICHEN

LIEBEVOLL, ABER NICHT ANHÄNGLICH ODER ABHÄNGIG

STOLZ, ABER NICHT EGOISTISCH

BESCHÜTZEND, ABER NICHT GEWALTTÄTIG

HAT LUST ZU TANZEN, ZU SINGEN UND ERFREUT SICH ZUM BEISPIEL AUCH AN BLUMEN

KEIN »WORKAHOLIC«

WILD UND FREI

IMPULSIV

Wenn wir also unsere Söhne erziehen, so sollten wir uns an diesen Eigenschaften orientieren. Wenn wir sie im Bewußtsein halten, werden wir bei jedem noch so geringfügigen Vorfall wissen, ob wir einschreiten müssen. Wenn ein Junge gemein zu seiner Schwester ist oder nicht aufhört, sie zu kitzeln, obwohl sie deutlich zum Ausdruck gebracht hat, daß es ihr reicht, dann greifen wir als Eltern ein und verbieten ihm weiterzumachen. Dasselbe würden wir tun, wenn die Schwester gemein zu ihrem Bruder wäre. Und wenn der Junge nach den Gründen fragt, so erklären wir ihm: »Ich will, daß du lernst, den Körper anderer genauso wie deinen eigenen zu respektieren. Wenn jemand zu dir sagt, du sollst aufhören, dann tust du es auch!« Dies ist eine wichtige Lektion für das ganze Leben.

Wie die Gesellschaft mit Jungen umgeht

Es ist etwas Besonderes, etwas Wertvolles an Jungen. Eltern von Kindern beiderlei Geschlechts wissen, daß es einen Unterschied im Wesen von Jungen und Mädchen gibt. Jungen zeigen ihre Gefühle, sie können sich leidenschaftlich engagieren und spielen gerne den Beschützer. Sie lieben Heldentaten und große Ereignisse, haben ein starkes Zusammengehörigkeitsgefühl, Durchhaltevermögen und einen ausgeprägten Sinn für Gerechtigkeit. Sie sind humorvoll, optimistisch und mutig. Wenn ich aber sehe, wie schäbig die Welt mit kleinen Jungen umgeht, wie wenig sie ihre besonderen Eigenschaften schätzt und fördert, dann verspüre ich große Trauer.

Wieviel Handlungsbedarf hinsichtlich der Situation von Jungen besteht, läßt sich an zwei Zahlen besonders deutlich ablesen. Erstens: Nach einer Untersuchung liegt die Selbstmordrate von männlichen Teenagern in westlichen Ländern zwei- bis dreimal so hoch wie bei Mädchen. Zweitens: Eine etwas ältere Studie ergab, daß sich Väter durchschnittlich sechs Minuten am Tag mit ihren Söhnen reden oder spielen. Beide Zahlen geben uns keinerlei Anlaß, stolz zu sein, und stehen aller Wahrscheinlichkeit nach in Zusammenhang miteinander. Wir müssen darüber nachdenken, wie wir unseren Söhnen zu einer positiveren Entwicklung verhelfen können.

Hier nun haben wir kurz zusammengefaßt, was zu tun ist. Im weiteren werden wir die einzelnen Punkte vertiefen:

1. Jungen brauchen Väter oder zumindest einen sehr guten Ersatz für sie.
2. Väter brauchen bei der Erziehung ihrer Söhne die Unterstützung anderer Männer.
3. Jungen müssen lernen, Mädchen zu respektieren und als ebenbürtig zu begreifen.
4. Wir müssen unsere Jungen vor Verhärtung, Herabsetzung und Entwurzelung durch Gewalt und Banalität schützen. Sie müssen lernen, ihre Sexualität als etwas Besonderes und nicht als etwas Schäbiges zu empfinden.
5. Jungen müssen lernen, selbständig im Haushalt zurechtzukommen.

Wo sind die Väter geblieben?

Vor hundertfünfzig Jahren sah das Leben von Männern und Jungen ganz anders aus. Fast alle Männer arbeiteten in der Landwirtschaft oder übten ihr Gewerbe oder Handwerk im Hause aus. Eine Junge wuchs daher in der Umgebung seines Vaters und anderer Männer der Dorfgemeinschaft oder Nachbarschaft auf.

Seine Onkel, Vettern oder Großväter waren ihm wohlgesonnen und immer bereit, ihm etwas Neues beizubringen. Im Zuge der industriellen Revolution wurde das ganze Sozialgefüge umgekrempelt.

Plötzlich wanderten Millionen von Menschen ab, um in Minen oder städtischen Fabriken zu arbeiten, und die Dörfer blieben verlassen zurück. Da die Männer an sechs Tagen in der Woche fort waren, mußten die Mütter die Erziehung der Söhne übernehmen. So wurde der Satz »Warte, bis dein Vater heimkommt!« zu einer allgemein üblichen Drohung.

Mit dem Verlust des dörflichen Beziehungsnetzes begann auch der Verfall der Familie. Die Anzahl der Kinder betrug vor hundert Jahren noch 6,7 pro Familie, aber wir kennen kaum jemanden, der sich dies noch herbeiwünscht. Familien wurden jedoch nicht nur kleiner, sondern brachen als solche auseinander. Männer verließen ihre Frauen oder heirateten gar nicht erst, und bald gab es eine große Zahl von alleinerziehenden Müttern. Dieser Trend setzt sich bis heute fort, Männer verschwinden einfach von der Bildfläche, und etwa ein Drittel aller Väter spielt ein Jahr nach der Scheidung im Leben der jeweiligen Kinder überhaupt keine Rolle mehr.

Väter können physisch zugegen und emotional trotzdem abwesend sein. Viele berufstätige Männer verlassen früh morgens das Haus und kommen spät abends müde und abgespannt wieder nach Hause. Manche kleine Kinder sehen während der Woche ihren Vater kaum – sie schlafen, wenn er morgens das Haus verläßt und abends wieder nach Hause kommt. Ein arbeitsloser Mann, der sich selbst im Griff hat, kann seinem Sohn unter Umständen ein besserer Vater sein als ein Karrieremensch.

Die Abwesenheit des Vaters geht auch an kleinen Mädchen nicht spurlos vorüber, bei kleinen Jungen jedoch ist sie verheerend. Ob sie sich nun in Aggressionen oder besonderer Mutterbezogenheit äußert, ein Junge ohne Rollenvorbild kann nicht lernen, ein Mann zu sein. Manche Psychologen glauben, daß ein Junge täglich viele Stunden mit Männern verbringen muß, um sein eigenes Rollenverständnis zu entwickeln.

Wie soll ein Junge, dessen Lehrerin eine Frau ist, der bei seiner Mutter lebt und häufig seine Großmutter besucht und der zu Hause nur die Freundinnen seiner Mutter trifft, lernen, sich wie ein Mann zu verhalten? Die Abwesenheit von Männern im Leben unser Jungen ist ein großes gesellschaftliches Problem.

Was können alleinerziehende Mütter tun?

Auch Frauen können gesunde Jungen heranziehen. Nach Gesprächen mit vielen alleinstehenden Müttern glaube ich aber, daß sie dazu einem bestimmten Plan folgen müssen.

Fest bleiben und warmherzig sein

Alleinerziehende Eltern vollführen unentwegt den Balanceakt zwischen Standfester Liebe und Sanfter Liebe . Eine alleinstehende Mutter läuft daher Gefahr, über der Festigkeit, die ihr Sohn braucht, ihre Wärme zu verlieren. In der Regel verhalten sich Frauen im Umgang mit anderen Menschen weniger ruppig. Unter Männern ist es z. B. durchaus normal, einander in einem männlich-freundschaftlichen Sinn mit »Nicht du schon wieder!« oder »Na, du Flachpfeife!« zu begrüßen.

Es fällt Männern leichter, Disziplin zu verlangen oder ein offenes Wort auszusprechen. Genauso kann es manchmal passieren, daß eine Mutter fester gegenüber ihrem Kind auftreten will, ihr Partner aber gerade versucht, weniger hart zu sein und mit mehr Vernunft an die Dinge heranzugehen.

Warum Jungen über die Stränge schlagen

Markus ist vierzehn Jahre alt und streift gerne abends mit seinen Freunden auf dem Fahrrad durch die Gegend. Eines Abends kommt er zu spät zum Abendessen. Seine Eltern sind unzufrieden und beschweren sich, aber sein Vater nimmt die Sache nicht so wichtig. Am Ende einigen sie sich darauf, daß Markus kommen kann, wann es ihm gefällt, aber vor Einbruch der Dunkelheit wieder zu Hause sein muß. Sein Abendessen wird so lange im Ofen warmgehalten.

Einige Wochen später kommt Markus wirklich spät, erst gegen neun Uhr, nach Hause und entschuldigt sich damit, daß es noch nicht ganz dunkel war. Seine Mutter ist außer sich, aber der Vater sagt: »Soll er doch ruhig erst um zehn kommen, so lange er keine Dummheiten anstellt. Jungen brauchen ein bißchen Freiheit.«

Einige Tage später wird Markus von der Polizei nach Hause gebracht. Er hatte in einem nahegelegenen Einkaufszentrum einige CDs gestohlen. Gegen seine Kameraden wurde der gleiche Vorwurf erhoben.

Markus' Eltern, insbesondere sein Vater, wollten Ärger vermeiden und haben dabei nicht erkannt, daß Markus ab einem bestimmten Punkt begann, die Regeln zu brechen, weil er Beachtung finden wolte. Je großzügiger die Regeln ausgelegt wurden, desto massiver mußte er dagegen verstoßen.

Markus' Vater ist ein leitender Angestellter und oft auf Auslandsreisen. Er ist intelligent und erkennt, daß sein Sohn seinen Vater braucht. Deshalb entscheidet er sich gegen eine Beförderung, die mit noch mehr Reisen verbunden gewesen wäre, um mehr Zeit zu Hause zu verbringen. Dieser Schritt ist zwar ein materieller Verlust, aber er bewahrt Markus vor dem Gefängnis, denn nun wird er mit seinem eigenen Verhalten konfrontiert, und, was noch wichtiger ist, sein Vater nimmt aktiven Anteil daran.

Jungen schlagen über die Stränge, weil sie ihre eigene Kraft vorzugsweise mit der des Vaters oder eines Stellvertreters messen wollen. Jungen, deren Väter unbeteiligt sind, fühlen sich in besonderem Maße von Comic-Helden und Spielen der »hypermaskulinen« Art angezogen. Sie versuchen damit, den Mangel an Männlichkeit in ihrem Leben auszugleichen, während Jungen mit aktiven Vätern spürbar ausgeglichener und kommunikativer sind. Sie haben mehr Erfolg in der Schule, weisen seltener Verhaltensauffälligkeiten auf und finden nach der Schule schneller eine Arbeit.

In einigen Untersuchungen hat man festgestellt, daß es bei Jungen einen direkten Zusammenhang zwischen Drogen- und Alkoholmißbrauch und der Anzahl der Stunden, die er zusammen mit den Eltern verbracht hat, besteht. Es ist also ein großer Fehler, Jugendliche zu ignorieren.

Zu bestimmten Zeiten fordern Jungen (meistens unbewußt) ein freundschaftliches (dennoch konfrontierendes) Kräftemessen heraus. Dies kann ihnen helfen, mit ihren plötzlichen Wachstums- oder Hormonschüben klarzukommen. Wenn Sie sich diesen Turbulenzen nicht gewachsen fühlen, so holen Sie sich entweder von Freunden oder von Profis einen Rat. Vor allem bei Jungen um die Vierzehn müssen alleinstehende Mütter mit ihren Energien haushalten unterstützt werden. In solchen Zeiten ist es besonders wichtig, nie handgreiflich zu werden oder verletzende Dinge zu sagen.

Die richtigen Rollenvorbilder finden

Sie müssen aktiv nach Vorbildern für Ihren Sohn suchen. Fragen Sie an der Schule nach guten männlichen Lehrern, an denen sich Ihr Sohn orientieren kann. Achten Sie bei der Wahl eines Sports oder eines anderen Hobbys darauf, welche Art von Männern dort unterrichten. Fragen Sie sich, ob Ihr Sohn ein solcher Mann werden soll. Das ist der Sinn von Vorbildern.

Betrachtet man das Ganze unter diesem Gesichtspunkt, so kann der Fußball- oder Karatetrainer großartig oder untragbar sein.

Manchmal ist auch ein Großvater oder Onkel interessiert, der sich bisher nur zurückgehalten hat, weil er unsicher war, ob seine Hilfe willkommen ist. Sie müssen nicht unbedingt jemanden heiraten, um Ihrem Sohn ein Rollenvorbild zu verschaffen.

Seien Sie jedoch sehr wählerisch bei der Frage danach, mit wem Ihr Sohn seine Zeit verbringt. Päderasten (Männer, die Kinder sexuell mißbrauchen) versuchen gerne, sich die Situation eines vaterlosen Jungen, der sich nach männlicher Aufmerksamkeit sehnt, zunutze zu machen. Dieses Phänomen ist alles andere als selten – schätzungsweise einer von sieben Jungen wird in seiner Kindheit sexuell mißbraucht. Seien Sie also auf der Hut und schauen Sie sich die Männer im Leben Ihres Sohnes genau an.

Den Vater miteinbeziehen

Wenn der Vater Ihres Sohnes nicht gerade ein gefährlicher oder völlig verantwortungsloser Mann ist, dann tun Sie gut daran, den Kontakt zwischen beiden nicht abreißen zu lassen. Wenn Sie getrennt oder geschieden sind, aber ein gutes Verhältnis zu Ihrem Ex-Ehemann haben, dann ziehen Sie in Erwägung, Ihren Sohn ab dem vierzehnten Lebensjahr bei ihm aufwachsen zu lassen. Ohne es zu wissen, verspüren Jungen einen starken Wunsch nach einem männlichen Gegengewicht. Frauen schrecken oft vor diesem Schritt zurück und fürchten, daß der Vater sich nicht gut genug um den Sohn kümmert. Das kann manchmal zutreffen, aber viel häufiger entdecken Väter, die in die elterliche Verantwortung genommen werden, in sich bisher unbekannte Fähigkeiten. Sie sind sehr wohl in der Lage, ihren Sohn zu fördern oder zu disziplinieren. Wenn Sie Ihren Sohn bei seinem Vater aufwachsen lassen, kann sich das für alle Beteiligten als vorteilhaft erweisen.

Es ist eine schwierige Aufgabe, Kinder alleine großzuziehen. Dennoch geht es Kindern mit nur einem Elternteil immer noch besser als solchen, die in einer völlig zerrütteten Familie aufwachsen. Es ist nicht immer einfach, andererseits aber sehr wichtig, gute Unterstützung in der Alleinerziehung zu bekommen.

Was es heißt, ein echter Vater zu sein

Viele Väter kommen gut zurecht mit ihren Kindern, tappen jedoch völlig im Dunkeln, wenn es an das »Wie« des Vaterseins, an die eigentliche Erziehung geht. Als meine Kinder noch klein waren, war ich ständig in Versuchung, die Erziehung ganz meiner Frau zu überlassen – sie schien es so viel besser zu können. Heutzutage ist es jedoch eine meiner größten Freuden, meine Vaterrolle auszuüben.

Ein Grund dafür ist, daß wir selbst meistens nicht viel von unserem Vater gemerkt haben. Die Väter vieler Männer waren Fremde, die im Wohnzimmer mit der Zeitung raschelten und gelegentlich ein Brummen vernehmen ließen. Deshalb können wir auf keinen Fundus väterlicher Verhaltensweisen zurückgreifen.

Aber ich kann Ihnen aus Erfahrung sagen: Es ist nicht so schwer, und wenn Sie erst einmal angefangen haben, werden Sie es bald genießen. Hier sind zwei oder drei gute Ratschläge für den Anfang.

Rauh, aber gemütlich

Jungen jeden Alters lieben es zu raufen, sich gegenseitig zu kitzeln und miteinanderzu kämpfen; überhaupt lieben sie jede Art von Toberei. Tun Sie Ihrem Sohn den Gefallen, wann immer sich Zeit und Gelegenheit bieten, aber wählen Sie einen sicheren Ort und stellen Sie ihm eine Aufgabe, z. B. Ihre Arme festzuhalten oder sich aus der Bärenumarmung zu befreien.

Dahinter steht mehr als nur ein Spaß. Beim Raufen können Sie Ihrem Sohn wichtige Dinge beibringen. Wenn Sie ihn bremsen, wenn es zu wild oder gefährlich wird, wenn Sie ihn beruhigen und nochmal von vorne beginnen, lernt Ihr Sohn, mit seiner Körperkraft umzugehen und seine Energie zu bändigen. Indem Sie wohlwollend und nicht wetteifernd mit ihm spielen, mal ihn gewinnen lassen und dann selbst wieder Sieger sind, lehren sie ihn, daß der Spaß im Spiel selbst liegt, und Sie bringen ihm bei, ein guter Verlierer zu sein.

Der wichtigste Aspekt dabei ist vielleicht, daß das Toben und Raufen sowohl eine Form von Intimität wie auch ein Fest der Männlichkeit ist (ungeachtet dessen, daß auch Mädchen, vor allem kleine, daran Spaß finden können).

Mein Vater war kein Freund von Umarmungen und sichtbaren Liebesbezeugungen. Er hätte sich – wie viele Männer seiner Generation – selbst unter Todesdrohungen nicht zu einem Kompliment hinreißen lassen. Aber er war immer bereit, mit mir, mit meinen Cousins und sogar mit meinen Neffen zu raufen. Wenn wir irgendwo zu Besuch waren, lagen immer alle Kinder mit ihm am Boden. Es war herrlich!

Aktiv sein und dem eigenen Sohn die Welt erklären

Robert Bly sagt: »Selbst boshafte Männer sind wunderbar, wenn sie ihren Söhnen etwas zeigen.« Jungen lieben es, Dinge aus der Welt der Männer zu erfahren. Egal ob es um Autos, Computer, Pferde, Vogelbeobachtung, Angeln oder Schnitzen geht – was ihnen gefällt und was Sie ihnen gerne beibringen wollen. (Ein Tip: Seien Sie nicht perfektionistisch, damit schrecken Sie Ihren Sohn nur ab. Teilen Sie Ihre Freude an der Sache mit ihm, nicht aber Ihre hohen Maßstäbe.)

Als Vater sollten Sie bei Ihrem Sohn und Ihrer Familie sein und mindestens eine Stunde täglich mit ihnen sprechen oder etwas mit ihnen unternehmen. Wenn Ihr Arbeitsdruck das nicht gestattet, so sollten Sie Ihre Prioritäten überprüfen. Ich wäre gerne etwas nachgiebiger in diesem Punkt, aber eine Karriere zu verfolgen und ein guter Vater zu sein steht heutzutage in direktem Widerspruch zueinander. Ihr Sohn muß Sie in unterschiedlichen Stimmungen und Aktivitäten kennenlernen.

Papa in Aktion

Wenn Ihr Sohn sieht, wie Sie kochen, putzen und sich um jüngere Geschwister kümmern, dann wird dieses Vorbild auf

Zuhören

Eine der größten Fertigkeiten, die Sie in Ihrem Leben erwerben können, ist die Fähigkeit – und die echte Bereitschaft – inmitten eines Streites innezuhalten und sich die Version der anderen Seite anzuhören. Sie können diese Fähigkeit täglich gebrauchen.

Eines heißen Sommertages machte ich mich mit meinem vierjährigen Sohn auf, um unsere Dieselpumpe in Gang zu setzen. Das ist jeden Sommer einmal nötig, um unser Wasserreservoir aufzufüllen. Mein Assistent mag Ihnen jung erscheinen, aber ohne ihn ging es nicht. Seine Aufgabe war es, im richtigen Augenblick den Druckschalter zu betätigen, während ich die Pumpe anwarf.

Die Maschine ist riesig und uralt, und mehrere Versuche schlugen fehl. Meine Laune war miserabel, Dornen stachen in meine Beine, überall schwirrten Moskitos umher und mein Arm schmerzte vom Drehen des schweren Hebels. Dann streikte mein Assistent und kam hinter dem Damm hervor. Ärger stieg in mir hoch, und ich wollte ihm gerade die Leviten lesen, als ich seinen verdrossenen, beinahe anklagenden Blick auffing und mich gerade noch beherrschen konnte. Bemüht, meine Stimme freundlich klingen zu lassen, fragte ich ihn: »Warum hilfst du mir nicht?« »Es ist zu verqualmt, ich kann da drin nicht atmen.« Das war völlig richtig, denn nach all unseren Versuchen lag ein riesiger Schwall von Dieselgeruch in der Luft.

Wir setzten uns also einige Minuten ans Wasser, um uns etwas auszuruhen, bevor wir es noch einmal versuchten, und sprachen über Frösche und Insekten. Danach sprang uns die Pumpe gleich beim ersten Versuch an.

Die Erfahrung, die ich bei dieser Gelegenheit machen durfte, sollte ich noch mehrmals erleben; und je älter und klüger unsere Kinder wurden, desto häufiger machten wir die Erfahrung, wie wichtig dieser Augenblick elterlichen Innehaltens ist: »Er hat recht und ich liege falsch!« Und wie wichtig es ist, zuzuhören.

ihn abfärben und er wird sich öfter nützlich machen. Väter müssen zeigen, daß sie mehr sind als nur der »Mann für die

Freizeit« sind. Durch Ihr Vorbild können Sie Ihren Sohn lehren, ein ganzer Mann zu sein. Wenn er beobachtet, wie Sie mit Ihrem Körper umgehen, daß Sie andere Leute freundlich behandeln, daß Sie Ihre Gefühle zum Ausdruck bringen und für Ihre Überzeugungen geradestehen können, dann ist die Wirkung unendlich viel stärker, als Worte es jemals sein können. Sie müssen der Mann sein, der ihr Sohn werden soll.

Zeigen Sie Ihrem Sohn andere Männer

Beziehen Sie Ihren Sohn in Unternehmungen mit Ihren Freunden ein, so daß er auch von anderen Männern lernen und Ermunterung erfahren kann. Unternehmen Sie Vater-Sohn-Campingausflüge mit Ihren Freunden. Nehmen Sie Ihren Sohn mit zur Arbeit, damit er sehen kann, womit Sie Ihr Leben verbringen, wo Sie einzuordnen sind und welche Ideale Sie haben. Lassen Sie ihn die Opfer, die Sie bringen müssen, und die harten Seiten und Einschränkungen in Ihrem Leben kennenlernen.

Seien Sie vor allem anwesend und sorgen Sie dafür, daß Sie verschwenderisch viel Zeit für Ihren Sohn haben.

Jungen brauchen Schutz

Ich wartete einmal kurz vor Unterrichtsschluß vor einer Grundschule auf den Beginn einer Konferenz. Eine Gruppe von Drittkläßlern im Alter von acht bis neun Jahren kam langsam aus dem Gebäude: Man sah sofort, daß etwas nicht stimmte, und bei genauerem Hinschauen entdeckte ich, daß einige sich Tränen von den Wangen wischten und alle ganz blaß und schockiert waren. Von den Eltern erfuhr ich später, daß ihr Lehrer ihnen ein brutales Kriegsvideo vorgeführt hatte, nur weil an diesem Tag der im Ersten Weltkrieg gefallenen Soldaten gedacht wurde. Ohne Diskussion oder Vorbereitung und ohne Pause hatte er sie 90 Minuten reiner Gewalt ausgesetzt. Männer und Jungen werden oft beschuldigt, gefühllos, aggressiv und unsensibel zu sein. Aber ist das nicht manchmal nur ein verzweiflter Versuch der Verteidigung gegen die Angriffe, denen wir sie ungeschützt aussetzen?

Sie können einiges dazu beitragen, den Prozeß, in dem Ihre Söhne (oder Töchter) ihre Kindheit verlieren, zu verlangsamen. Halten Sie sie davon ab, sich stundenlang brutale Videofilme anzuschauen oder stupide mit Kriegsspielzeug zu spielen. (Zwar zeugt es von Kreativität, wenn Kinder aus Stöcken Spielzeugwaffen basteln – aber alles was man damit manchen kann, ist, so zu tun, als töte man jemanden, und das wiederum ist nichts Wünschenswertes.) Viele Kämpfe und gewalttätige Spiele kommen daher, daß Kinder Gewalt gesehen haben und von der eigenen Angst übermannt wurden. Sie versuchen, durch die Identifikation mit den Figuren wieder Herr der Situation zu werden. Kinder in Kriegsgebieten spielen am häufigsten Kriegsspiele. Warum sollten aber unsere Wohnzimmer Kriegszonen gleichen? Ist es nicht viel besser, wenn uns unser Zuhause (und unser Fernseher) uns das Gefühl gibt, auf einer tropischen Paradiesinsel zu leben, mit all ihrer Natur und Wärme, ihren Schönheiten und ihren Abenteuern?

Das Gleiche gilt für Computer. Lassen Sie nicht zu, daß Ihr Sohn stundenlang in banalen Computerspielen versinkt, vor allem nicht, wenn es sich dabei um die weit verbreiteten Spiele mit den endlosen Labyrinthen und Leitern handelt, die Ihren Sohn nur süchtig machen und ihm außer einem Jucken in den Fingern nichts beibringen können.

Sorgen Sie für aktive, kommunikative und natürliche Spielmöglichkeiten. Verbringen Sie lieber mehr Zeit mit Ihrem Sohn bzw. Ihren Kindern, anstatt ihnen etwas zu kaufen. Bringen Sie Ihre Freude und Ihre Zufriedenheit zum Ausdruck, wenn Ihr Sohn zeigt, wie gut er mit kleineren Kindern umgehen kann, und loben Sie seinen Sinn für Gerechtigkeit und die Gefühle anderer. Schaffen Sie ihm ein Haustier an, und Sie werden die natürliche Herzensgüte in ihm wecken.

Jungen brauchen Hilfe, um Beziehungen aufbauen zu können

Väter oder Mütter können ihrem Sohn einen guten Dienst erweisen, indem sie ihm zeigen, wie er mit Mädchen umgehen soll. Sie können ihm helfen, das Gespräch mit Mädchen zu suchen und mit ihnen klarzukommen. Bestehen Sie darauf, daß er Mädchen mit Respekt und Umsicht begegnet. Lassen Sie ihn nicht im Teenageralter, Bilder aus Männermagazinen an die Wände heften. Die meisten Jungen interessieren sich für den Körper von Frauen, aber Sie können dazu beitragen, daß Sex und Sexualität etwas Besonderes bleiben und nicht ins Schmierige und Schäbige abrutschen.

Lehren Sie Ihren Sohn, Frauen zu respektieren

Als Vater können Sie durch zwei Dinge Einfluß auf Ihren Sohn nehmen: Zeigen Sie selbst gegenüber Frauen Respekt und lesen Sie Ihrem Sohn die Leviten, wenn er sich gegenüber seiner Mutter respektlos verhält. Der Ausruf: »Rede nicht so mit deiner Mutter!« bildet die Kulisse für einen bedeutenden Moment in Ihrem Familienleben und sollte kein zweites Mal wiederholt werden müssen.

Fordern Sie als Mutter ruhig, aber deutlich Respekt ein. Vermitteln Sie zwischen Ihrem Sohn und seinen Schwestern, so daß alle Gelegenheit haben, ihre Gefühle klar auszudrücken und zu lernen, Konflikte in gegenseitigem Respekt zu lösen, anstatt es mit Beschimpfungen und Einschüchterungen zu versuchen. Handeln Sie ausgleichend, denn auch Jungen haben Gefühle. Erinnern Sie sich selbst stets daran und machen Sie es auch Ihren Töchtern klar. Wenn man Jungen als gefühllos behandelt, dann werden sie tatsächlich gleichgültig und roh, weil sie versuchen, sich auf diese Weise selbst zu schützen.

Sprechen Sie mit Ihrem Sohn über seine Gefühle und akzeptieren Sie es, wenn er traurig oder ängstlich ist. Lassen Sie ihn spüren, wann Sie selbst solche Gefühle hegen, und hüten Sie sich vor der emotionalen Abkapselung, die Männer so angespannt und depressiv werden läßt. Machen Sie sich niemals über seine weiche Seite lustig und schon gar nicht über seine ersten Erfahrungen mit der Liebe. Denn stark und sensibel zu sein ist kein Widerspruch.

Helfen Sie ihm, häusliche Fähigkeiten zu erlernen

Legen Sie Wert auf alle Fertigkeiten, die man braucht, um einen Haushalt zu führen, und vermitteln Sie Ihrem Sohn, daß Sie Leistungen, die jemand für den gemeinsamen Haushalt erbringt, respektieren. Binden Sie Ihren Sohn in die Haushaltsarbeit mit ein. Im Alter von neun Jahren sollte ein Junge in der Lage sein, einmal in der Woche zu kochen; und wenn er das tatsächlich kann, dann darf er auch stolz darauf sein. Helfen Sie ihm, sich in der Küche zurechtzufinden. Auch wenn er mit Spaghetti und Fertigsauce beginnt, wird er bald in der Lage sein, ein brauchbares Menü zu fabrizieren. Die meisten Jungen werden Freude daran haben, solch einen Beitrag zum Familienleben leisten zu können.

Lassen Sie es zu einer Routine werden, daß Ihr Sohn hinter sich aufräumt. Bringen Sie ihm bei, wie man seine Wäsche wäscht und in Ordnung hält. Wenn er nicht mitspielt, verzichten Sie auf Gemecker und verdoppeln Sie einfach seine Aufgaben für diesen Tag. Eine oft gehörte Antwort von Supermüttern in solchen Situationen ist: »Aber es geht sooo viel schneller, wenn ich es selbst mache!« Ja, Lernen braucht Zeit, aber stellen Sie sich vor, wie das ist, wenn Ihr Sohn mit achtzehn Jahren genauso kompetent ist wie Sie selbst und genauso viel im Haushalt tut wie Sie. Da kann man diese frühe Investition schon verschmerzen!

Kurzgefaßt

Sie schaffen einen Mann. Denken Sie darüber nach, welche Ziele Sie schon erreicht haben und welche noch zu erarbeiten sind. Sie könnten die Eigenschaften in der Liste der Frauen am Anfang dieses Kapitels abhaken und dann sehen, um welche Sie sich noch bemühen wollen.

Nehmen Sie sich die Zeit, zumindest eine vage Idee davon zu entwickeln, welche Art von Mann aus Ihrem Sohn werden soll. Indem Sie sich der Absicht »Mein Sohn soll ein wunderbarer junger Mann werden« verschreiben und täglich die Dinge tun, die das bewirken sollen, können Sie als Vater oder Mutter die größte Zufriedenheit Ihres Lebens erlangen und der Welt ein Geschenk machen.

Mädchen erziehen

Die künftigen Frauen sind nicht von gestern

Kapitel 7

Im Leben der Tochter spiegelt sich für die Mutter die Lebenszeit ihrer eigenen jungen Jahre. Deshalb spielen Töchter im Dasein von Müttern ein große Rolle, und es ist für ihre Beziehung von entscheidender Bedeutung, mit welchen Gefühlen die Mutter auf ihr eigenes Leben zurückblickt.

Mütter und Töchter

Mütter und Töchter können eine wunderbare Nähe zueinander entwickeln. Ihre Verbindung ist zwar manchmal auch explosiv, aber ihr Verständnis untereinander scheint bisweilen auch an Telepathie zu grenzen.

Mütter und Väter hegen zu ihren Töchtern und Söhnen so starke Gefühle, weil ihre Kinder eine »Neuausgabe« ihrer selbst sind. In unseren Kindern zeigen sich wie in einem Spiegel alle Hoffnungen, Ängste und Gefühle unseres eigenen Lebens. Es hilft Ihnen, sich diesen Umstand immer wieder zu vergegenwärtigen. Wenn Sie den Spiegeleffekt verdrängen, kann das zu sehr merkwürdigen Verhaltensweisen führen. Es kann zu heftigen Auseinandersetzungen kommen, besonders dann, wenn die jungen Mädchen gegen die elterlichen Erwartungen rebellieren. Dies hat mehr als nur

eine Mutter dazu bewegt, mir zu erklären, daß sie einen Jungen wirklich vorgezogen hätte, sie seien so viel einfacher zu handhaben!

Aber es ist die Mühe wert, denn in dem Verhältnis von Mutter und Tochter liegt auch ein großes Potential für tiefe Freundschaft. Davon abgesehen bleibt Ihre Tochter trotzdem das Kind, das Ihre Fürsorge braucht. Um dies leisten zu können, müssen Sie sich eventuell von einer Reihe eigener Barrieren befreien, die Ihnen bei der Ausübung Ihrer Elternrolle im Weg stehen könnten.

Lassen Sie uns gemeinsam erkunden, was darunter zu verstehen ist. Weil Mütter in ihren Töchtern sich selbst sehen, entstehen daraus alle möglichen unbewußten und bewußten Forderungen:

- »Meine Tochter soll mehr Möglichkeiten haben, als ich selbst sie hatte.«
- »Sie soll mir nahe bleiben und dennoch ein eigenes Leben führen.«
- »Sie soll ein gutes Verhältnis zu ihrem Vater entwickeln.«
- »Sie soll den perfekten Mann finden.«
- »Sie soll ein Leben ohne Sorgen und Entbehrungen führen.«

Was sind unbewußte Forderungen? Lassen Sie es mich an einem Beispiel verdeutlichen: Die Mutter einer Freundin hatte als Kind in großer Armut gelebt. Ihr Verständnis von einer guten Mutter bestand darin, lange und viel zu arbeiten, damit ihre Töchter bestens versorgt wären.

Der Effekt war, daß ihre Töchter viel allein waren und oftmals verletzende Situationen durchstehen mußten. Weniger Geld und mehr mütterlicher Schutz wären ihnen sicherlich besser bekommen.

Wenn unser Handeln, wie in diesem Fall, von unbewußten Motiven gesteuert ist, sind wir uns nicht über alle Verknüpfungen im Klaren, die unser Verhalten beeinflußen. Um sie zu erkennen, muß man in sich gehen, sich selbst zuhören und sich immer wieder fragen, woher die eigenen Reaktionen rühren. Sie werden feststellen, daß Ihre Tochter eine andere Person ist, und ihr Raum lassen, eigene Fehler zu machen, eigene Antworten zu finden und sich selbst klarzumachen, was sie will.

Fünf Erziehungsstile

In ihrem ausgezeichneten Buch *Growing up again* beschreibt Jean Illsley Clarke fünf verschiedene Muster, mit denen wir auf das eigene Kind reagieren können, und analysiert, was die Befolgung eines Musters über uns selbst aussagt. Diese fünf verschiedenen Ansätze sind sehr nützlich, um herauszufinden, was sich zwischen Ihnen und Ihrer Tochter abspielt. Aller Wahrscheinlichkeit nach werden Sie feststellen, daß Sie richtig vorgehen, und den, wie Clarke es nennt, »bejahend fürsorglichen« Stil praktizieren. Die anderen Spielarten können Sie leicht erkennen, und das kann Ihnen helfen, Schaden zu vermeiden.

Als ich (hier spreche ich als Vater) mich zum ersten Mal mit diesen Mustern beschäftigte, fand ich heraus, daß mein Verhalten eine Mixtur der verschiedenen Vorgehensweisen war. Es war sehr hilfreich für mich, mein eigenes Handeln danach weiter zu analysieren.

Alle bisherigen und nun folgenden Feststellungen gelten eigentlich nicht nur für Mütter und Töchter, aber ihre Gleichgeschlechtlichkeit bringt in besonderem Maße eine größere Nähe und Intimität hervor. Bei Müttern ist der Spiegelungseffekt besonders stark ausgeprägt. Außerdem sind Mütter für gewöhnlich stärker in der Erziehung engagiert. Wir wissen sehr viel über das Verhältnis zwischen Müttern und Töchtern, weil sie sich häufiger und klarer äußern. Darüber hinaus sind die meisten Mütter Veränderungen immer sehr aufgeschlossen.

Wir wollen die fünf verschiedenen Erziehungsstile anhand einer Alltagssituation erläutern: Die sechsjährige Sabrina stolpert im Park und kommt weinend mit einem ziemlich verschrammten Arm zu ihrer Mutter gelaufen. Die Mutter kann nun ganz unterschiedlich reagieren:

Schimpfen

Sabrinas Mutter unterhält sich gerade mit einer Freundin. Sie dreht sich kurz um und schreit: »Hör auf, so zu brüllen, oder gleich setzt's was.« Gleichzeitig packt sie das kleine Mädchen am Arm und zerrt es nach Hause.

Die Botschaft, die die Tochter erreicht, heißt: »Du zählst hier nicht, deine Gefühle sind mir egal, und du gehst mir auf die Nerven!« Das Kind wird dabei großen Schmerz, Verzweiflung, Zorn oder Einsamkeit empfinden und sich zurückziehen. Aber woher rührt das Verhalten der Mutter? Haben wir nicht alle unter dem Druck der Gegebenheiten schon einmal ähnlich reagiert? Es ist die Reaktion einer Frau, deren eigene Bedürfnisse so unbefriedigt sind, daß sie ihre Tochter als Konkurrentin empfindet.

Diese Mutter braucht langfristige, wohlwollende Unterstützung, um ihre emotionalen Defizite und die Vernachlässigungen der eigenen Kindheit aufzuarbeiten und sich ihrer Tochter mit mehr Zuneigung zuwenden zu können.

Bedingungen stellen

Die Mutter sagt: »Hör' auf zu weinen, oder ich verbinde deinen Arm nicht. Warum war das überhaupt nötig?« Diese Mutter tritt über Drohungen und Bedingungen mit ihrem Kind in Verbindung. Die Kleine muß den elterlichen Forderungen genügen, erst dann wird ihr geholfen.

Die Botschaft lautet: »Glaub' bloß nicht, daß du liebenswert bist, meine Liebe bekommst du nur, wenn du sie dir verdient hast!«

Die Mutter reagiert so, weil ihr eine andere Sichtweise völlig fremd ist. Ihr Verhalten ist immer stramm und tadellos, und sie setzt astronomische Maßstäbe für sich selbst und ihre Umgebung. Daß sie diese Botschaft an ihr Kind, insbesondere an ihre Tochter weitervermitteln will, ist nur allzu natürlich.

Die Tochter aber wird sich immer als unzureichend empfinden, als unfähig, den gesetzten Maßstäben zu genügen. Zwanghaftes Verhalten und übertriebener Ehrgeiz, womöglich sogar Magersucht werden ihre Kindheit prägen, und es wird ihr schwerfallen, sich anderen Menschen zu nähern. Als Erwachsene wird sie vielleicht mehrere prestigeträchtige, aber kurzlebige Ehen eingehen.

Die Mutter, die Bedingungen stellt, muß sich entspannen und lernen, ihr Selbstwertgefühl aus anderen Dingen als Aussehen, Kleidern, Geld oder Status zu beziehen. Sie muß lernen, sich selbst anzunehmen und gut zu finden. Am besten sucht sie sich ein paar fröhliche Schlampen als Freundinnen und schaut bei ihnen ab, wie das geht. Allmählich wird ihr deutlich werden, daß Liebe sich von selbst einstellt und nicht verdient werden muß; erst dann wird sie das auch ihren Kindern beibringen können.

Verhätscheln

Die Mutter ist schon am Ort des Unglücks, bevor die Kleine auch nur aufstehen kann. »Oh, wie schrecklich, dein Arm muß ja entsetzlich wehtun. Ich mache dir sofort einen Verband, dann fahren wir zur Apotheke und kaufen eine Salbe und zu Hause darfst du dich vor den Fernseher aufs Sofa legen, und ich mache alles für dich.«

Das klingt zunächst nach einer sehr liebevollen Mutter, aber die Botschaft, die sich dahinter verbirgt, lautet: »Du armes Opfer, du kannst dir ja gar nicht selbst helfen. Du brauchst mich, ich muß für dich sorgen.« Auf einem noch tieferen Level bedeutet das: »Wir können nicht beide gleichzeitig unsere Bedürfnisse stillen. Ich verhätschele dich, aber dafür schuldest du mir etwas.« Kommt Ihnen das bekannt vor?

Das Mädchen wird ihrer Mutter gegenüber sehr gemischte Gefühl hegen. Zwar findet es kurzfristigen Trost bei ihr, aber unterschwellig schwingt auch immer Verpflichtung und Ressentment mit – und, daraus resultierend, irgendwann Ablehnung. Die Gegenwart der Mutter wird die Tochter eher behindern und verwirren, anstatt sie zu stärken und zu ermutigen. Jean Illsley Clarke bezeichnet dies als »vereinnahmende und dominierende Liebe«, die zu Abhängigkeit und einem verschwommenen Selbstverständnis führt.

Die betroffene Mutter muß mehr Sinn für sich selbst entwickeln. Vielleicht war sie als Kind gezwungen, früh erwachsen zu werden, weil ihr Vater oder ihre Mutter alkoholabhängig oder in irgendeiner anderen Hinsicht beeinträchtigt waren, so daß sie die Rolle einer Fürsorgerin einnehmen mußte, anstatt Liebe zu empfangen. Vielleicht haben ihre Eltern auch schon dieses Muster an den Tag gelegt, um die eigenen Bedürfnisse zu kaschieren. Es wäre gut für sie, einige Bücher über gegenseitige Abhängigkeit zu lesen und sich einer regelmäßig tagenden Selbsthilfegruppe anzuschließen.

Vernachlässigen

Die Mutter ignoriert die Schramme oder ist womöglich überhaupt nicht am Spielplatz anwesend. Vielleicht ist die kleine Tochter einige Straßenzüge von zu Hause entfernt, unbeaufsichtigt und unversorgt. Sie wird zwar ernährt und gekleidet, aber ansonsten sind ihre Eltern desinteressiert. Tief in ihrem Herzen weiß sie, das sie ganz auf sich selbst gestellt ist.

Wenn sie bis jetzt durchgehalten hat, wird sie es vermutlich ihr Leben lang schaffen, aber wahrscheinlich wird sie eine sehr harte, einsame junge Person werden, die all ihren Zorn und ihre Enttäuschungen im Inneren verbirgt. Womöglich wird sie Liebe als einen unaufhörlichen Wettkampf um Gefühle verstehen. Als Erwachsene wird es ihr fast unmöglich sein, sich anderen gegenüber zu öffnen, wenn ihr nicht früh Hilfe durch einen verständnisvollen Lehrer oder Jugendarbeiter zuteil wird.

Vernachlässigung ist auch eine Art von Mißbrauch und in mancherlei Hinsicht die schlimmste Form davon.

Bevor Sie jetzt aber ganz traurig werden, wollen wir uns lieber der fünften Variante zuwenden.

Bejahend und fürsorglich

Ist Sabrinas Mutter bejahend und fürsorglich, dann umarmt sie sie und kümmert sich um sie. Sie sagt etwas wie: »Was für ein Kratzer! Das ist aber gar nicht schön. Soll ich die Wunde für dich sauber machen?« Und später: »Na, wie ist es jetzt?«

Das Mädchen weiß, das es mit seinen Gefühlen ernstgenommen wird. Die Mutter ist zur Stelle und bereit zu helfen, ohne jedoch ihrer Tochter die Hilfe aufzuzwingen. Die Kleine ist getröstet und erleichtert, sie fühlt sich geliebt und gut aufgehoben.

Diese Mutter läßt ihr Kind ohne Abhängigkeiten aufwachsen. Wenn ihre Tochter sich nur leicht verletzt hat oder schon etwas älter ist, überläßt sie es dem Kind, zu entscheiden, was zu tun ist. Sie fragt: »Tut es weh? Kannst du es selbst auswaschen oder brauchst du Hilfe?« Diese Mutter kann ihr Kind in den Arm nehmen, ohne aufdringlich zu sein. Sie vermittelt die Botschaft: »Ich vertraue darauf, daß du weißt, was du brauchst.« (Und: »Ich brauche nicht das Gefühl, gebraucht zu werden.«)

Der bejahend-fürsorgliche Stil ist den anderen ganz eindeutig vorzuziehen.

Wenn ein Kind behindert ist

Bei meinen Büchern über die Familie habe ich immer darunter gelitten, daß es mir nicht gelang, mich zur Erziehung von behinderten Kindern zu äußern. Aber immer wenn ich unterwegs bin und meine Vorträge halte, fragen mich Eltern von Babys mit Problemen aller Art um Rat. Behinderte Kinder sind Teil der Familie und Teil der Gemeinschaft, deshalb müssen sie miteinbezogen werden. Wie jeder andere auch tragen sie etwas zu unserem Leben bei.

Da es mir selbst an Erfahrung mangelt, freute ich mich um so mehr, als ich in der Melbourner *Age*-Ausgabe die Zeilen von Mary Burbridge über das Leben mit ihrer geistig schwerbehinderten Tochter las.

Sie hat vielleicht als erste geäußert, daß es im Leben einer Familie mit einem behinderten Kind ebenso viele Höhen und Tiefen gibt wie im Leben einer jeden anderen Familie auch. Für mich hat sie in jeder Hinsicht gesiegt, und viele Eltern werden gerne hören, was sie zu sagen hat. Außerdem finden wir hier ein Beispiel für eine ganz besondere Mutter-Tochter-Beziehung.

Meine Tochter, ein Baby für immer

»Ich habe ein süßes Baby. Eine geduldige, friedliche Tochter, die sich gemütlich in ihr Schaffell kuschelt und mich verschlafen anlächelt, wenn ich zur Tür hereinkomme. Sie setzt sich auf, wippt fröhlich und öffnet die Arme zu einer Umarmung. Ich hebe sie aus ihrem Bett, und wenn ich sie mit beiden Händen halte, läuft sie auf unsicheren Beinen zum Badezimmer, damit ich ihre Windeln wechseln kann.

Sie ist in einer herrlichen Phase, sie hilft beim An- und Ausziehen, hält selbst den Löffel und kleckert alles voll, sie läuft an den Möbeln entlang und zieht und zerrt an allem, was ihr unter die Finger kommt. Sie liebt alle Arten von Musik: die aufziehbare Spieluhr, die Lieder, die ich ihr vorsinge. Sie klimpert mit Begeisterung auf dem Klavier, klatscht in die Hände und spielt für ihr Leben gern Fingerspiele. Sie genießt Spaziergänge in der Sonne und rupft die Blüten von den Blumen am Wegesrand, und in einem warmen Schwimmbad oder in der Badewanne planscht und lacht sie ohne Ende.

Ich habe dieses süße Baby nun schon seit zwanzig Jahren, und wenn nicht etwas Unerhörtes passiert, liegen weitere zwanzig Jahre vor uns. Sie befindet sich schon seit langem in diesem entzückenden Stadium eines sieben bis neun Monate alten Kindes, und ich erwarte keine großen Veränderungen. Das süße, unschuldige Babygesicht, das keine Spuren von Verlust, Enttäuschung oder Verärgerung zeigt, ist ihr genauso geblieben wie ihre vielen blonden Locken. Aber ihr Hormonhaushalt ist der einer jungen Frau, einer drallen, kräftigen, fast dicklichen jungen Frau, mit Aknepickeln im hübschen Gesicht. Ihr Haar ist zwar dunkler geworden, aber immer noch ihre größte Zierde. Wie oft war ich schon dankbar dafür, denn wenn andere Leute sich in ihrer Gegenwart auch unwohl fühlen, so gelingt es ihnen meistens doch, über ihr wunderbares Haar zu sprechen, und das hilft.

Andere hat mit ihren »ewigen Babys« ein viel härteres Los getroffen. Endlose Jahre mit einem mürrischen, schreienden Kind, jede Mahlzeit ein Kampf gegen spuckenden Widerstand, jede Handlung ein Anlaß zu Krampf und Schmerz. Oder ein Kind mit völlig intaktem Bewegungsapparat, das unfähig ist, auf »Nein« oder »Halt« zu reagieren und den ganzen Tag, mit jährlich zunehmender Körperstärke und kräftigen Hormonschüben in der Jugend, aktiv ist, ohne jedoch besänftigende blonde Locken zu haben.

Einige Mütter, die sich wie ich damit abgefunden hatten, daß ihre Kinder schwerstbehindert waren, fanden sich schließlich zusammen und gründeten eine spezielle Spielgruppe.

Wir besprachen unsere Schuldgefühle, unsere Trauer und Enttäuschung und unseren Zorn, während wir mit unseren »Babys« spielten, und wir knüpften dauerhafte Kontakte. Ein schwerstbehindertes Kind zu versorgen ist eine enorme Aufgabe, wie die Pflege eines Babys auch, aber wenn Hilfe verfügbar ist, dann kann man sie bewältigen. So gelang es uns allen, auch im Leben unserer anderen gesunden Kinder unsere Rolle auszuüben, teilzeitweise zu arbeiten und unsere Kinder in Tagesstätten unterzubringen. Unsere Ehen haben trotz allem überlebt, und gemeinsame Familienferien waren ebenfalls möglich.

Außerdem haben wir uns dafür eingesetzt, die bestmöglichen Bedingungen für unsere behinderten Kinder und alle anderen Behinderten und ihre Pfleger zu bekommen. In dieser Schule des Lebens haben wir nichts ausgelassen, wir engagierten uns bei Schulratssitzungen, Wohnraumbeschaffungsmaßnahmen, als Organisatoren von Wohltätigkeitsfesten, als Lobbyisten, bei Demonstrationen und Protestkundgebungen und in Elternfortbildungsmaßnahmen. Wenn unsere Kinder dem Gesetz nach volljährig werden, stehen wieder Entscheidungen und neue Kämpfe an. Wir müssen für entsprechende andere Programme sorgen, wenn die Schulen nicht mehr zuständig sind, und nach Möglichkeiten zur Langzeitunterbringung suchen, wenn die Zeit kommt, wo sie uns verlassen werden.

Die meisten Leute erwiesen sich als sensibel und hilfsbereit, und wenn ich Unterstützung brauchte, konnte ich immer auf verschiedenste Dienstleistungen zurückgreifen, so daß die Jahre mehr oder weniger problemlos vergingen.

Aber es gab auch Hindernisse und Verletzungen. Da war z.B. der ideologisch verhärtete Beschäftigungstherapeut, der alle Spielsachen und die Spieluhr vom Rollstuhl meiner Tochter entfernte, da sie nicht »altersadäquat« wären. (Ich gab ihr stattdessen ein Buch, ein Schachspiel und eine Kassette mit Rockmusik, die sie binnen kurzer Zeit mit ihren Fäusten und Zähnen ins Jenseits beförderte.) Oder die an Brutalität grenzende Offenheit des Arztes, zu dem wir wegen eines Kruppanfalls geeilt waren: »Ich kann Ihre Tochter stationär aufnehmen lassen, aber zu Hause ist sie besser aufgehoben. Kinder wie sie werden hier nicht allzu gut behandelt.« Oder der Schuft, der mich verklagte, weil ich einen Aufkleber an meinem Auto hatte, der mir erlaubte, auf Behindertenparkplätzen zu parken.

Manchmal fällt es mir schwer, für meine Tochter Entscheidungen zu treffen. Als sie in die Pubertät kam, bot man mir an, mittels einer Spritze ihre Perioden auszusetzen. Ich nahm das Angebot mit gemischten Gefühlen an, ich hoffte wohl insgeheim, damit das Heranreifen ihres Körpers zu verhindern und mir die Illusion, daß sie immer noch ein Kind sei, erhalten zu können. Aber das erwies sich als Trugschluß, so daß ich die Spritzen nach einem Jahr einstellte.

»Warum soll sie einen BH tragen?« fragte ich mich, aber angesichts der physischen Realitäten erübrigte sich die Frage alsbald. »Welche Kleider soll sie tragen?« Ich kleide sie normalerweise bequem und praktisch, aber raube ich ihr damit nicht vielleicht ihren jugendlichen Stolz und verletze ich damit nicht ihre Menschenwürde? Soll ich sie so anziehen wie ihre Schwester, ihr zuliebe modische Maßstäbe setzen? Was würde sie selbst wählen, wenn sie könnte, und spielt das überhaupt eine Rolle, da sie ja nicht dazu in der Lage ist? (Diese Fragen drängen sich in unbequemer Weise auf, wenn man im Behindertenbereich tätig ist.)

Waren es eigennützige Motive oder war es im Sinne meiner Tochter, daß ich mich schließlich entschloß, sie operieren zu lassen, damit sie nicht mehr menstruierte? (Solche Entscheidungen treffen Familienangehörige nicht allein, das zuständige Amt stimmte aber mit uns darin überein, daß eine solche Operation zu ihrem Wohle sei.)

In der Vergangenheit wurden Kinder wie unsere schon in frühester Kindheit in Anstalten untergebracht. Selbst Eltern von wesentlich weniger behinderten Kindern wurde empfohlen, sie nicht zu Hause zu pflegen. »Stecken Sie sie in ein Heim und vergessen Sie sie!«, riet man ihnen, und viele folgten dieser Empfehlung.

Ich habe kürzlich einige Zeit in einer größeren Anstalt zugebracht, wo ich Treffen mit Behinderten, ihren Eltern und ihren Pflegern organisierte. Dabei fiel mir ein interessantes Phänomen auf: Die Bewohner des Heims waren alle um die dreißig, und viele von ihnen hatten schon zwanzig oder mehr Jahre in Anstalten verbracht. Das Personal war täglich um sie herum und kümmerte sich um all ihre körperlichen Bedürfnisse, dennoch staunte ich wiederholt darüber, wie eng doch die Bindung an ihre Eltern geblieben war.

Sie konnten ihren Eltern gar nicht nah genug kommen, sie kaum aus den Augen lassen und es kaum ertragen, wenn ihre Aufmerksamkeit kurzzeitig anderweitig gefangen war. Da war die plumpe, sprachlose Frau, die sich unter größten Anstrengungen von der einen zur anderen Tischseite vorarbeitete, um sich auf den Schoß ihres Vater zu setzen und ihr Gesicht an seines zu pressen. Es machte mich traurig, daß man diese Leute nie ermuntert hatte, ihr Kind länger zu Hause zu behalten und das Positive aus dieser so offenkundigen Liebe mitzunehmen.

Heutzutage kommen weitaus weniger Kinder behindert zur Welt. Vorsorgeuntersuchungen, genetische Beratung und bessere Geburtshilfe haben erheblich dazu beigetragen. Durch spezielle

Tests in der Frühschwangerschaft können viele Fehlbildungen oder Anormalitäten festgestellt werden, und den Eltern steht es in einem solchen Fall offen, die Schwangerschaft abzubrechen. Natürlich würden sich nur wenige Eltern entschließen, ein schwer behindertes Kind zur Welt zu bringen, wenn sie es umgehen könnten, aber die neuen Möglichkeiten, eine Gesellschaft zu schaffen, die weitgehend frei von Behinderten ist, bedürfen genauerer Betrachtung.

Welche Botschaften vermitteln wir den behinderten Mitgliedern unserer Gesellschaft hinsichtlich ihres Wertes, ihres Existenzrechtes und ihres Anspruchs auf Hilfe? Wird die Gesellschaft solchen Eltern, die wissentlich ein behindertes Kind zur Welt bringen, die Unterstützung verweigern? Werden selbst unerhebliche Defekte so lange ausgelöscht, bis nur noch der perfekte Mensch toleriert wird? Und was bedeutet das für die Menschen, deren Mißbildungen und Behinderungen vor der Geburt nicht erkennbar waren oder ihnen erst später widerfahren sind?

Ein Freundin von mir ließ kürzlich eine Fruchtwasserpunktion vornehmen, weil der Fötus in ihrer ersten Schwangerschaft einen so ernsten Defekt aufwies, daß ein Schwangerschaftsabbruch nötig war. Diesmal teilte man ihr mit, daß ein anderes Problem vorlag: Down-Syndrom. Der Termin für den Schwangerschaftsabbruch sollte zwei Tage später sein.

Man bot ihr keinerlei Beratung an, niemand besprach mit ihr, was es bedeutet, ein Kind mit Down-Syndrom großzuziehen, oder welche Faktoren bei ihrer Entscheidung zu berücksichtigen wären. Niemand konnte nachvollziehen, daß sie überhaupt eine Entscheidung zu treffen hatte. Dabei fiel es ihr sehr schwer, sich für oder gegen das Kind zu entscheiden. Nach vielen Tränen kam sie zu dem Entschluß, daß ein behindertes Kind sie in ihrer Lage wirklich überfordern würde. Die Haltung, die die Ärzte bei der ganzen Sache an den Tag legten, ist jedoch ziemlich beunruhigend.

So, was will ich mit all dem sagen? Es wird immer Kinder mit Behinderungen geben, und wenn Sie davon betroffen sind, dann bedeutet das nicht das Ende jeglicher Lebensfreude, weder für Sie noch für das Baby. Niemand kann mit Gewißheit voraussagen, wie das Leben des Kindes sich entwickeln und welche Möglichkeiten es vielleicht haben wird.

Es wird nicht das Leben sein, das Sie sich während der Schwangerschaft erträumten, aber es ist das Leben Ihres Kindes. Seine Behinderung wird Sie veranlassen, über das Leben intensiver nachzudenken, darüber, welchen Sinn es hat zu leben und welche Dinge im Leben wirklich wichtig sind. Ihre Vorstellungen darüber werden sich sehr verändern.

Auch Ihr Leben wird nicht Ihren Träumen entsprechen, aber es wird ein erfülltes, reiches Leben sein und es kann ein sehr freudvolles Leben werden.

Väter und Töchter

Ein Sachverhalt, der mich während meiner Arbeit immer wieder in Erstaunen versetzt hat, ist die ungeheure Rolle, die Väter für die Entwicklung des Selbstwertgefühls von Töchtern spielen. Väter sollten niemals abwertende Bemerkungen über das Aussehen ihrer Tochter machen, nicht mal im Spaß. Manche Väter lassen sich dazu hinreißen, weil sie glauben, ihre Tochter damit auf die »richtige Spur« zu setzen und durch Kritik zu einer Verbesserung ihres äußeren Erscheinungsbildes beizutragen. Sie erreichen damit aber für gewöhnlich das genaue Gegenteil.

Dabei können Väter viel Gutes tun. Sie können loben, mit ihren Töchtern scherzen und lachen und Konversationsvermögen und Schlagfertigkeit schulen. Vergessen Sie aber nicht, daß Mädchen sich verändern und verschiedene Phasen durchlaufen. Dinge, die einst Stoff für einen guten Witz abgaben, können plötzlich hochsensible Bereiche sein, die man besser nicht berührt.

Über ihren Vater übt ein Mädchen den Umgang mit dem anderen Geschlecht. Indem er ernsthafte Unterhaltungen mit seiner Tochter führt und sie gleichermaßen für ihr Aussehen wie für ihren Geist schätzt, lehrt er seine Tochter, dem

Nähe ohne Risiken

Väter müssen ihren Töchtern gegenüber nicht steif, distanziert und verklemmt sein – bloß weil sie Angst haben, daß körperliche Kontakte als sexuelle Nachstellungen verstanden werden könnten. Die Unterschiede zwischen liebevollen und sexuell motivierten Berührungen sind deutlich genug ausgeprägt, um keine Mißverständnisse aufkommen zu lassen.

Eine gute Ehe, in der sich Mann und Frau respektvoll begegnen, ist der Entwicklung Ihrer Tochter sehr förderlich. Wenn eine Tochter weiß, daß ihre Eltern sich nahestehen und die emotionalen und sexuellen Bedürfnisse ihres Vaters befriedigt werden, dann wird sie sich in seiner Gegenwart sicherer fühlen. Seien Sie aus diesem Grund immer sehr zurückhaltend, sich gegen Ihre Partnerin auf die Seite der Tochter zu stellen. Wenn Sie ein Problem mit Ihrem Partner haben, so machen Sie das unter vier Augen aus.

Respekt ist ein wesentliches Element in den Beziehungen der Geschlechter, und als Vater können Sie ihn formen. Wenn Sie Ihre Tochter (und deren Mutter) respektieren, dann wird sie darauf bestehen, daß andere Männer ebenso handeln. Wenn Sie sie herabsetzend behandeln, dann wird sie dies für normal halten und es auch anderen Männern gestatten. Respektvolles Handeln bewegt sich im Rahmen allgemeiner Höflichkeit. Indem Sie anklopfen, bevor Sie das Zimmer Ihrer Tochter betreten, können Sie zeigen, daß Sie ihr aufkommendes Bedürfnis nach Privatsphäre respektieren.

anderen Geschlecht mit entsprechendem Geschick und mit dem ganzen Schatz ihrer Fähigkeiten zu begegnen. Männliche Gesellschaft wird sie niemals verunsichern oder einschüchtern können, und später wird sie in der Lage sein, ihren Partner selbst zu wählen und nicht passiv wie ein Mauerblümchen auf einen Mann zu warten.

Mädchen zur Selbständigkeit führen

Ein Vater kann viel zur Entwicklung der Selbständigkeit seiner Tochter beitragen: Er kann ihr beibringen, wie man Autos und andere Dinge repariert, wie man schreinert, wie man mit Geld umgeht, wie man sich in der Wildnis verhält oder wie man ein Zelt aufschlägt. So kann er sicher sein, daß sie im echten Leben besser zurechtkommen und unabhängiger sein wird.

In einem unlängst erschienenen Artikel äußert sich die Komikerin Jean Kitson spöttisch darüber, daß sie in einem Städtchen aufwuchs, in dem »die Jungen Autos und die Mädchen einen Freund hatten«. Sie entschied sich für ein Auto statt für den Freund, und mit der Hilfe ihres Vaters gelang es ihr, weiterzukommen. Sie machte eine große Karriere und wurde nicht zum Schmuckstück eines anderen.

Die Befreiung der Familie

Ein neues Bild der Familie

Kapitel 8

Am Ende eines Buches, das sich mit vielen einzelnen Aspekten zum Thema Familie befaßt hat, möchte ich Ihnen meine Vorstellungen von einer neuen Welt darlegen, Vorstellungen, die nicht nur das Leben in den eigenen vier Wänden miteinbeziehen, sondern auch die Vision einer anderen, besseren Gesellschaft. Etwas Neues beginnt, sich in der Welt der Familien zu rühren, etwas, das uns vielleicht in die Lage versetzt, die Welt, in der wir leben, zu verändern. Wir können damit in unserer nächsten Umgebung, unserer Nachbarschaft oder unserer Gemeinde anfangen.

Zeit für einen Wandel

Eltern haben noch nie über großen politischen Einfluß verfügt – vielleicht sind wir einfach zu sehr mit kleinen Kindern beschäftigt, um die nötige Energie dafür aufzubringen. Die meisten schaffen es gerade eben, zur Stimmabgabe alle vier Jahre ins Wahllokal zu gehen. Aber die Zeiten ändern sich, und zwar rasant.

Grund genug, um zornig zu sein

Was haben wir nun davon, daß wir die Gestaltung unserer Welt Politikern und Technokraten überlassen haben?

Unsere Welt ist so vergiftet, daß wir genetische Mißbildungen in Kauf nehmen und uns mit steigenden Raten von Fehlgeburten und Unfruchtbarkeit abfinden müssen. Asthma z. B., ein Leiden, das eng mit der Luftqualität zusammenhängt, tritt bei zwei von fünf australischen Kindern auf. Ähnlich verhält es sich mit Allergien und anderen Reaktionen auf unsere von Chemie geprägte Umwelt. Selbst der Sonnenschein ist zur Gefahrenquelle geworden.

Unsere Welt ist grausam mit all ihren Ungerechtigkeiten, den zerrütteten Familien und den Medien, die Gewalt als Lebensform propagieren.

Unsere Wirtschaft ist unfähig, Männern und Jugendlichen sinnvolle Arbeit zu geben, während junge Mütter immer gefragt sind, solange sie jede Art von Arbeit verrichten und sich nicht über niedrige Bezahlung beschweren.

Von der Politik – der Führung unseres Landes also – verlangen wir, daß sie uns Wege zur Besserung aufzeigt.

Die politischen Dinosaurier – sowohl im linken wie im rechten Lager – haben sich in ihren Positionen so weit angenähert, daß es dem durchschnittlichen Bürger nicht mehr möglich ist, die Parteien deutlich voneinander zu unterscheiden.

Die äußeren Bereiche des politischen Spektrums sind zu einer langweiligen Mitte verschmolzen, die ausschließlich nach ökonomischen Erfordernissen handelt und die Werte der Yuppies und den Dollar zur Leitlinie ihrer Handlungen erhoben hat.

Eine Allianz zum Positiven

Wenn es nur noch die Wahl zwischen der einen und der anderen frustrierenden Möglichkeit gibt, erhellt meistens eine ganz neue Idee den Horizont. In diesem Falle vereint sie Kräfte aus beiden Lagern; eine neue Allianz aus alternativ lebenden High-Tech-Priestern, sanften Grünen und familienorientierten, christlichen Traditionalisten ist im Entstehen begriffen.

In diesen neuen Gruppierungen werden die alten Stereotypen auf wunderbare Art und Weise durchbrochen. So treffe ich auf Vortragsreisen auf der gleichen Versammlung verantwortungsbewußte und hart arbeitende »Hippies« in trauter Einmütigkeit mit rechtschaffenen Kirchgängern, die alle ihre Kinder auf dem Arm halten, gegen Gewalt in der Erziehung eintreten, für Amnesty International arbeiten und Großkonzerne boykottieren.

Der Weg in die Zukunft

Ich bin überzeugt, daß immer mehr Eltern für eine heiterere, gelassenere, freiere und glücklichere Welt eintreten werden, in der jeder am anderen mehr Anteil nimmt.

In der Tat bin ich mir sicher, daß sich ein neue gesellschaftliche Kraft formiert – die der Eltern. Sie steht in enger Beziehung zur grünen Bewegung, weil Eltern und Kinder naturgemäß Umweltschützer sein müssen. Sie vereint Feminismus und Männerbewegung, weil Eltern sich eine gute Zukunft für Mädchen und Jungen wünschen, und sie wird auch für ein besseres Miteinander der Geschlechter eintreten. Sie wird das 21. Jahrhundert entscheidend prägen.

So will ich nun am Ende dieses Buches folgendes Manifest für die neue Allianz vorschlagen:

Grundthesen und Leitlinien zur Befreiung der Familie

- Nichts ist bedeutender, als gesunde und glückliche Kinder heranzuziehen.
- Niemand kann oder sollte Kinder alleine großziehen. Wir brauchen alle die Hilfe anderer.
- Vor allem ist es notwendig, daß unsere Gesellschaft die Bedürfnisse von Eltern ernstnimmt und unterstützt, als Gegenleistung für die gesunden und aktiven Erwachsenen, die wir ihr schenken.
- Die sicherste Methode, Kinder zu schützen, ist die, sich mehr um die Eltern zu kümmern.
- Der beste Weg, unsere verplanten Kinder aus Terminzwängen zu befreien, ist, uns selbst von diesen Zwängen freizumachen.
- Eltern sind es ihren Kindern schuldig, nicht in ihrer Gegenwart zu rauchen, sich und die Kinder immer anzuschnallen und sie vor Mißbrauch zu schützen. Kinder sind kein Eigentum, das man vernachlässigen kann, wie man will.
- Es ist unsere Aufgabe, unseren Kindern eine möglichst lange Kindheit zu sichern.
- Es ist unsere Aufgabe, für mehr positive Kontakte zwischen Kindern und Erwachsenen zu sorgen. Das bedeutet, auf Schläge zu verzichten und sexuellen Mißbrauch zu bekämpfen, es bedeutet auch, neue Wege aufzuzeigen, wie Eltern besser mit ihren Kindern kommunizieren können.

- Wir müssen aktive Mentoren für junge Leute werden, jungen Eltern helfen, uns um die Kinder anderer Leute kümmern und die Bürde der Kindererziehung von den Schultern der Kleinstfamilie nehmen. Etwas, das uns schon lange fehlt, ist echte Gemeinschaft.

- Wir müssen familienfreundliche Arbeitsplätze schaffen. Sie müssen durch eine Gesetzgebung abgesichert sein, die es Vätern und Müttern gestattet, ihre Arbeit den Bedürfnissen der Familie entsprechend zu gestalten, und die sie nicht zu einer endgültigen Entscheidung zwischen Familie und Karriere zwingt.

- Das Konzept Familie muß erweitert werden und jedermann mit einbeziehen: Singles, Schwule, Kinderlose, Geschiedene, Ältere, Kriminelle, Flüchtlinge, Geschäftsleute, Obdachlose und heimatlose Teenager.

Wir müssen unsere Arme öffnen und sagen: »Willkommen zu Hause!«

Register